股市密码

一个散户的百倍实战投资成长路

王元河◎著

* * * * * * * *

中国铁道出版社有限公司
CHINA RAILWAY PUBLISHING HOUSE CO., LTD.

图书在版编目（CIP）数据

股市密码：一个散户的百倍实战投资成长路/王元河著. —北京：中国铁道出版社有限公司，2024.5
ISBN 978-7-113-30981-7

I.①股…　II.①王…　III.①股票投资-基本知识　IV.①F830.91

中国国家版本馆CIP数据核字（2024）第050444号

书　　名：股市密码——一个散户的百倍实战投资成长路
GUSHI MIMA：YI GE SANHU DE BAIBEI SHIZHAN TOUZI CHENGZHANG LU
作　　者：王元河

责任编辑：张　明　**编辑部电话**：（010）51873004　**电子邮箱**：513716082@qq.com
封面设计：仙　境
责任校对：刘　畅
责任印制：赵星辰

出版发行：中国铁道出版社有限公司（100054，北京市西城区右安门西街8号）
印　　刷：北京盛通印刷股份有限公司
版　　次：2024年5月第1版　2024年5月第1次印刷
开　　本：710 mm×1 000 mm　1/16　**印张**：17　**字数**：233千
书　　号：ISBN 978-7-113-30981-7
定　　价：88.00元

前言

中国有上亿股民，每个股民都有过许多或悲或喜、或精彩或平淡的股市故事，或曾满心欢喜，或曾心惊胆战，或曾凄苦难堪，或曾心酸失望，或曾无法言说，或曾痛彻心扉。

而这数以亿计个故事交织构汇成三十年波澜壮阔的股市风云。

股市承载了很多人的理想，也记录了无数人的人生历程。

十年一轮回，在我们的一生中，所能经历的短暂牛市也就只有那么几次，可以说是真正的十年一遇，每次长则一年多，短则几个月。一次牛市下来，成就了许多人，也创造了许多财富故事。

我的故事虽谈不上轰轰烈烈，但数年中也曾经历无数惊涛骇浪，有过惊心动魄的时刻，有过每天都投入20小时以上如痴如醉、废寝忘食的经历，也有过孤独无助和失落的时光。

初遇股市，稀里糊涂投资就翻倍，从此义无反顾地投身股海。然后，第一桶金全部投入，在两年的熊市里被“虐”得资金几乎全部亏损。

在股票论坛上积累了不少粉丝，创立的几种投资战法曾风靡一时，经常抓住涨停板“吃到肉”，但更多的是亏损“吃面”。在实战中千锤百炼，经历过几百次涨停，可吃到跌停的次数也很多。

而更让我惊讶的是，有几个如今在各大财经媒体上经常出现的词，最初的源头竟然还是我这里。我的帖子在网络上连载期间，成为天涯头条，在网上轰动一时，居然意外促成了某只股票的爆发，在半个月内股价翻倍。

2015 年 6 月 14 日，沪深市值共 71.3 万亿元；8 月底，大盘跌到 2 850 点时，沪深市值共 33 万亿元。在这前后相差的 38.3 万亿元中，就有曾经属于我的 5 000 万元。

我痛定思痛，重整旗鼓，依靠小资金再出发，通过融资，用四年多时间，终于稳健地实现了百倍的翻身。

很多人好奇，为什么很多本有着大好前程的人会跟我一样，义无反顾地主动放弃原来闯下的一切去股市从零开始？

为什么说你离财务自由只差一个牛市的距离？

为什么刚入市的投资新手很容易大幅盈利，而身经百战的投资老手却总是亏损？

为什么说股市里最重要的技术就是要学会空仓，而绝大多数人明知这一点却无法做到？

为什么总是一买就跌、一卖就涨、一追就被套、不动就继续跌？

为什么几乎所有从几十万元做到过亿元的散户们，在十几年中默默无闻，却因为在某次牛市突然悟道、收益几十倍，实现了关键的飞跃？

为什么大部分人会在大盘大涨时空涨指数却亏了钱，在牛市到来时满仓踏空，在板块轮动时总踏错节奏两边亏损？

为什么降息降准之类的利好经常会带不来预期的大涨，反而会让股市下跌甚至大跌？为什么过去的概率对当下和未来的操作都没有实际指导意义？

股市中的理论跟实战中所存在的巨大差距，为什么会比其他行业大得多？

为什么大多数基金公司的收益都不太理想，很难有基金能够连续两年排名靠前？

股价上涨一倍，通过融资，真的就能获得五倍利润吗？

连续五天，分别呈现千股涨停到跌停、千股跌停、千股停牌、千股跌停到涨停、千股涨停的走势，算不算前所未有？

股市中的群体，由内到外分为十几层，为什么越站在里层的群体越能分到最大的蛋糕，并且决定外面人的收益？

“60后”“70后”“80后”中已经相继涌现出标杆式的股市高手，谁又将成为“90后”的股市高手？

影响力很大的一线游资，动用数亿元资金封板，与仅5万元资金的小散上演奇特巅峰对决，牛股缔造者与牛股终结者，将谁胜谁败？

为什么无论多牛的一劳永逸的盈利模式、策略都会在不断进化的市场上慢慢失效，有着巨大差异的中西方股市共同的核心盈利方法是什么？

是什么原因导致了股市的大回调？

为什么很多人在熊市的时候小心谨慎，反而在牛市后大亏，损失较多？

为什么在5 000点买入的银行股，在其他股票全跌下来大半时，居然在3 000点解套？而在4 000点买入的股票，在涨到5 000点时反而被套牢？

为什么在几年的熊市中，大盘指数跌了20%，80%的股票跌幅过半，而很多大盘股却在翻倍创历史新高？

为什么主力已经把将有什么意图、采取什么行动等信息都用K线语言说了出来，却没多少人听得懂？

个股的主力都是怎么控盘的？主力的成本与利润该如何计算？衍生出的最省事、收益最高的坐庄手法又是怎样的？

为什么大多数股票都是短期快速拉升后就持续下跌一两年，然后快速拉升一波后又大跌、阴跌不止？

为什么对大盘指数影响巨大的证券、保险、银行股，每次在出现大行情的前几天一马当先、连续涨停，过后就萎靡不振，熊市一路下跌？

为什么股市涨跌跟经济形势的好坏不太同步？真正决定股市涨跌与牛熊的因素是什么？为什么股市会大部分时间都不是牛市？

为什么我们都很难摆脱“一赚二平七亏”这经过一亿多股民再三验证的铁律？

为什么每次能涨十倍、几十倍的大牛股都是基本面不太被看好的股票，而各方面都很好的绩优股却总是一动不动？

…………

对于曾经从未看到的股市盈利方法，你有兴趣吗？你想知道吗？在这里，相信你都能找到满意的答案。

目录

第1章

初入股市，信心满满

1. 少年时初遇投资机遇

先讲一个有点可惜的投资故事吧，这也跟后面的股市有很多的相通之处。

2000 年秋，我刚念初二，在报上看到偶尔还有人使用的第三套人民币要停止流通了。

第四套人民币在 1987 年开始发行后，1962 年开始发行的第三套人民币在市面上慢慢地不流通了，而第五套人民币也已经在这之前不久的 1999 年开始发行了。

因为求知若渴，从小所能接触到的任何有字的书和纸我都看，常在书刊上看到一个个古钱币、铜钱价值几万元、几十万元的故事。我马上意识到，这里面肯定有很大的机会，应该会有差价。

我赶紧告诉家人，马上去收集这套人民币，之后肯定能升值。不过，由于我年纪还小，家人完全不相信我说的。

没办法，为了验证我的想法，我在饭票中省下了十几元当车费，先来到市里，再到处问路，找到了古玩市场，发现这套人民币的价格已经开始上涨了，那种 2 元面值的在古玩市场上能卖到 80 元。

同时，我注意到，这些小商贩都是在那儿坐等生意上门，转手赚一点差价，没有谁主动出击到处收购，积极性不高，对顾客们爱答不理的。

我把这些情况都记了下来，可是家人根本就不关心我说的这些。他们都是大人，很有经验，怎么会轻易改变自己的想法，去听从一个初中生的？他们觉得一个小孩子能懂什么呢？我还被狠狠地训斥了一顿。

直到 2001 年春节过后，本就在外到处跑生意的表哥才抽空到古玩市场上看了一下。结果发现，真如我所说，那边的收购价远高于这套人民币的面值。表哥抓紧时间，在周围的村和镇上收集这套人民币，但为时太晚，能收集到的已经没多少了。

我赶紧让表哥带我去市里的几家大银行。银行里的工作人员说，要是年前来，你想要那种 2 元的面值，就收你 2 元，按 1∶1 的比例兑换，不额外收费。现在也还是这个价，但问题是，年前收集上来的太多了，把库房都堆满了，年底已经统一销毁了。

一个能改变生活的财富机会就这么错过了。

家人依然没什么感觉，唯一遗憾的就是表哥，后来一提到这事就唉声叹气。因为他亲身接触过，知道其中的利润有多高。现在他的手里还留存着少量当时收上来的崭新连号币，其价值更高。

如果当时去银行兑换 1 万元，那么市场价就能达到三四十万元，现在至少也价值 1 000 万元了。当时别说兑换 1 万元了，即便要兑换 10 万元，银行都有的是。当时工作人员都没收藏这个概念，根本就没想到，天天接触的人民币居然还能成为收藏品，否则也不会轻易销毁。

到 16 岁时，我的思维又有所提高，觉得在 13 岁时其实也能抓住机会，完全可以用钱生钱。虽然当时我没有本钱，但是可以先借 100 元到银行换 50 张 2 元面值的，然后到古玩文物市场上以 80 元的市场价，每家只卖几张，以免数额多了、次数频繁了而惊动他们。因为他们一旦发现这中间有利可图，40 倍的利润空间还能批量放大时，立马就会放下手里的活计，到处收购。如此一来，消息马上就会扩散，收购的人一多，紧接着，银行工作人员也会察觉，便不愿意兑换了。

这样，把 50 张 2 元面值的纸币一倒手，就有 4 000 元的本金了。接下来，继续找几家小银行兑换，这次就不能再在本地倒手了，如果 2 000 张一放出来，大家都会跟着去收购，会有无数的人来竞争。

因此，只能悄悄地，谁也不惊动，多换几个地方迅速转手，带着 16 万元，马上回来。然后在几小时之内，分别在各家银行里火速全部兑换成 2 元面值的，再到华中、华南最大的几个城市出手几千张，就有了下一步的周转资金。

前面这些行为要非常快，事先不被人察觉，悄悄进行，没人发现就没人抢。等到别人都反应过来时，自己手里已经囤了几万张，就可以慢慢来。

先大张旗鼓地去古玩市场兑换 200 张，相当于告诉所有人，能赚取几十倍的差价是多好的机会。毫无疑问，整个市场会马上疯狂，这时我就开始当上家，自己坐庄。

手里已有几万张，占了本地流通盘的大部分，就有压价权了。不断放出一些跌价的利空消息，我手里要多少有多少，不稀罕。本地小单不接，50 张起，批量收购，一口价 50 元，关键的是当场结清、绝不赊欠。

而众多自发到处去兑换零散的跟风者们，根据自身实力和条件，会自然形成流动小商贩或批发商，把散落各地的 2 元面值的纸币一层一层往上聚拢。手里有几十张的，我开出的 50 元价格已经远超他们的心理预期。

两天后，被控制的收购价开始每天下跌，大家都怕亏本砸在自己手里，想着赶紧落袋为安。于是，外面的筹码也都主动流入我手中。本地的 2 元面值的纸币基本扫光了，就可以跑去广州、深圳、上海、北京，每地出手 7 000 张，变现 100 万元，不缺钱了，就可以把剩下的 10 万张作为收藏品，坐等升值。

从那时起我就明白了，同样的好机会，你跟很多人讲得再清楚都不行。一是他们潜意识里不相信，意识影响行动，行动决定结果，在思想上认为不可行，就不会有行动，即便有行动，也会持怀疑的态度，这和全力以赴的结果肯定差距很大；二是在能力、实力和资源均接近零的情况下，很难抓住机会，只能眼睁睁地看着机会溜走。

在 2001 年第三套人民币刚退出流通领域不久，27 张大全套的价格就被炒到七八百元，随后价格一路上扬。到 2015 年，一套的价格已达到 2 万多元。当时我看中的 2 元面值的纸币有五星水印版和国旗水印版，现在的价格分别是 3 000 元和 2 500 元。

有读者跟我说，他父亲的几个同事，在 20 世纪 80 年代出差时，凑了钱，把广东某县的金猴邮票买光了，过了十几年，他们就各用 80 张一整版的猴票换来了一套房子。

20 世纪 80 年代初，在金猴邮票刚问世时，按面值的 0.08 元随处可买，后来一直都是邮票市场的龙头和风向标，到现在，市场价早就已经过万元了。在三十多年间，升值了十几万倍！

这些发生在身边的真实故事是普通人赶上了但都没抓住的时代赋予的机遇，这在若干年前是数不胜数的。如今看来，它们好像神奇得不可思议，听起来很像天方夜谭。

因为年龄太小，我错失这个十几年后资产上亿元的商机。但我对自己说，不要总是遗憾错过了什么，还是要往前看，偶然和运气成分的不算，确定性的机会永远存在，关键在于能否洞察到并抓住。

2. 因网络开始对股市好奇

多年来，我已经形成了习惯，每天闲暇时，都会把天涯聚焦的帖子、腾讯迷你首页的各版块和关注的公众号都浏览一遍，感兴趣的就点进去看看。

说起来也有意思，前期改变我人生轨迹的几件事、一些人，都与天涯的某个帖子相关。当然，也包括这次。

2012 年秋，天涯首页的一篇财经悬疑小说吸引了我。很多著名作家写的东西各有千秋，而正巧那篇小说正好对我胃口，我便每天追帖，看得正过瘾，突然就没下文了。

为了叙事方便和保护他人隐私，暂且将该作者称为简鹿。

简鹿在这篇小说中定下规矩，为了增长人气，网友回帖数过百，才更新下一段，每天还可解答关于个股的问题。可真会吊人胃口，这帖子就变成读者求着简鹿更新了。慢慢地，这篇小说连载帖就变成了股票交流帖。

对于股市，我只是有所耳闻，从没想过去了解。当时离我最近的那波大牛市是 2007 年的股票市场，如图 1-1 所示。我当时还在上学，也毫无感觉，关键是连生活费都得靠自己去挣，哪有闲钱去投资股票？自己身边的同学、亲朋好友也没人炒股。

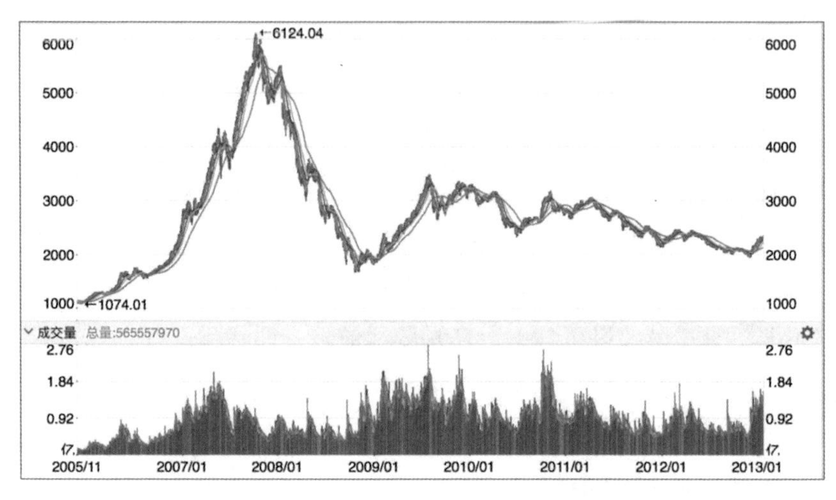

图 1-1　2005—2007 年的 A 股牛市

世事变幻，如白云苍狗。牛熊交替，一晃数年过去。而从 2007 年底到 2012 年底，股市一直在漫漫熊途中。此前在深圳的时候，我经常被路边的证券公司业务员诱之以礼品相送，拉去开户，我就更加坚定，股市肯定不大好。不然，大家都抢着去开户了，哪还需要他们来推广啊？

2012 年 11 月，冒出很多感谢简鹿提醒他们提前清仓躲过大跌的回帖，好像是简鹿之前的一些走势预测都应验了。其中他提到的一个观点，大家都很认可，都准备在大跌前就赶紧清仓，这跟“不赚最后一个铜板”的行为异曲同工。那么，主力必然就会充分利用这一点，并反其道而行之。

对于此观点，当时我仅仅是感到有意思，并没有放在心上。直到三年后，我为之付出了几千万元的代价，才有了新的理解。并且我发现，在这方面，很多股民都吃过大亏。

比如，大家都认为自己聪明绝顶，只要一到 5 500 点，就带着几倍的利润提前卖出。结果，在所有人都认为马上就会突破 6 000 点时，主力在 5 200 点就来了个连续大跌。大多数个股都经历了 10 个跌停，全被牢牢套住，谁都没能跑掉，哭都哭不出来。

简鹿那篇半途而废的小说是以简鹿自己的视角展开并推动的，主角是一个执掌百亿元私募资金的神秘孤僻青年常鸣。在回帖互动中，简鹿经常谈到他自己和常鸣对大盘走向和个股的一些看法，弄得我晕乎乎的，颇为恍惚。这个常鸣不是小说中虚构出来的吗？难不成，还真有这样一个人？

2012 年 9 月时，简鹿就说常鸣很看好 2012 年 5 月才上市的“西部证券”，在证券板块中，其市值、流通盘都最小。还说现价 15 元 / 股，在 2012 年 12 月初会跌到 10 元 / 股左右，一旦牛市来临，至少能涨 10 倍。

他们说的我完全不懂，但由于常鸣的每次事先提醒几乎都正确，让我慢慢重视起来，不由得开始关注西部证券：上市后从 15 元 / 股冲到了 19 元 / 股，然后就不断走下坡路，到 2012 年 11 月下旬，真的跌到了 12 元 / 股，有一天直接跌停，竟然已经 11.3 元 / 股了！

我的心怦怦直跳，难道真的会这么神奇又灵验，如常鸣所说，跌到 10 元 / 股，然后再涨 10 倍？

虽然我对股市只知皮毛，但这里面的 10 倍空间，诱惑非常大。在怦然心动下，我浑然不觉，看帖时我已被股市慢慢吸引进去。

提到个股的价格，在这里进行说明。我被众多根本不懂高送转和除权、前复权与后复权为何物的新手读者质疑的次数太多，很多读者振振有词地怒斥我“当时价格明明只有四五元，你为什么要胡乱说成十多元”“这只股票的价格最高都没超过四十元，你竟然在这里说它涨到过七八十元，摆明了就是乱讲”。

由于西部证券每年都会分红和高送转派股、送股，现在显示的都是经过多次除权除息后的价格，往前看几年前的行情，都是复权价，所以只有文中所说的几分之一。其他的股票在这么多年中也偶尔会分红、送转，除权后的价格一般都比以前低了很多，在这里统一按照当时的价格。

2005 年，简鹿用攒积下的 10 万元，在 2007 年的牛市里，通过权证，做到了 150 万元。在接下来的几年熊市里，跌跌撞撞，又投资股指期货，亏得只剩 30 万元了。

11 月底，大盘跌破 2 000 点，创三年来的新低。

当大家都认为大盘会向下跌破 1 664 点时，简鹿开始大声呼吁，十年一遇的大牛市马上就要到了，并号召大家准备抄底，抓住这波机遇。

他本人则率先身体力行，把省会的一套小房子卖了，自己租房住，凑出60万元，准备进场。几年后，央视财经频道还专门报道过他的炒股经历。

2012年12月1日，是一个周六，简鹿在帖中发出让人非常激动的重要提醒。大意是，常鸣给简鹿的读者发放厚礼，有缘者得之，让简鹿转告大家，中线买点将至，下周二会是一个非常好的进场机会。并且他不但授之以渔，还授之以鱼，直接给了三只长线股和两只短线股。

长线股之一西部证券，常鸣在周五已经大量买入，并打算买3亿元以上，大家可以在10～11元/股之间量力买进。该股在10～11.5元/股区间震荡，铸造出长线大底，将在未来两年从11元/股涨到100元/股。

长线股之二广发证券，下周也将出现重要长线买点，11元/股左右可大胆买进，未来两年能涨到50元/股。

长线股之三新华保险，半月后，有16亿元大小非解禁，可在19元/股内大胆买进，未来两年能涨5倍。

这三只长线股是常鸣之前就一直非常看好的。

而常鸣提醒的另外两只短线股，一只是顺发恒业，周五的收盘价为5.3元/股，在5.5元/股内都可放心买入；另一只是珠江实业，周五的收盘价为9.1元/股，但在公布年报前，必能涨到16元/股。

常鸣还说，之所以提示，唯一目的是佩服简鹿的小说写得好，想让更多人经常来看简鹿的帖子。那些长期关注的真正粉丝这次很有福，能及时看到。而那些偶尔来逛逛的没能第一时间看到，就只能错过启动之初的好机会了。

常鸣还强调，在他的提示价格内，因为怀疑没买的，千万不要等涨上去了，再去眼红追高。

我把西部证券和珠江实业、顺发恒业的信息告诉了自己创业群里的300多位网友。大家在我的带领下创业和学习，虽然没人炒股，但在我的影响下和出于自身的好奇心，每天也开始关注了。

3. 初次接触股市

2012 年 12 月 3 日，周一。大盘和个股都跌得比较厉害，西部证券也跟着跌到 10.4 元 / 股，进一步靠近 10 元 / 股的价位，而顺发恒业则从开盘的 5.45 元 / 股直接涨停了！在我的创业群里，一时人声鼎沸。

难道，周二真的如常鸣所说，会是绝佳的进场抄底机会？大家摩拳擦掌、跃跃欲试，都准备去开户进入股市。

2012 年 12 月 4 日，在大家的注视下，大盘惯性低开，创出三年内的大底部 1 949 点后，午后开始慢慢触底反弹。

从几年后来看，那天真的是一个大底部，几乎所有个股都在之前一路下跌了 30% 左右，而在那天跌出了几年内的最低价，随后触底反弹，开始一波上涨。

西部证券那天早上的 10.35 元 / 股，竟然真的创出了它上市以来的最低价，如图 1-2 所示。

图 1-2　2012 年 5 月上市的西部证券在当年 12 月 4 日创下最低价 10.35 元 / 股后开启了 50% 的反弹

几年后的今天，我们可以清晰地看到，2012 年 12 月 4 日，是一轮中级 25% 反弹行情的拐点，领涨板块的强势个股的反弹幅度达到 50% 以上，甚至翻倍。

但在股市里，谁都不知道下一秒将会怎样。当时，自然也不可能有人知道。

当我看到，股市不再下跌，还开始慢慢往上涨时，我的心里有如小鹿乱撞，怦怦跳得很厉害，常鸣的神奇预言难道真的又要再次应验了？

随时去外面溜达一圈、到网上逛逛，都能在空隙间发现很多衍生的机会。虽然我在不断进步，但实际上，这个水平大致相当于小学生刚学会简单的加减乘除的入门基本功。

能发现某个机会，仅仅相当于捡到一块砖头、看到一个点。而要建成摩天大楼，所需要的能力、思维等，显然高得多。

穿行于万丈红尘之中，洞察到的机会太多，我的理念是：抓大放小。

放弃 95% 以上的机会，不轻易出手，要像鳄鱼一样，平时耐心潜伏，趴在那里，不要乱动。两只眼睛看着，看见小鱼游过来，张嘴吃一个；看见小虾游过来，再张嘴吃一个。但是，如果看见肥羊，就不要再管小鱼、小虾了，就要一个猛子扎过去。

我迅速做出决断，常鸣预言的那几只能上涨 5 倍、10 倍的牛股，跟 2000 年那次有 40 倍利润空间的 2 元面值纸币一样，都是一个大机会。

但要投入多少资金呢？毕竟，我从没接触过股票，什么都不懂，身边也没有炒股的朋友可以请教，不得不小心翼翼。

我的家境一般，凡事只能靠自己。在求学生涯中，部分学费、生活费都是靠自己赚来的。因此，我对此前好不容易才挖到的第一桶金的积累，自然分外珍惜。

于是，我先转了 30 万元到以前开的空头证券账户绑定的银行卡上，剩下的 100 多万元留着没动。

同时，我在 QQ 空间和微信上发了一条说说，直截了当地说：珠江实业现价 9 元 / 股，在公布年报前能涨到 16 元 / 股；顺发恒业短线将大涨；西部证券、广发证券、新华保险均为长线牛股。

由于之前的一两年，我每天都在网上为大家提供价值，没做过任何推广和宣传，全靠口碑传播，我的 QQ 空间那时每天都有多达几万人关注，随便写篇日志、传张照片、发条说说，都有上万人主动浏览。

单篇日志最多有十几万浏览量、两万多条回复；大多数日志，每篇也有近千次的转载和分享；某条关于圈子的说说，更是创造了 24 万人点赞、20 万次转发的纪录。

几年前写的电子书，也有几十万人次下载，我并没有刻意去宣传推广，全是自发的口碑传播，自己看了觉得很受益，有价值，然后分享给亲朋好友，至今都还在网上不断流传。

对于想创业、想提高、想更好发展的网友，我一直都在微信朋友圈里免费分享自己的实战经验和心得，一有好机会，我也会第一时间公告出来，这次也不例外。

不过，绝大多数粉丝都不炒股，熊市已经持续了五年，众人对股市敬而远之。少数纷纷改行的老股民，则从诸多技术面反驳我，坚信这绝不可能。

究竟会怎样走？还有待事实说话。

4. 推开股市之门

第二天一开盘，我先试着买了 100 股，在搞清楚了该怎样买和卖之后，我就以初生牛犊不怕虎的勇气，在什么都不懂的情况下，珠江实业和西部证券各买了半仓 15 万元。

600684 和 002673，也是我一直能清楚记得的股票代码。人总是会对人生中的各种第一次印象深刻。

这一天，我们见证了股市中的壮观场景。本来大多绿盘的下跌股逐渐翻红，2 000 多只股票全在上涨，早上任意买一只股票都是赚的。群里的兄弟们都跟着我买这两只股票，个个兴奋欢呼。

到了中午，我说的西部证券、广发证券、新华保险竟然全部涨停，珠江实业和顺发恒业也接近涨停。

真是太不可思议了，把我自己都看得目瞪口呆。

如此神奇的表现，粉丝深受感染，我空间里的评论瞬间增长了上千条，什么都不懂就买进的粉丝在不断感谢着，没买的粉丝很是懊悔，不断地追问我还能买什么。

简鹿恰好在那段时间都看准了。我只是有选择性地复制粘贴，打了一个信息差而已。

我也开始飘飘然，自信心爆棚，俨然以“股神”自居。没办法，那段时间，那可叫一个“神准”。

其实，从这第一笔30万元转进股票账户的那一刻起，我就已经推开了这扇神秘的股市之门，步入了福祸未知的崭新世界，完全不知道未来将会发生什么。

壮志豪情的少年，胸怀满腔热血，策马扬鞭，一往无前，步入了股市这个辽阔“江湖”，前路漫漫，会有怎样的机缘？最终将抵达何处？

即便我知识面广，想象力丰富，几十万字的精彩小说也能信手拈来，但是，之后两年，尤其是后面半年牛市的经历，事先无论如何也构想不出这样跌宕起伏的剧情。

究其根源，还在于股市的走势总会出乎所有人的意料。

站在时光河流的此岸，谁又能看到未来的彼岸将会发生的一切呢？

从此，我被裹挟进股市的滚滚洪流，身不由己。

在这霓虹蒸腾的海市蜃楼里，命运的轨迹再次被改写。

5. 稀里糊涂资金翻倍

虽对股市一无所知，但涨停板极大地激发了我的动力，开始从基础入门知识慢慢补课。

这一波行情的龙头显然是金融和地产两大权重板块，我不禁对常鸣的眼光佩服得五体投地。

对于珠江实业，我重点研究后得出结论，它公布年报的时间，在来年4月，能上涨的理由有很多，如盘小、高分红、业绩超好……不过，也仅仅是有可能而已。

每个人之所以会做出买进某只股票的决定，都是因为能找出很多看好的理由，觉得它肯定会涨，能让自己赚钱。相信没有任何人觉得某只股票肯定会跌、肯定会让自己亏，所以才会去买的吧？

但这只是大家自己觉得而已，还是远远不够。

再差的股票，都能找出起码 20 个应该上涨的理由来。即便是连年亏损即将退市的 ST 股，也非常可能放出重组、改革、摘帽等大招，某天突然停牌后，再出来，就直接涨几倍。

但股价究竟是会涨还是会跌，我们的一厢情愿看涨并没有用，得主力资金说了算。当主力资金不想涨时，我们找出一万个肯定要涨的理由都没用，股价怎么都不涨，能奈它何？而主力资金想要涨时，可以不需要任何理由，直接拉几个涨停甚至翻几倍。

当主力资金想要出货时，通常都会先散布一些利好消息。这些利好正是主力资金布下的陷阱。散户们听到消息后，便会高高兴兴地进来抢着接盘，在主力高位一路派发，当他们幻想着还能再涨多少时，一下子就在高位被套牢了。

那段时间，可以算是难得的美好时光，我手里的那几只股票天天在涨。

2012 年的圣诞节，让我印象尤为深刻。西部证券率先发力，这天又来了一个涨停，还不到三周，就涨了将近 50%，也开启了我跟这只股票的奇妙缘分。

而珠江实业更是涨势如虹，从这天开始，连续拉出了四五个涨停板，提前 4 个月就突破了 16 元 / 股！

每天早上的 9:15，我便开始坐在电脑前，美美地看到珠江实业高开、拉高、涨停、封板，就可以放心地去吃早餐。等到 15:00，它还牢牢地封住涨停板。

我十分惬意地一刷新，账户里就又多了几万元，怎能不让人心满意足？

刚炒股的时候，也是新股民们最兴奋、最新鲜的时候，甚至睡觉都梦到股票。有人说：“自从炒股，生活中都是它。很多人和我一样癫狂，梦到股票涨，第二天就说要买。炒股能填充时间，上面的数字代表你的钱。无论涨跌，都是一种反馈，感觉它时时刻刻都在刺激着你。”

2012 年的圣诞节，西部证券涨停，珠江实业连续四五个涨停。从两年后的圣诞节那天开始，我将大胆搏击启用融资，再次斩获四个涨停，有生以来第一次在一周之内赚了 1 000 万元。

而我的 QQ 号也是在 2004 年圣诞节注册的，一直使用至今，同时也是微信号，我也是从那时候开始了第一次上网。

诚如斯言，顺发恒业不愧为短线好股，果真从 5.3 元 / 股涨到 7.77 元 / 股。另外两只长线牛股也都没让大家失望。

新华保险在常鸣提示的那天，也创下了它上市以来的最低价 17.6 元 / 股，4 周后便突破了 31 元 / 股，可谓表现不俗。在之后一年半的熊市中，不论跌幅有多深，它始终没有跌破 19.3 元 / 股，两年半后更是涨了四倍多。

广发证券交出的成绩单更是亮眼，在一个月内，就从 10.8 元 / 股飚涨到 16 元 / 股。

值得一提的是，当时的东方财富也在当天创出了上市以来的最低价，它一直并不为人所注意，在前后几年的熊市里也不怎么耀眼，只是跟着走出独立行情的创业板，不温不火地涨了四倍。

之后，它在题材概念爆发时，一跃成为龙头股，到牛市 5 100 点时，成为整个创业板的标杆之一，在两年半的时间里竟然累计涨了 75 倍！

6. 亏损并迷茫

每天，在微信上感谢我的陌生网友数以百计。他们大多之前没接触过股市，资金少的几千元，多的也只有几万元。一点儿都不懂也没关系，在我的提示下跟着买，什么都不用管，就有丰厚的收益。

我也享受着大家的恭维，心情大好，每天走路都像脚底生风一般。

不过，我知道，这一切并不是因为我多会炒股，都要拜那个神秘的常鸣所赐。

这件事已经过去很多年了，如今我也能够看得更清楚、更客观。

常鸣提前几天就精准地点出，2012 年 12 月 4 日将会是绝佳的进场时间，加上他对大势的判断、对行情的把握、对龙头板块的预判、对几只个股的精准抄底、对涨幅空间的评估，无不让我惊叹。

难道真的如常鸣所说，他确实掌控着上百亿元资金，能够影响、改变甚至决定某几只股票的走势？

我仔细分析那几只股票的日 K 线、周 K 线、分时走势和成交明细。当时，每天的总成交量也就 1 亿元到 4 亿元，不断买入 2 000 万元，都足够把西部证券当天买涨、大涨起来。

到 2012 年 12 月底，我入市 4 周，当初的 30 万元，在珠江实业和西部证券上已经变成了 60 多万元，早早实现了翻倍的目标。

原来，在股市里用钱生钱是这样的轻松啊？投进去的资金，每天蹭蹭地往上涨。

都不用我操心，看着盘面，嗑着瓜子，喝着茶，就把钱给赚了，刷新一下，账户就多了几万元，何等的惬意和畅爽。炒股收益来得如此轻松，让我心情倍感舒畅。

常鸣原先设定的珠江实业在公布年报前涨到 16 元 / 股和西部证券 40% 的盈利，竟然在 4 周内全部实现，如此之快，足足提前了 4 个月。

我心中暗爽，按捺不住，元旦那天又转进去 120 万元，继续买这两只股票。另一半资金已被我投资买了收藏品，一直也在升值，就没去动用了。

前面赢得比较顺利，时间长了，我就忘记了在股市里还有一个词，叫作“风险”。这回好运气似乎不再眷顾我了，这两只股票在那几天都高开低走，我的 180 万元很快就只剩 160 多万元了。

我开始慌了，前几天还一直涨得那么好，怎么说变脸就变脸呢？

现在这事很好理解，主力拉高了，当然是为了要出货兑现。不管大盘也好，个股也罢，都是没有只涨不跌的，也没有只跌不涨的。

物极必反，是自然规律。涨得多了，自然要跌。跌得多了，也自然会涨，总不能一直跌，跌到几分钱吧？只要股价连续 20 天低于 1 元 / 股，直接就退市了。

股价涨跌，就此跟自己的身体和情绪产生了奇妙的关联。涨，就兴奋，心情愉悦；跌，就低落压抑，甚至血压、血糖都升高，有的人心脏病都会发作。

看着不断缩水的账户，怎么能不愁呢？上个月，一个涨停板才赚三四万元；现在要是来一个跌停板，一天就得亏 18 万元。

要是跌到 150 万元，那就相当于 12 月赚的那 30 万元，还没捂热就还给股市了，这两个月算是白忙活了。

在担心害怕之余，我第一时间想到给我进入股市力量源泉的简鹿。虽然我至今都没有见过他，与他也未有过任何直接交流，哪怕是在网上，但我确实很想听听他对此是怎么看的，希望他能帮我对一团迷雾的未来指明方向。

他对后市的判断，在大家心中就是“定海神针”。当初被视为疯狂的举动，卖房抄底，实际上他成功了。他加了杠杆，60 万元很快涨到 200 万元。他有自己的选股思路和交易理念，并没有照本宣科地买常鸣提到的那几只股票。

对于他取得的收益，我丝毫不感到惊讶。不同于我等没有独立炒股的能力、需要靠别人推荐的新手，他在股市里浮沉日久，此时已经有 16 年的经验了，在牛市里赚过十多倍，在熊市里也摸爬滚打了很多年。

但是，简鹿再次消失了，使我很是惆怅和失落。一直都是在简鹿的提示下进场、抄底、翻倍的，开了外挂的我，仿佛“股神”重生，次次神准。突然简鹿走了，我顿时就现出还没入门的原形来。

后面的路，该怎么走？接下来，该买什么股票？

站在理性的角度，我知道，自己不该错把运气当能力，应该见好就收，撤出毫无把握且充满风险的股市，继续做自己擅长并已经取得一定成绩的那些老本行，光谈收入，一个月也稳稳地至少有几万元。

但是，我投入 30 万元，4 周的时间，就轻轻松松赚到了 30 万元，这确实是上个月真实发生的。而十几万元也是前几天刚刚亏损的，这也是就在昨天、就在眼前的事实。

那天早上一开盘，珠江实业和西部证券都在下跌。我非常担心，又会像前一天那样再跌五六个点，更怕会重新跌回原点，只好狠下心来亏本卖出。

浮亏变实亏，账户数字只剩下 160 万元，心痛的感觉油然而生。更让我气愤的是，狠心止损后不久，仿佛跟我作对似的，它们又都上涨了，还不断拉高。一买就跌、被套，刚卖就涨，这种强烈的挫败感，实在让人心生不快。

空仓了吧，却不知道干啥了，一天不买、不卖，就像猫爪在挠，心痒痒的。

外挂一掉，我便回到了菜鸟水平。每天不断刷新，期盼着能第一时间看到最新指令。简鹿又经常神龙见首不见尾的，隔几天露一回面，但再也不推荐股票了。

我只好寻找其他高手，这次我选中了一个在各大财经网站都有专栏、专属圈子的作者，看简介，他出过几本有关炒股技术的书。在扉页上介绍说，他几次精准预测到大底部和大顶部，并且多次成功抄底、逃顶，抓过几只大牛股。

他专抓涨停板，每天都能抓 *N* 个涨停，就给他化名为张亭吧。他每晚都在天涯进行盘后点评，并推荐两只第二天最有望涨停的股票。

这最符合我的口味了，快进快出，一个涨停板就能赚 10%，连续 8 个涨停板资金就能翻倍了。一个月 21 个交易日，21 个涨停板，你知道将会有多少利润吗？ 110% 的 21 次方，资金变为原来的 6 倍多。

这就是被巴菲特盛赞的复利的魅力。

7. 难免走弯路

当然，我也知道，这只是理论上的理想状态，事实上绝不可能。

我的要求并不高，在每个月的 21 个交易日中，只需要 3 天抓到涨停，我就心满意足了。

为了避免错失涨停，保险起见，张亭每晚推荐的两只股票，我都各动用 25% 的资金去买。

然而，虽然我只动用了 50% 的资金，但几天时间，一下子又都亏损了十几万元，亏损比例近 30%，之前一个月赚的，几天就又吐出来了。

我明白，盲目轻信别人的言论，没有自己的理论是行不通的。

在其他行业，我积累了一些经验。但在股市里，我还是单纯的新手。

越亏损，就越怀念上个月买常鸣的提示股的美好岁月，什么都不懂跟着瞎买，没几天资金就翻倍了。网上的粉丝也都在翘首企盼，亲爱的常鸣，我们的指路人，能早日回归。

也许是众多粉丝的真诚感动了上苍，简鹿又回来了，同时带着高手常鸣重现江湖。

大家奔走相告，心里别提有多激动了，有的甚至把简鹿和常鸣当成了救命稻草。

简鹿说常鸣这次看好某只股票，但安全起见，还有待进一步观察，得等确认符合预期了再说。鉴于常鸣次次精确把握了买点和卖点，而且每次都在关键时刻站出来，截至当时的准确率，高达 100%。

同时，他推荐的股票，每一只后来的涨幅都很大，尤其是上次提示的时机和给出的那五只股票，表现过于亮眼，让众网友印象深刻，赞叹不已。

我守在电脑前不断刷新着，生怕错过第一时间。

次日上午十点半，简鹿转达了常鸣的一大段原话。

常鸣说，原有的几只股票都是可长线持有的好股，有点儿闲钱的可以关注云煤能源，现价买入，持有到 2013 年 2 月底。该股早已是庄股，但目前潜伏在内的大资金意图不明，有可能是期指空头利用在煤炭股上的筹码优势一直压盘，甚至做空。

为规避云煤能源继续盘整的可能性，可卖掉一部分，分仓到另一只短线股票经纬纺织，盈亏自负。

常鸣还一再强调，再厉害的人也会有出错之时，他也会看走眼。唯一的办法是只能用仓位管理、减少某股持仓，限制这种不可能绝对规避的风险发生时危害的大小。

他很担心，大家都已经对他形成了强烈的依赖心理。股市的路非常漫长，没有人会一直陪伴着走到底，总有一日会离开，终究要靠自己，别太依赖任何人。

常鸣最后说，未来的走向无法预测，唯有市场走出来的才是对的。

盘面随时都在变化，不预测，只跟随，必须随时根据行情，修正一些既定策略。所谓高手，并非永远正确，而是能根据行情的演变，不断适应。

其中的很多道理，当时我并不能完全理解，但他提到的两只股票我还是认得的，便立即把被套的股票全部亏本止损卖出、清仓。保险起见，两股各买入一半，中午还打电话告诉了几个朋友，让他们买云煤能源。

云煤能源说来也真给我长脸，下午开盘没多久，就突然飚到了涨停，朋友们在后悔没及时买进的同时，也把我吹得神乎其神。

而经纬纺织幸好买到了最低价，比常鸣提示的现价低了 5%，拿了两天，似乎不太对劲，一直都在跌，等它冲高到我的成本价时，便赶紧全卖了，继续加仓云煤能源。

8. 路还得靠自己走

2012 年 12 月那普遍上涨的风光不再，2013 年 1 月的行情扑朔迷离。很多股票都开始大跌，云煤能源并没有如我所期盼的那样大涨，只是随着大盘涨涨跌跌的。

面对未知而又不断变化的股市，我也不知该怎么办了，只能坐在云煤能源上随波逐流，期盼着哪一天它突然开始发飙。

熊市持续的时间已经太久太久，人心思涨。从 1 949 点反弹到 2 440 点，大家都坚信自己正身处十年一遇的大牛市，热情高涨。

过年前几天的收官之战，并没有如股市各界预期那样的大涨甚至微涨，但这并不影响大家对来年定会有一个好收成的憧憬。

春节十来天的假期，在股民们看来是那样的漫长，因为这段时间股市不开张，无事可做。假期后的第一天，大盘高开到 2 444 点后便迅速跳水，再次以大跌回报全体股民开门大涨的预期。

事后看，2012 年底的那一小波行情，只不过是几年持续下跌的触底反弹，拉上去的点位也仅仅是为了避免年线三连阴。

之后，股市并没有如大家想的那样从底部开始上涨，反而从底部反手做了一个顶部，把大家一下子套住了，2 444 点的低位竟然成了那几年再也遥不可及的最高点。

也许是常鸣提前知道了，在隔三岔五出一个利好的刺激下，云煤能源最多时赚过 20% 多。我动过念头想要落袋为安，但想着离常鸣所说的时间还有一个月，股价也还没翻倍，再说，如果卖掉了我也不知道该买什么，就一直持有。

不曾想，大盘变脸了，“跌跌”不休，云煤能源也难以独善其身。我想着等它涨到某个点，能弥补之前的亏损时就清仓，但它总不给我机会，出了利好后，也只稍微冲高一点，就马上回落，还来几个大跌给我颜色看，竟然从高点下跌了 30% 多，不但跌破了我的成本价，还把我套住了。

几个月的屡次预判都已成了事实，不管过程如何，个股的最终结果必然会如常鸣所料，关于这一点，在常鸣的粉丝中已经形成了坚定的共识。

持有到 2 月底的提示犹在耳边，我时刻谨记。但形势突变，我已不敢再抱定强烈的必涨信心，等它稍有反弹，我便赶忙全部清仓了。

这个决定还算比较正确，到 2 月底时，奇迹没有再次发生，其股价比我清仓的价位还低了 10%。

尽管常鸣之前就说过他不是“神”，也会有出错之时。当期限尚未到时，我们都还抱有一丝希望。但当众人心目中崇拜的高手真的出错时，大家又不愿意相信现实。

接下来的路，该怎么走下去？

常鸣这次应该是看走眼了，但他应该早就根据盘面的变化调整了计划，没有遭受多大的损失。为什么云煤能源的走势会如此？

后来我明白了，个股大多得看大盘的走势，跟着大盘走。大盘刚涨了一个月就又下跌了，当大盘的基本面发生重大变化时，个股自然也跟着顺势掉头往下了。

简鹿因在网上写过两篇反响不错的炒股小说，吸引了不少拥有亿万元资金的股民粉丝。并且他身处成都，在当地的现实生活朋友圈中，有很多相熟多年的股市顶尖高手，其中有一个是恰好在这一年拿到全国第一的前私募基金经理三寿，他们已是好友，简鹿也在一年半后拜其为师。三寿将个人资产从 2008 年熊市中的 100 万元做到了 2013 年的 2 亿元。

不过，据我研究，三寿的投资风格和理念跟简鹿、常鸣的又有不同。常鸣应该不是简鹿虚构出来的，而是真有其人。

以我后来大幅提高的认知水平来看，虽然简鹿也算是股市实战高手，但他的强项在于对行情的中线判断和对主流板块的把握，大胆动用两倍多的融资杠杆，选准某板块中的几只股票，然后中线耐力持股，一旦一年中抓住一波机会，一两个月资金就能翻好几倍。但他的机动灵活性有所欠缺，过于看好手中个股，一直耐心持有不放弃，在控制回撤方面，遇到大跌就会遭受巨大的损失。

跟简鹿截然不同，常鸣所体现出来的是雄厚的资金实力，以及对形势的提前预判。虽然后来那次他也看走眼了，不过他眼光之精准，确实实力非凡。简鹿的小说早在 2012 年 9 月就已经没有下文了，常鸣从此再也没被简鹿提起过。

而三寿的投资风格是习惯于挖掘热门板块中的低估品种，其操盘手法跟大气的常鸣完全相反。

我算了一笔账，30 万元本金在入市之初最高达 30 多万元的利润，这翻倍的收益在加仓 120 万元后，只需下跌 20%，就会烟消云散，又还给股市了。

跟涨停大师抓了不少次涨停板，什么都没抓着不说，反倒赔进去不少。接下来，如果在最高点卖出云煤能源，不仅收回本钱，还略有盈余，也不失圆满。

网络缘分让我看到了高手，盲目跟随居然实现了赢得翻倍收益的梦幻开场。但我也很清楚，天下没有不散的筵席，没有谁能一直陪伴我们走完这孤独且漫长的路，更何况只是没见过面的网友，终究还得靠自己。

对此，我已有心理准备，只是没想到，这一天会来得这么突然。

9. 投资中最重要的事

一次次亏损的残酷事实让我再次领略到股市的风险，内心一直有一个声音在提醒我，应该认亏出场。但在股市三个月，由资金翻倍赚了 30 万元到亏了 20 多万元，无论如何我也咽不下这口气。

以前是因为我什么都不懂，如果我加强学习，提高炒股基本功和各种技术，是不是就能慢慢扭亏为盈了呢?

在上学的时候，学习很大部分是为了考试，而现在的学习可是关系到以后股市中的盈亏的。想清楚了这一点，我便如饥似渴地扎了进去，从基础知识开始学起，那些看起来就头晕的专有名词、高深理论、复杂的 K 线技术，慢慢地竟然我也能消化了。

哪些是基本功呢? 既有看得见的直观 K 线、K 线组合、均线、其他技术指标、量价、题材、概念、板块、大盘、分时图、盘口细节、基本面等，又有需要在买入前去感知并判断的逻辑、情绪、热点、节奏、筹码、政策、资金流、信息流。

当时我有多么用心呢?

某高手推荐股票，说是股价在两个月内必定会翻倍，但没说到底是哪只股票，给的信息太模糊。我在该高手曾偶尔几次提及的只言片语中，对所有股票进行了一次筛选。第一次符合条件的有 600 多只股票，第二次符合条件的有 400 多只股票，第三次符合条件的有 300 多只股票。我将它们一一列举出来，然后取三者的交集，竟然还剩下 60 多只股票。

还是不行，范围还得再缩小。我再从该高手近期的上千个回帖中，总结出他对个股的评定标准和几大喜好，通过基本面一一排除，最后还剩五六只股票。当我向他求证确认时，他根本就不搭理我。我再翻出他的微信、微博，他还是不予回复。

讽刺的是，对于筛选后的那几只股票，我也一直在观察，别说三个月了，在一年内都没有哪只真的大涨。

经过一段时间的刻苦学习，我已经不是“菜鸟”了，但让我非常困惑的是，在我什么都不懂时，稀里糊涂地赚了一倍；现在我好像什么都懂一点了，跟股市有关的也都能理解了，进步很快，毫无疑问，水平大有提高，但为什么还天天亏钱呢?

虽然粉丝在网上都把我捧为“股神”，但我还是有自知之明的，不是自己的水平有多高，那时的我还是十足的新手，只是跟对了人，踩准了普涨 20% 的大行情的节奏。就比如 2012 年 12 月 3 日，98% 的股票都在下跌，想不亏都难；而到了 2012 年 12 月 5 日，99.8% 的股票都在上涨，任意买进，都是赚的。

除了极少数能走出独立行情的，大多数个股都在看大盘，也就是大环境的脸色。大盘一上涨，2 000 多只股票的主力也就跟着撤掉压盘的卖单，买单频现，一路上拉；而大盘一跌，这些个股几乎全部跟着下跌，撤掉托盘的买单，不断抛出卖单，迫使股价下跌。

这就是天时在股市中的重要性。

2005—2007 年的那两年牛市，闭着眼睛买入都是大幅盈利的。各行各业的股市高手满天飞，轻轻松松盈利三倍、五倍的到处都是，要是谁只盈利了一两倍，都不好意思跟别人说。

而在 2007 年 11 月到 2014 年 7 月这近 7 年熊市中，大多数股民都难逃亏损的命运。你再厉害，十八般武艺样样精通，别说盈利了，如果你只亏了20%，那么别人都会对你肃然起敬。

当外部行情很差时，做同样一件事的难度就大了很多，效果也不尽如人意。

由此可以悟出投资之道：择机、借力、洞察天时、顺应大势、紧跟主流，方能有所为。用通俗的话来讲就是，跟着大部队行动，跑在前面的有肉吃。

在牛市中买股，如同探囊取物，这是顺势而为，坐在风口，就能送你直上青云。逆势而动如同风中持烛，虽殚精竭虑，亦自身难保。

虽然现状是连连亏损，但人们总会选择性地想起那些盈利的快乐时光。我也无比怀念入市之初资金便翻倍的美好时光，更忘不了带来神奇提示的简鹿。

10. 八连板后名气大增

炒股是一个专业性很强的技术活儿，还得加上运气。

在这方面，我的水平不高，但是，引流量、做推广、增人气之类的，对于靠互联网谋生的人来说，这些都是必须学会的入门基本功，更何况我以前经验丰富，这些算是精通，还略懂策划。

逛论坛也是我多年来养成的习惯，没过多久，我便在股票论坛里混得风生水起，在推广营销方面我更是轻车熟路，粉丝慢慢也多了起来。

如果把之前已有的几万关注者直接带到股票论坛来，那速度更快。不过，我并不想把两者混到一起。

我天天泡在股票论坛里，自然就很少在微信上露面了。

在2013年“五一”假期之前，我陆续写了几篇网帖，每篇都在其中重点提到了一只股票。虽然每只股票都是我当时极为看好的，但在发出帖子后的第二天竟然全部涨停了，这是连我自己都没想到的，不得不说带有一定的运气成分。

推荐一只就涨停一只，自己却没买，因为我还一直惦记着常鸣在年前所说的，持有珠江实业到公布年报时，涨到20元/股没问题。我刚入市时以约 10 元 / 股的价位买进，以 16 元 / 股的价位卖出，在这只股票上尝过大甜头，算是有特别的好感。2013 年 4 月，我再次以约 12 元 / 股的价位买进，期盼着在 4 月 28 日前后，能够真的再次把我带到 20 元 / 股，全仓赚上 60%，那我就能把这几个月的亏损找回来，还能赚上几十万元。

可是珠江实业不太听话，我以 12 元 / 股买进的，结果都成了高位，一到 11 元 / 股，仿佛有地心引力把它往下拽一样，总在 10 元 / 股左右徘徊。

我选出十几只股票加入自选股，只只都有不少看好的理由。但珠江实业实在让我很纠结，想要换成自己看好的股票时，被它套了 15%；忍痛亏本止损吧，下不去那一刀；快要解套了吧，又想着要坚定持有，别让那预期 60% 的收益跑了。

等到我推荐的第四只股票都涨停了，珠江实业又跌下去，被套了将近 20%，这让我十分恼火。向外面推荐的，接二连三都马上涨停，自己却一直全仓被套着没法买，这委屈，跟谁诉说？

连续 8 个涨停板，资金就变成了原来的 214%，那可就是 114% 的收益。

整个 4 月，别说 114% 了，我在珠江实业上进入的价位一不小心就成了高位，连 4% 都没捞到，大多数时间都是被套的。到 4 月底公布年报时，即便再像 2012 年圣诞节那样连续来四五个涨停板，都到不了 20 元 / 股。虽然我极度郁闷，但也只得不断高抛低吸，在勉强保本时清仓离场。

连连应验了几次，再推荐股票时，我便加倍小心，可别砸了自己的名声。所以我选择了当时最热门的概念股，它之前的走势非常强势，应有强庄和实力游资接力介入，后市自然值得期待。

但我还是没买，为什么呢？

这种概念股就是击鼓传花的接力游戏，随时都有可能因为后面没有大资金接力、大盘变脸而下跌，都已经突然大涨那么多了，主力一旦出货，那就必然伴随着大跌，风险极大。我自己是不怎么敢去买的，只是很关注而已。

所以，我也一再提醒股友们注意风险，咱们看看戏就好，买入就免了。

结果这几只热点概念股居然又都在次日继续涨停了，我这连续几次的命中也都被推荐上了首页，其中还有一两次成了头条。在股票论坛上，我八连板的名气大增，粉丝数量也迅速上涨。

然而并没多大作用，说来大家也许不信，我自己并没有从中受益，连续命中在很大程度上靠的是运气成分，追高买进强势龙头股，并不符合我谨慎的投资风格。

不过，股友大多只看到了一个事实——我每次推荐的股票在第二天都涨停了，股友的崇拜感油然而生。很多人说我水平高，就像当初自己认为未知领域的简鹿和常鸣投资水平高一样，但唯有我自己知道，我有擅长的领域，但在炒股方面，我还只是一个几个月股龄的新手。

每天都有无数的股友追着让我继续推荐，他们准备全仓买入，这也给了我非常大的压力。

他们对我的期望太高，不管涨了多高都敢追，万一我下次推荐的股票没有涨停，那岂不是要让他们大失所望？万一下跌了，怎么对得起追捧我的这些股友？

本来跌的概率就要比涨的概率大得多。

11. 出手参与涨停

犹豫了好多天，我在当时比较热门的可穿戴概念股中，选择了盘子最小的——奋达科技，其流通的总市值才 4 亿元。

针对每只感兴趣的个股，我都会先花大量时间了解，然后筛选出一些列入自选股。奋达科技很显然是一个非常典型的家族企业。

哈佛大学毕业的汪先生把奋达科技带向了国际化，在资本运作方面更是成绩斐然，不但把它成功运作上市，之后还将它的市值做大了百倍。

我观察了几天，奋达科技即将召开新品发布会，这会不会是一个契机呢？

不过，在新品发布会当天，奋达科技的股价很平静，我不断刷新着发布会的实况，也确实没有期待之外的惊喜。我不想再等了，便在股票论坛上回帖，“不等了，全仓买入 002681 奋达科技”。

当时我在股票论坛上有两万多粉丝，每天刷新我的发言的应该也有一部分，这也算一股小小的影响力，会发生什么样的化学反应呢？

我密切关注着盘面，发现开始有人跟单了。

在卖一到卖五挂着压盘的卖单，一下子都被吃掉了，股价也开始一分一分地往上涨。我也不再犹豫，多挂了 5 分，买入第一笔，然后陆续全仓买进。100 多万元当时大概能买 10 万股，也就是 1 000 手，拉升了大概 1 个点。

这是要拉直线了吗？奋达科技的异动引起了大家的注意，他们都非常兴奋，我之前推荐的八连板让他们印象深刻，难道这就会成为第九个涨停板吗？

于是便出现了壮观的场景，大家争先恐后地买进。并且为了确保能够买进，很多人甚至不再计较那微弱的成本差，挂的不是现价，都把价格挂高了几分甚至一角。盘面连续出现了上百笔买单，只有人抢着买进，没有人卖出，3 个点、4 个点、5 个点……股价竟然真的升上去了！

当奋达科技一口气上涨 8 个点的时候，开始停顿了，被陆续抛出的卖单砸下来两三个点，大家都不断地在电脑前给它加油打气，仿佛它就是代表我们参加比赛的选手。

没让我们等多久，又有几个大买单，把上面的卖单全部吃掉了，6 个点、7 个点、8 个点、9 个点，涨停了！

这是我第一次亲自参与涨停，也是第一次看到网友实时参与，在那几分钟里买进的都成功获利。

在我看来，其实那天的涨停并不是主力要主动拉的，而是因为众多散户跟风，散户的小买单引发了市场合力，大资金也顺势而为，用大单拉涨停，用大单封住涨停板。

自此一役，我在股票论坛里名声大噪。

12. 一再错过优质股

在此之前，奋达科技的表现一直都十分低迷，长期横盘，每天买进、卖出的成交量加起来还不到 1 000 万元，换手率也在 2% 以内。此后，其股性彻底被激活了，加上一些热门概念，人气大增，每天的成交量蹿升到几亿元，换手率也大增到 40% 左右。

在 2014 年春节前两天，我满仓杀入共达电声，并在帖子中公开自己的操作，第二天成功地在涨停板上全部卖出，很多跟随的股友都在过年的前一天收到了一个 13% 收益率的大红包。那年春节，我也感受到了他们不是礼节性地批量群发祝福，而是发自内心的祝福，这比单纯在股市中获利让我更有成就感和满足感。

回顾我当初公开看好过的很多股票，在之后的一年中都成了上涨 10 倍的牛股，如奋达科技、兴源环境、恒顺众升（后改名为青岛中程）等。虽然这几只股票都是当时我长线看好的自选股，不过由于我做的都是每日超短线，没有一直持有，我也没有获得太多收益。

在余额宝刚推出时，我也买过几次概念龙头股——金证股份，不过都是今天进明天就择机卖出的超短线，在我买进的价位上，它后来最多居然上涨了 30 倍！

为什么会出现这样的情况呢？

归根结底，首先是大方向出错了，我除了炒股，可以不用去做别的事，天天坐在那里盯盘，一天不卖、不买就手痒。

每只股票都不可能会一直上涨，必然会有漫长的洗盘、下跌、盘整过程。也许它在一年甚至几年中，就只有那么几天大涨，我不可能有那么好的运气，能够刚好买在起爆点。那样的事情，不是所有股民都梦寐以求的最幸福、最美妙的事情吗？

其次，我对股市的认知还不够，不知道怎么选择大概率走牛的长线股，自然就没有长线持股的信念。

对于我个人而言，我不喜欢那种毫无波澜、平平淡淡的生活，追求的是每天都惊险刺激。内心想法映射到股市，体现出来的行为自然是乐意每天捕捉机会、频繁交易、反复操作。即便明明我非常看好一只股票，坚信它一定能大涨，但要我一直持有几个月、一两年，我做不到。

其实，长线持有优质股反而是最省心、最简单的，往往也能获得最大的收益，即便被套 50%、80% 也不为所动，时间会慢慢弥补，等到下一波牛市的解套。

而这对于我来说是根本不可能的事，被套一两天我都会非常不舒服，早就挥刀斩仓、亏本止损了。

第2章

在牛市中创造辉煌

1. 价值投资的典范

有读者可能听说过，在 20 世纪 90 年代初，有人捂住深发展股票获利数倍，有人购入陆家嘴股票脱贫致富，但很少听说哪个人能够持有一家上市公司的上亿股股票这么多年。

在 A 股中有一个业绩堪比巴菲特的神话，三十年来，“骨灰级”投资老前辈刘元生这个名字每年都出现在万科的年报上，像一根不倒的桅杆，伴随万科这艘航船，闯过了难以计数的波峰浪谷。

经过进一步了解，我们可以发现，这里面也有天时、地利、人和的助益。

在王石创立万科之前，刘元生就已是他的好友。股市 1992 年才开张，1990 年，万科作为试点企业发行股票，自然发行不畅，外商刘元生得到深交所的特许，投资 360 万元，购买了万科的原始股。在那个万元户都能远近闻名的时代，能轻松拿出这样的巨款，并且手头宽裕一直用不着卖股票，拥有轻轻松松完全不需要把这些钱当回事儿的心态，是一般股民所无法比拟的。

在万科上市后的二十多年里，很多投资者，包括机构投资者，经不起股价的颠簸，纷纷撤离。某家大公司在万科跌破发行价时，把手里价值几百万的股票硬生生卖回给万科，还以为扔掉了烫手的山芋。现在回头来看，对优质的公司长线投资才是明智的。当初的几百万原始股投资，历经二十多年，刘元生获得了几百倍的回报。

在限售股可以交易后，不管是在价值 40 亿元的牛市之巅，还是后来缩水成仅值几亿元，刘元生始终坚定持有，这样的股民确实罕见，他才是最大的赢家。他的财富故事是中国股市的一个缩影，更是投资者中的传奇。

这也算是价值投资在中国的金牌案例，能够有幸选到极少数在未来能够成长上百倍的优质行业龙头，业绩和利润在一二十年后如果能够增长百倍，那么公司的股价和市值一般也能相应地增长百倍。股价的计算方式之一就是每股收益 × 市盈率。每股收益提高多少倍，那么股价自然也能相应增长多少倍。

优质产品能经过消费者和商业竞争对手的一再筛选，以胜利者的姿态出现在随处可见的商场、超市里，贵州茅台、海天味业、云南白药、腾讯、格力电器、美的电器、海康威视等自上市以来就很好地诠释了这一点。

这些公司在上市之前就已经是某个行业的代名词，产品本身就具有难以取代的独特优势，上市后随着中国经济的高速发展与消费市场的迅速增长，充分享受到时代红利的公司业绩年年大幅提高，股价也水涨船高，在大多数股票都下跌百分之七八十的每轮熊市中，还能够继续上涨，真正做到穿越牛熊，实现了每个股民都梦寐以求的不断翻倍、翻倍、再翻倍。

只不过，这种能够放心地长线持有几十年的公司实在太少了，大多数公司在刚上市时还很风光，过几年就变成走下坡路了，难有拿得出手的亮点，到了熊市，股价自然是跌幅过半之后再跌去一半。

短期耀眼的光环虽能引领一时的潮流，使股民无比亢奋，但毕竟只能停留在不断讲故事、炒概念的阶段，始终没能落地，也拿不出十倍、百倍的踏实业绩作为支撑。即使暂时涨了二三十倍，成为当时最风光的明星股，但最终都敌不过时间，还是得跌回原形。

在时间面前，主力资金、走势、股价都会变化。再牛的个股都会随着时间的推移，从巅峰走向低谷；反之，再衰败的股票也有可能随着时间的推移，进入上升周期。假以时日，超跌股也可能会有修复价格回归价值的那天。

时间可以换股价的空间，把时间拉得长一点儿看，底部股票总是会随着时间的推移，向上拓展空间。中线选股的实质就是寻找时间换空间的机会，那么当然选择那些长期遭受打压，又慢慢盘出底部的股票。

2. 10倍牛股的逻辑

在三十多年的股市中，涌现出很多的传奇故事、投资高手，我作为一名资历尚浅的正宗散户，暂时只能仰望，心生羡慕，然后低头看好自己手中的那点儿股票。

一群热爱股市的网友在网上聚到一起，把这里当作一个家园，盈利了就一起大碗喝酒、大块吃肉，亏损了就关灯吃面；热爱自由的灵魂们，胜则举杯相庆，输则不断有人掉队。

在2013年“五一”假期后，大家都在我的帖子中交流讨论，气氛非常热烈，尤其是在每天9:30—15:00的交易时间内，基本上能翻十几页。

2013年的股市是一个不折不扣的熊市，大环境不好。于是乎，最大的机会就在创业板，该板块走出了局部的结构性行情，龙头板块则是手游题材。在此期间，许多手游概念股走出了10倍的涨幅。

当时卖房抄底的简鹿，在那次股市反弹中，手中的资金迅速地从50万元涨到200多万元。简鹿自信满满地认为，那些优质个股普遍都会涨几倍。但他也看走了眼，在年前、年后开始下跌时，很多股民问他，手中已经被套的个股还能不能继续持有，他很诗意地答复：“天空才是它们的尽头”。

他一直都加了融资杠杆，自然也亏得厉害，好不容易做到的200多万元资金，没多久就亏得只剩100多万元了，还不时被那些坚定持股导致越亏越多的股友痛骂嘲讽，自然心情不好，就不怎么去股票论坛了。

不过，2013年夏天，他还是敏锐、大胆地抓住了那波创业板的机遇，通过参与四五只手游股，资金从100多万元又做到了600多万元，其中重仓的一只当地手游股，从他提示大家买进的12元/股价位，两个月后上涨到30元/股时，给他带去了300万元左右的盈利。

但是，他坚信股价还能继续大涨，不涨到100元/股不卖。结果，当股价从30元/股跌回16元/股时，简鹿的身家又缩水近半，无数被激起百元梦去跟风的人，至今都被深套。

现在对2013年到2014年前三季度行情的普遍说法是结构性牛市，也就是即便那两年的大行情虽然是熊市，但也有局部行情和题材的机会。这也有道理，因为不管怎么跌，即便是大回调，当时股市里有3 000多只股票，每天也总能找到一些股票是红盘上涨的。

3. 技术并非万能的

我仔细阅读过大量的股票书籍，研究学习过大多数股市技术，广泛涉猎过诸多股市理论。

结果，实践表明，在实盘中，瞬息万变，局无定势，法无定法。

技术、指标、图形等都具有滞后性，只有等图形、K 线走完以后才能看得出来，但在当时，对下一分钟，甚至下一秒都意义不大，也无法用来准确判断下一秒的涨跌。

事后的技术分析有些像“看图说话”，也就是走势已经完全确定了，想怎么说，想怎么分析，想怎么画线，都可以，而且越分析越觉得有道理。但在实际的交易过程中，走势图不像事后分析时是静态的，而是不确定的、动态的，一切都还在多空双方当下的直接对抗博弈之中。在任何一个时点的当下，涨跌皆有可能，具体涨跌多少不知道，只能进行概率估算，而无法绝对地确定。

针对任何一种技术、指标，确实能找到很多成功预判的案例，所以才会有那么多人痴迷技术。但同时也能够找出另外 80% 以上失败的、丝毫不起作用的案例来。用数学的方式表达，就是技术、指标只是充分条件，而非必要条件。

非常简单，如果技术、图形、理论真的那么有用，可以像套公式一样去应用，那么在股市里，怎么可能还会有人亏钱呢？那样一来，人人都能够在最低位顺利抄底，在最高位成功出逃。图 2-1 展示了抄底在理论与现实中的不同。

在上涨的时候，都赚到了；在下跌的时候，都提前避开了。一年有 240 个交易日，只需要满仓吃 40 个涨停，盈利 45 倍都是轻而易举的。

但事实上呢？并非如此。

我们花费大量的时间、精力去学习枯燥乏味且有一定难度的技术，并不是出于对技术本身的热爱，而是希望在学会技术后能在股市中提高收益、规避亏损。既没能通过技术实现高收益，还深陷技术的陷阱而无法自拔，

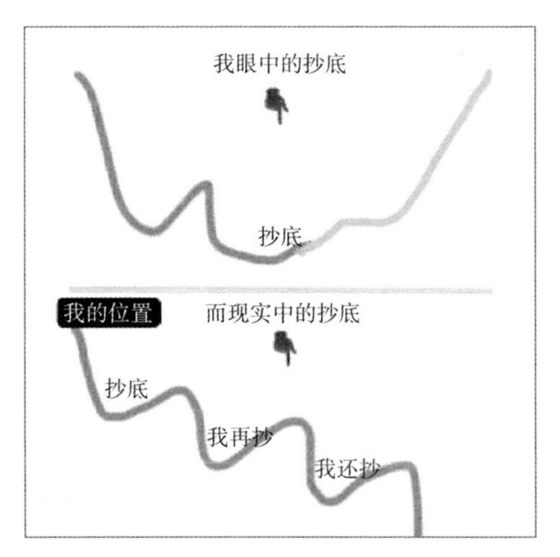

图 2-1　抄底在理论与现实中的差别

这不正是典型的舍本逐末吗?

在大涨、大跌时，技术和理论就完全失灵了。

超越技术层面的是情绪。当大众对股市、对具体某只股票陷入或亢奋、或惧怕的情绪时，现实中股票的走势就脱离了通过技术层面、基本面分析出来的走势。

每一次，在极度高昂或极度低迷的情绪面前，没有人去在意基本面、技术了。

进行重组，股价通过十来个一字涨停板涨上去了；突然 ST，那就至少走出十几个一字跌停板，股民纷纷出逃，在自己挂单的同时也堵住了其他人的生路，哪怕根本就不可能卖得出去，大家还是天天白费力气挂跌停，丝毫不讲理性。在黑天鹅面前，技术派和价值投资就暂时失效了。

在一般情况下，主力也经常会利用诸多技术、理论，专门反其道而行之，故意做出某种符合技术派的图形、K 线，专门针对那些技术派。在大数据时代，有技术就会有反技术。

股市领域的技术派就是孜孜不倦地通过分析曲线、指标和走势等，希冀从中寻找到确定性。何谓确定性？就是涨的概率大于跌的概率，或者跌的概率大于涨的概率。

技术派坚信是有这种确定性存在的。金叉死叉、顶底背离、上穿下穿、突破、破位、支撑、压力位、箱体、中枢、平台、背驰、一二类买点……只要是技术指标，他们都反复研究，实际上这些只是虚拟产物，是强加的名词概念，最开始是没有的，也从来没有谁规定过主力、主力资金、大资金们必须按照这个来走。主力只会站在自己的角度，实现自己想要的结果。只不过相信的人、运用的人多了，也就有了市场，这才有了这些技术专用名词。

华尔街大佬投入3亿美元，凿开一座座山脉，铺设825英里（约1 328公里）的光纤管道，为的就是提高0.01秒的交易速度，并且有200家公司愿意为这0.01秒各支付1 400万美元。

一旦谁能找到确实有效的技术应用，不出10年时间，就能在全球金融市场上赢取数万亿美元的财富。别说普通的精研技术的投资者，即便是全球最聪明的精英和最具资金实力、掌握最先进技术的顶级机构，穷尽了百年时间的巨量心血，也没能找到股市的技术制胜法宝。

证券交易是布朗运动，没有规律可循。但当大量的随机运动出现在同一个空间时，形成趋势，情绪化的反应加重趋势形成的势，这就是索罗斯谈到的反身性。

真正能从小资金慢慢做大的，以及长期掌握了大资金操作的投资者，都有属于自己的交易体系和对股市的整体认知，他们中的大多数不懂技术或只是将技术指标作为参考依据之一，而不会过于迷信。

在交易实践中，真正有巨大作用的是最简单直白且毫不模糊的5日均线。直接套用公式就如刻舟求剑，弄得人们晕头转向，还没有实际作用。

尤其是对于满足由A得出B、由B推导出C之类的技术流派，更是起到反作用。因为在股市里的很多指标过于模糊和灵活，怎么解释都能解释得通，每个环节都会出现较大偏差，更何况还经过中间几个环节，早就“差之毫厘，谬以千里”了。

4. 自创的方法慢慢失效

无论是长线、波段、短线，都是投资的一种方式，没有绝对的正确，也没有绝对的错误。尤其是短线，打板也好，追涨、低吸强势股也好，做龙头也好，存在即合理，多种交易模式只是手段。

在一段时间，一种交易模式也许和市场节奏更匹配；在另一段时间，也许另一种交易模式更贴近市场。不同的资金规模适合不同的交易模式。

股市掘金，如人饮水，冷暖自知。

炒股该怎么炒?

这本身就是一个非常开放的问题，各人有各人的方法。

有跟风的，有打板的，有精研财报的，有高价买炒股软件的，有听别人推荐的，有应用信息流的，有跟高手买卖的，有做超短线就有做中线也有做长线的，有找荐股分成的，有代客理财的，有把公开披露的信息钻研得炉火纯青的，有盯着游资动作的，有专做当地的或同行业的股票的，有看基本面的，有紧跟政策变化的，有预判市场的趋势与方向而提前布局的，有价值投资的，有对新股、次新股或近端次新、远端次新股情有独钟的，有对低价股深有心得的，有随机选择别人看好的，有天天换股的，有深入研究甚至实地调研企业的，有擅长周期行情、周期行业的，有分散买多只股票的，有专盯某几只股票的，有一直抱着某只股票不放的，有博重组的，有专门豪赌退市股的，有应用数学、物理、化学、历史、文学、哲学来炒股的……风格可谓五花八门。

仅其中的技术派就百花齐放，有学缠论的，有用黄金分割线的，有看均线的，有应用龙头战法的，有看量柱的，有观察红绿波的，有高抛低吸的，有做周期或波段的，有偏向江恩理论的，有精通道式技术的，有运用蜡烛图的，有尝试江平交易思路的，有编辑各种选股公式的，有画出众多眼花缭乱线条的，有看大单净量的，有注重 MACD 的，也有看重 KDJ、BOLL 线、BIOS、BBD、DMI 和 RSI 的……

即便其中单一门派追涨停的打板客群体，按照具体思路还能再细分出专打首板、专打二板、专打三板、专打五板、专打加速板等，这里就不一一列举了。

总之，没有统一的标准答案，一万个股民就会有一万种做法，只有适合自己偏好、习惯和风格的，才是最好的。

每个人的投资风格不同，投资技巧也不同，因而在投资标的上买入卖出的收益与损失相差很大。因此，别人的美酒，可能是你的毒药。

认清自己的长处与短处，保持独立思考的能力，赚我们能力范围内能赚到的钱，清楚哪些是能力不足的地方，这些不足之处很可能就是给我们造成损失的地方。

股市投资，没办法靠任何人为我们彻底解决稳定盈利、控制回撤的问题，只能靠我们自己的努力。

能盈利的操作模式，在股市里少说也有几百种，但别人的成功经验并不一定适合自己，关键还要根据自己的性格、水平和习惯，慢慢摸索属于自己的盈利模式，并不断优化和改进，才能最终找到属于自己的盈利体系。

在震荡市中，我曾经发现并创立了几种短线战法。比如，符合强支撑、上下影、反弹中继、平台突破、地量阳线等条件的平台战法，适合刚强势涨停、创历史新高、热门概念、小盘股的高潮战法，以及至今仍被很多人研究学习的“龙头首阴战术”。

“龙头首阴战术”指的是，热点概念的龙头股在昨天创出新高之后，隔天累计跌幅一定要达到 15%，可以买入博反弹，如果抄底的价位足够低，那么一般可以吃到 10 个点以上的反弹，一旦达到预期收益，不再贪多，立即卖出，以免马上回落被套。

为什么?

龙头股、刚创新高、隔天、累计跌幅达到 15%，四个要素缺一不可。

在这种非常强势的个股中，一般都由强庄、强游资等强力资金主导，突然大跌后，还有另一部分资金被套，次日通常都会先拉高以便出货。并且短期大涨后的龙头股人气很高，这就意味着承接力度不错，一旦出现止跌回升的迹象，愿意跟风买入的资金也不少。

“大长腿战法”也是我当时尝试的方法之一，就是选择那些当天在开盘价的基础上，大跌、急跌过后又被迅速拉回日内均线上方，留下长长下影线的股票，该走势说明其短期风险已经得到充分释放，只要大盘不大跌，在这里企稳后，既然承接力度不错，那么后续上涨的概率通常会远远高于继续下跌的概率。

5. 股民心理学

造化弄人，当我一无所知的时候，能轻轻松松地在股市里实现资金翻倍；可是，当我苦苦追求、勤奋学习了几年后，股市却没有给我一点儿希望。

行情不好，我的资金和我这个人都被折腾在熊市里，动弹不得。

在平时大量浏览股市的各种信息时，我发现那些股市专家及网上的各种股评师，其立场居然出奇地一致，就是不管当前行情如何，哪怕处在非常明显的下跌趋势中，他们也都看好后市的走势。

已经拥有独立判断能力的老股民当然不屑去看股评，但无关紧要，这对股评师没什么影响，毕竟不是他们的目标群体。

普通股民才是这些股评师的目标受众。既然是来看股评的，一般都是手里有股票的，他们在潜意识里当然希望后市看涨。大众都喜欢看到看涨的言论，而本能地排斥看跌的言论。

这也是由人性决定的，不管是宏观地对待整个股市，还是具体到某只看好的股票，态度其实都是一样的。

购买股票，在没买之前，都厌恶上涨，很希望下跌，跌得越多越好，自己好抄底买个低价；但是，一旦买入，那一瞬间，心态就彻底发生了改变，变得厌恶下跌，希望开始大涨，涨得越多越好，恨不能马上翻倍。这就是一个人所处的位置决定了其立场。

在此基础上，自然就形成了恶性循环怪圈，看涨的即使经常看错，股民甚至也清楚，股评师看错的次数更多，但还是忍不住跟随，股市中受伤的心灵被抚慰，感觉暂时亏损的资金后面还有机会再赚回来，很是舒服、受用。

散户的记忆只有7秒，即使他们一再看错行情，但只要能让他们的情绪得到宣泄，就会迅速忘记过去的错误。股民所需要的其实再简单不过了，无非是精神按摩、心灵抚慰而已。

市场参与者的思维模式不断被强化，因为每个参与者都是抱着盈利的目的才来到股市的。“盈利”就是他们可以承受一切风险并为之付出高昂成本的精神寄托，他们最不希望看到的就是“亏损”。在这种高强度、长时间的特殊环境影响下，他们在潜意识里会逐渐形成自动过滤机制，筛掉自己不喜欢看到的结果，强化自己希望看到的结果。

股市专家的粉丝其实并不在意是否能得到最精准的高位逃顶、低位抄底的信号，这也没有谁能做到，他们在乎的是专家能否让他们感到舒心。

而看跌的，就算总能看准，也不为股民所喜欢，因为这意味着股民还要亏更多。看跌的言论，无论分析得多么透彻，逻辑多么清晰，但必然会跌的结论太尖锐又不中听，会招致股民的厌恶与反感，导致心情焦虑、神经紧绷，关注度和反响自然越来越低，从而失去了市场。

股评师、股市专家当然非常清楚，只有迎合目标股民群体的心理，事业才能风生水起，因而不会选择逆向操作，断然冒着粉丝减少、砸自己饭碗的风险去看跌。

6. 股市连续大涨

2014年11月17日，炒了大半年、期待已久的沪港通终于开通了。

股市却没有如预期的那样交易量迅速大增、行情开始大涨，那天甚至没涨，而是成交黯淡，开盘就高开低走，跌幅不小，并且还是持续了一周的天天阴跌。

不久出了一条降息的重磅消息，但对于行情将会有何影响，却是一万个股民心中就有一万种看法，并且都理由充分、证据有力。

根据以往十几次走势来看，降息第二天，既有可能大涨，也有可能大跌，还有可能不涨不跌、微涨或微跌。高开低走、低开低走、高开高走、低开高走甚至平开平走都有可能。晕了吧？以往的无数次经验和概率对下一次的真实走势并没有实际指导意义。

这也是股市的扑朔迷离之处，明明一条非常确定的消息已经正式公布出来，还能出现几十种不同的解读，而且每种解读都非常有道理。

不同的人作出不同的判断，然后采取不同的行动。但我想说的是，其实，专家、大师、散户怎么看、怎么想并不重要，行情大多数时间由主力资金说了算。

降息、降准之类的消息确实也可以算是大利好，但为什么不会每次都出现预期中的大涨，有时候反而会跌甚至大跌呢？究其根源，还是因为这不属于降低印花税那种能让所有人一致看好的消息。

降息、降准确实能释放资金，让社会上的资金更多，但这些资金又不一定会到股市中来，对股市其实也没有实际的刺激作用，在股市中也没有直接的受益对象。

所以，究竟是涨是跌，运用之妙，存乎一心，关键取决于主力想怎么利用这则消息来操作。可以借势拉升，也可以反向操作，高开后诱多套入，来个奋力让盘面往下跌。既然它不属于一目了然的利好，那股民还得费心去猜谜，这次到底是涨还是跌？

每次类似的消息一出来，都会有媒体迅速列举以往的次日涨跌幅，告诉我们上涨的概率有多少，下跌的概率又有多少。最明显的例子莫过于每年春节前的那个交易日和年后第一个交易日，根据国人的习惯，讨个关门红和开门红的好彩头。可即便根据数据统计，在过去的二十多年里，这一天上涨的概率达到 90%，今年就一定会是开门红吗？

不一定，因为这没有必然的因果联系。靠概率而论的事情还没有发生，就没有百分之百的确定。

如果靠概率就能算清楚，能指导投资行为，那还不如去买彩票，2 元的投入，算准了，一等奖至少有 500 万元，二等奖也有 30 万元，回报率可比股市高太多了。可在现实生活中，研究了几十年彩票走势和下期开奖概率的老彩民，也没见谁靠这个就中了大奖。可见，过去的概率，对当下、对未来的投资，参考价值没有想象中大。

既然概率算不准，那该以什么作为依据呢？我个人认为，普通的、人人都能看到的公开信息，远不如那背后看不见的关键人物与他们所掌握的资金的动向所传递的信息管用。主力资金的介入是我们操作的标准，至于信息面、技术、概念、题材，都只不过是附属品和表面现象罢了。

股票上涨，是市场形成的合力。再好的业绩，再好的题材，如果没有资金关注，就不会上涨，也不是好股票。

而这一次，再敢于看多的分析师都没能猜对。

不知从哪里冒出来的一股巨大的资金力量大力拉升，以前两三个月都涨不了哪怕 20 个点，一个月都出不了一根大阳线，而从 2014 年 11 月底开始的那半个月，大盘天天大涨，每天盘中只要一有下跌，马上又会被拉起。

连续十几根大阳线，任何的理论、技术面和基本面分析，此时都黯然失色，所有人看得目瞪口呆。谁也不敢相信，这还是那个走熊了 7 年多的股市吗？

每一轮牛市都在人们的绝望中诞生，在怀疑中上涨，在憧憬中成熟，在狂热时结束，在希望中毁灭。

怀疑的人非常多，不相信牛市就这么突然来临的人更多。人性就是这样的，多数人总是身不由己地陷入思维惯性，而过去几年的熊市已经培养了多数人的熊市思维惯性，永远只有少数人能打破思维惯性的枷锁，而这少数人往往能成为这一轮牛市里的丰收者。

在熊市里撑了这么多年，股民小心谨慎、战战兢兢，还真没办法适应这突然之间的巨大转变，几乎都懵了。

才短短几天时间，大盘竟然毫不停歇，一口气从 2 400 点涨到 3 200 点！

经我多方查阅资料，在 A 股漫长的历史上，这样的行情还从未发生过，可谓盛况空前。

在过去，大盘一年到头都涨不了 0.01%，不跌个 20% 都算行情不错了。尽管在这半个月内，大盘从 2 400 点迅猛涨到 3 200 点，涨幅高达 33.3%，但是，经统计，在 2 600 多只股票中，涨幅在 35% 以上的只有 70 只，涨幅在 10% 以上的竟然不到 450 只，涨幅在 0 以下的，也就是下跌的，竟然有 1 600 多只！

也就是说，跑赢大盘的只有约 3% 的个股。而大多数股票在这段时间里不但没有涨，反而是跌的，只是跌多跌少的区别而已。

那些占比 3% 的大涨个股又是哪些呢？以证券股为首。所有的证券股涨势惊人，天天都涨停，十来天时间，竟然全翻倍了！

牛市的大幕已经徐徐拉开。

7. 汇聚资深前辈的股友群

通过对历次行情数据的观察，我发现了一个惊人的事实：在每一波行情到来时，赚得最多、最舒服的恰恰是刚入市的新股民。2012 年年底时的我也是如此。为什么会这么奇怪？

行情来时的前几年，老股民的资金基本都被套牢，即便很看好，但如要亏本卖出换股，成本太高，浮亏马上变成实亏，资金少一半，一直持有还有希望解套；在几年的熊市中，他们不断亏损，被套怕了，首先考虑的不是收益而是风险，都变得颇为小心谨慎。

而新股民的手里没有持股，拿的全是现金，不用痛苦纠结是不是先止损卖股，想买什么股票就能轻轻松松、毫不犹豫地买进，也没有被套千百遍的心理阴影。都是听说牛市来了，就直接冲进来了。个个胆子都大得很，脑海里就没有风险意识，对股市也一无所知，心理上没有背负那么多包袱，听别人说什么股票好，就不管三七二十一，那些热门股票无论涨到多高，都敢照追不误。

老股民经过多年不断追、套、割的循环，基本形成了思维定式，被惯性思维左右。而新股民在这时都是空杯心态，本来就是一张白纸，脑海中根本没那么多条条框框，也就毫无顾忌。

正所谓日光之下并无新事，这些看起来不合常理的事情就是股市的常态，因为历来就是这样的，这个阶段就是“新手也是股票投资高手”的阶段。这一阶段可以持续的时间，短则一两个月，长则半年到一年。

新股民没有一个人会认为自己是来亏钱的，他们都以为自己可以赚到钱，事实上也确实一直在盈利，要不怎么都觉得自己是高手呢？可我们都听说过炒股的人是“一赚二平七亏”，也就是说，真正赚到钱的人只有一成。

当时，我因为在股票论坛里很活跃，带动不少人气，口碑也很好，被管理员邀请进入一个内部群。这个群里的人数虽然不多，但个个都是大有来头：要么经过验证，资金量确实很大；要么是每次实盘赛的前三名；要么是论坛上的知名ID、突出贡献ID。这个群不收一分钱，也不涉及金钱往来，只交流股票。

群友的平均资金量接近1亿元，我就属于被平均、严重拖了后腿的，那100多万元连人家的零头都达不到。我的资历也是最浅的，才不到两年，而他们平均有15年以上的投资经验。

他们大多数成名多年，他们的股市故事在很久以前就在网上广为流传，逐渐成为股民心中的传奇，媒体也多有报道。还有很多网友专门统计了他们各自的交易席位。通过他们的席位，在每天的龙虎榜单上，都可以看到他们活跃的身影，有不少人一买股票就买成了好几家上市公司的十大股东。

虽同处一个群，但共同交流很少，顶多开开玩笑、寒暄寒暄。也许有些投缘的，私底下交情较好，会经常合作。在这里，我来得最晚，资历最浅，资金量最少，他们也不会主动找我这个新人。但我更懒得去攀交情。再厉害的人，哪怕能改变世界，我又不需要靠他才有饭吃，无求于人，自能昂首挺胸。

除了有些人偶尔在论坛上公开发言看好某些股票外，他们每天真正买的是什么股票，其他人都不知道，也没多大兴趣知道。彼此的交易体系和思路都不同，意义不大。

虽然后来我退群了，但我还是对在这个群里的一段旅程心存感激，因为我在这里得到了信息和观念的提升。

群里有一位资深投资者提到过一件事，让我大为惊讶。他的朋友在新一线城市开了一家实力雄厚的融资公司，能够调动几亿元级别的资金，朋友请他做风控管理，其中有一个账户，是全公司重点关注的。

那人来公司融资炒股时只有 50 万元本金，融资 5 倍，也就是 50 万元融了 250 万元，合计 300 万元。满仓买入几只证券股，没几天就赚了 10%，也就是 30 万元，该人的自有资产也就变成了 80 万元。他马上浮盈加仓，80 万元继续融资 5 倍，共计 480 万元，继续满仓买入证券股。就这样，每赚 10% 之后，该人的本金都增加了 60%，而他则按照变大后的自有资金继续融资 5 倍。

不得不说，这人的胆量、魄力、眼光都很强大，能够在别人还没意识到的时候，就准确捕捉到牛市到来的信号；在别人还来不及反应时，就已经通过融资投身牛市，节奏还踩得无比精准。

当然，更重要的是，他的运气也非常好。他在牛市爆发之初就买入了，并且买的是当时极为强势的证券股。

当时大家都把这件事当作一个故事听，是茶余饭后的谈资，我却深有触动，大受启发。当时，我更不可能想到，这就像一个寓言故事，预言了我之后的路。

他们早已功成名就，多数实现了财务自由，对这样的故事不会心动。而我却大为不同，我还是一个小散户。

按照我之前的推演，那样的融资并浮盈加仓的方法确实算是一条可行的路，虽然非常险峻，但有可能直通山顶。

我逐渐感受到，股市投资有两种方法。一种是每天聚沙成塔、集腋成裘，在控制风险的前提下，利用复利，借助时间的庇护，最终创造奇迹。

这也是许多超短线高手所践行的道路，是投资者所苦苦追求的成功之路。另一种则是平时不显山露水，哪怕在旁人眼里只是一个平凡的路人甲，但是胸中志向坚定，以大局观研判市场，选择在新的升势刚刚隆兴之时，准确判断出潜力热点，而后放大本金。七年不飞，一飞冲天；七年不鸣，一鸣惊人！

走这条道路的人相对更少，因而不为大众所熟知。但这条道路其实也借助了时间的力量，只不过它将长时间的无为化作时机降临时的有力行动。

这个故事在我的脑海中久久挥之不去。我反复考虑了几天，终于下定决心。人生难得几回搏？在漫长的一生当中，又能赶上几次牛市？

牛市当前，豁出去了，搏一把！

8. 勇敢使梦想成真

以前我不知道常鸣为什么那么看好西部证券，敢于高看 10 倍的空间。随着经验慢慢丰富，我自然也就理解了他的判断思路和理由：西部证券是上市不到一年的次新股中唯一的证券股，盘子最小也意味着控盘最容易、拉升最快。这些都是它在证券股中的固有属性，具备这些优势，没理由不成为跑在其他证券股前面的龙头。

而在上次牛市中，当时仅有的两只证券股——国金证券和中信证券，最大涨幅分别高达约 46.9 倍、约 37 倍。中信证券的涨幅如图 2-2 所示。

赚取人生中的第一个 3 万元，我用了将近 20 年。

从 3 万元到 10 万元，我用了几个月。

从 10 万元到 100 万元，我用了两年。

当资金达到 150 万元左右时，之后我在股市中经历了长达两年的徘徊期。

牛市到来，我靠厚积薄发的经验、眼光和非一般的胆量、魄力，资金从 200 万元到突破 1 000 万元，仅仅用了十几天。

图 2-2　从 2005 年 3 月的 4.17 元 / 股到 2007 年 11 月的复权价 159.63 元 / 股，中信证券迎来约 37 倍涨幅

在这一期间，我的持仓大概经历了以下阶段：180 万元—280 万元—400 万元；475 万元—640 万元；710 万元—790 万元；840 万元—1 190 万元；1 120 万元；1 150 万元—1 280 万元。一步一个脚印，一天两次收益。

180 万元融资，抄底武钢，一周多的时间获利 20%，达 280 万元。多日等待后，迎来了抄底证券股的机会，在证券股上 1 050 万元的盈利中，减去光大、西南证券两天的 145 万元，仅西部证券就贡献了 905 万元。图 2-3 展示了我在入市两年后开始在西部证券二次“搏杀”的过程。

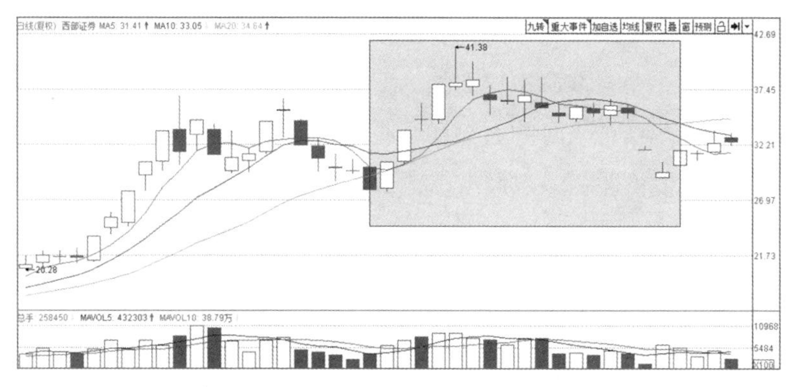

图 2-3　入市两年后开始了在西部证券的第二次奋力“搏杀”

似乎还在梦中一样，但是账户上那真切存在的8位数，提醒着我，梦想已经成真！

2000年深秋，虽然我看准了，但由于年龄太小、没资本，错失了2元面值纸币的大好机会。

距离那次遗憾的14年后，2014年冬，这一次，我没有再次让机会溜走，创造机会，大胆出击，在牛市中，与牛共舞。短短一周时间，合计4个涨停，西部证券从27元/股马不停蹄地涨到40元/股，在5个交易日内，我的资产奇迹般地从280万元增长到1 280万元。

虽然我的操作不是完美无瑕的，好多次都没能买在最低、卖在最高，但是，我忍耐了几天，在大跌过后，成功地抄到底部，有巨大的成本优势，并且它次日就开始爆发了。那几天，一路上涨，每个涨停，我都完整地吃到了，并且接连5天都成功地高抛低吸，没有丢掉筹码。

除了运气成分，能取得这样的成绩还得益于我这两年来积累的经验，我对行情和实时盘面的判断，在大方向上都没错。两年来的勤奋学习，在这几天里厚积薄发。这一次我看准了、做对了，也得到了股市的慷慨奖赏。

我再次浮盈加仓融资，6 300万元中有1 260万元的自有资金。该买什么呢？这一波迅猛的涨势过后，独占鳌头的西部证券风险马上变大，肯定要盘整一段时间了。西部证券虽然成了我的心头最爱，但也得暂时回避一下。

在天涯社区和股票论坛中，有很多高手是我长期关注的，我每天都会选出几个最近一个月准确率较高的，把他们当时极力看好的个股都加入自选股进行观察。结合当时的大盘和个股盘面，我选择了在这轮牛市中还没怎么涨的一只低价股——东风汽车，看着它的代码600006，我回头又把代码为600005的武钢股份加上，各买了35%的仓位。

自从牛市开始以后，每周一到周五交易时段的那4个多小时，我的精神高度集中，坐在电脑前一动不动，紧盯着屏幕，周身热血涌动，浑然忘却了渴不渴和饿不饿等生理感觉，视线离开股票几秒都怕它突然“飞”

走了。时间一眨眼就过去了，我的眼睛里和脑海里只有股票，已察觉不到其他事物的异动，别的东西也已经变得不再重要了。

等到15:00收盘，早上9:15开盘竞价时的点点滴滴，似乎就像一两分钟之前发生的一样。那些时刻不断跳跃变动着的K线和数字终于停止了变化，定格为一个固定的数值，我绷紧的弦也就突然松了，感到无尽的空虚，也有阵阵焦虑。停止交易了，什么都做不了，离明天开盘还有18个多小时，时间过得好慢，可怎么办呢？

睡一觉吧？又睡不着，亢奋的状态没法平静下来。上网随便逛逛？又总忍不住去看与股票相关的。出去放松一下，散散步，爬爬山，换换心情，也未尝不是一个消磨时间的办法。但又心心念念记挂着股票，有如猫爪挠心，不管做什么都坐立难安。只有过几分钟又去刷新各种股票资讯，才会稍微心安，时间才会过得快一些。

等到第二天起床，之前的躁动烦闷一扫而空，就像等待收获果实的农夫一样满怀期待，看什么都是鲜艳明亮的色彩。越是临近开盘，就越精神抖擞。一到9:15，再次看到个股竞价盘口那开始不断跳跃变动的数字，一直在悬着的心终于落地了，偶尔需要操作的时候，就倍感愉悦，行动也敏捷了许多。

而我只是一个自娱自乐的业余选手，跟优秀的职业交易员还有很大的差距。

工欲善其事，必先利其器。专业炒股的职业选手长期实战下来，对三四千只股票的基本情况都熟悉到信手拈来的地步了，甚至连每只股票的日K线和所属的十来个板块、题材概念，闭着眼睛都能准确无误地告诉你；每天看到的几百条新闻、事件，都能条件反射地想到会跟哪几只股票相关；最近几天所有涨停、跌停、热门个股的走势，更是烂熟于心。

他们不光手速快，反应更快，盘中消息一出来，别人刚看完标题还没反应过来，他们就已经连续挂出几个顶级的万手买单，把某一两只相关股票直线拉到涨停。

9. 1% 的时间贡献 95% 的回报

我在股市里的初步愿望是将 180 万元做到 2 000 万元。如果再抓住一次机会，说不定资产就能达到上亿元了。这就是物质基础，足够我去放手奋斗，去实现诸多领域由来已久的众多想法。

几天下来，另两只占四成仓位的证券股，比占六成仓位的西部证券，盈利还要高出一截。我发现，连续三天，西部证券都是快冲到 38 元 / 股，便迅速回落至少六七个点，然后再次冲到 38 元 / 股。

我抓住这一盘面特点，后面两次在 37.5 元 / 股挂出卖单，然后低位再接，都获得了 5% 的收益，资金也再次从亏损后的 1 400 万元增长到 1 900 多万元。

2015 年 1 月 10 日，二股东照例又发布了减持公告，不过这次让大家拍手称快，已达到承诺的 5% 上限。连续多日的每天减持 2 亿元，终于算是卖光了，在接下来的三个月内他都不能再卖了。我再次将这一周的 300 多万元盈利融资，现在账户里已经有了 9 500 万元。

西部证券现在每天的成交量也跃升到 30 亿元左右，我再次动用 65% 的仓位逐步买入，另外的 35% 仓位买回光大和西南证券。在全仓前我就想好了，只要总体跌幅达到 8%，我的本金亏损一旦达到 40%，我就立马止损，保住另一半的本金。

两年时间，我每天买进卖出，不下 500 次操作，但真正给我带来较大盈利的也就几十次，尤其是在西部证券和武钢股份上的十来次，更是占了盈利的 95% 以上。其余的，很多都是亏损的、被套止损的、勉强保本的。

后来，我看到有专家研究得出结论：股市的关键时间只有几天，市场不会爬行，只会跳跃。

一旦你错过涨幅最大的几天，仅仅是几天，你的总收益率就会大幅降低。

金融学教授对 1926—1993 年美国市场所有指数进行研究后发现，1.2% 的交易日贡献了 95% 的市场收益。10 年之后，教授更新了他的研究，其样本数据扩充为 1926—2004 年美国市场所有指数，得到的研究结果与之前类似：不到 1% 的交易日贡献了 96% 的市场回报。

经典著作《赢得输家的游戏》用数据说明了，在漫长的股市中，短短几天有多么关键：1980—2000 年，标普 500 指数的年均复合收益率为 18%。如果扣除涨幅最大的 10 天（仅占整个评估期间交易日总数的 1/400），那么年均复合收益率从 18% 降到 15%。如果扣除涨幅最大的 20 天（仅占交易日总数的 1/200），那么年均复合收益率从 18% 降到 12%。

A 股如何呢？同样地，中国股市极少数具有超常收益的交易日对股票市场的长期收益具有巨大的影响。

根据西南财经大学金融学院刘阳和刘强 2010 年 11 月在《证券市场导报》上发表的文章《择时交易的小概率困境》的研究，得到以下数据：

"收益最好的 25 天的 A 股平均收益率，都至少超过了所有样本时段平均日收益率 100 倍；收益最差的 25 天平均收益的绝对值，也都在所有样本平均日收益率的 60 倍以上。

从整个时段来看，错过上海市场最好的 5 天、10 天和 25 天，尽管这些交易日占整个交易时段的很小比例，但从长期来看，如果错过了这些交易日，整个样本期间的投资，会使得终值分别减少 82.2%、91.9% 和 98.3%；错过深圳市场涨幅最好的 5 天、10 天和 25 天，会使得终值分别减少 62.3%、80.6% 和 95.4%。

在正常情况下，完全地被动投资上证综指和深证成指，可以获得 9.11% 和 16.88% 的平均年收益率；而如果没有抓住收益率最高的 25 个交易日，那么任何指数的平均年收益率都为负。也就是说，在整个投资期间，每年都会亏损；同时，如果能躲过收益率最差的 25 个交易日，所有指数投资的年收益率都将至少翻番，甚至达到原收益率的 3 倍以上。

投资者都希望自己不会错过市场最好的那几天，并且能够足够幸运地躲过市场最糟糕的那几天。可是，无论是 5 天、10 天还是 25 天，在整个交易时间段里都只是百里挑一，甚至千里挑一，但这几天并不连续，全部抓住的概率连百万分之一都不到，比中彩票还要难。

经过一万多个小时的投入后，我个人认为，85% 以上的时间最好空仓，尽量只看不买。在阴跌、盘整、风险很高、不确定性大的时候，尽量不去参与，虽然有可能会少赚一些收益，但起码不会亏损。

没有买卖，就不会有伤害。持股不如空仓持币，保住本金。

不仅宏观指数是这样的，个股也是如此。所有的股票在大多数时候走势都是比较平稳的，迈上巅峰的高光时刻都很短暂，下跌、盘整的时间要远远超过大涨、连续大涨的时间。

周末复盘，你很可能会发现，自己平时做了大量不应该做的交易。当真正属于你的机会来临时，你却深陷被动套牢的泥潭当中，根本无暇顾及。

经历无数次的亏损、做了很多无用功才得出的结论，如果我们从一开始就懂，那结果岂不是好多了？这就类似于肚子非常饿，吃到第 10 个包子时终于吃饱了，但我们能说前面的 9 个包子都没必要吃吗？

当时我并没有这么高的觉悟，仍然每天在市场上奋力搏杀，很少空仓休息。

第 3 章

盈利背后的奋斗历程

1. 伤痛的过往

2015年的第三周，因突发事件，此前从200多万元做到的2 000万元，短短两天，平仓后仅剩70万元。当时，我的大脑一片空白，久久回不过神来。

如此剧烈的过山车，如此深刻的纸上富贵，如此短时间的财富巨大起伏，让我非常想不开。

我再次登上珠江新城的小蛮腰，吹了几小时的风。我坐在摩天轮上，看广州城的苍茫夜色，灯火璀璨。

我站在400米高的广州塔上，心情慢慢平复下来。风很大，从脸颊划过，看着下面的繁华景象，坐的时间久了，就慢慢戒掉了心中的浮躁，逐渐平静。

我想起了2003年那个难忘的夏天。时间过得越久，留下的记忆和印象反而越深刻。高一期末考试后，就迎来了暑假，我一回到家，母亲便把我叫到一旁跟我说："你爸检查出来是肝癌，晚期……"

凭空响起的晴天霹雳，五雷轰顶般，胸口仿佛突然挨了一记重锤。我一下就跌坐到地上，久久不愿相信这是真的。

脑袋一直昏昏沉沉，一阵阵地发麻、生疼。每晚我都希望，第二天醒来后，发现这只是做了一个漫长的噩梦，或者只是老天爷开的一个玩笑，父亲身体还是好好的。

我心乱如麻，只恨自己年龄还小，更恨自己无能为力，只能眼睁睁地看着他被病魔折磨，除了日夜祈祷，什么都做不了。既然无法回避也逃避不了，我只能去面对。

那半年，我每天都心如刀绞，强忍悲痛。我愿用尽我的一切，但也无法挽留哪怕多一天，只能眼睁睁地看着父亲每日每夜被病痛折磨，越来越痛苦地走向生命的尽头。

直到父亲去世，我再也忍不住，泪如雨下。如此至亲，在我有记忆的生命里，就只出现过短短十年，从此永久诀别，离我而去，往后余生中，只留下无穷无尽的思念和追忆，以及永远都无法弥补的巨大缺失。这遗憾缠绕心头，永远不能消逝，直到我生命的尽头。

所爱隔山海，山海亦可平。而亲人相隔阴阳，任谁都无可奈何。

不管有多么千般不舍和万般不愿，今生今世，无论如何都不可能再看到他了，只能偶尔在梦里才能相聚片刻。天人永隔，即便我付出任何代价，也不能和他再在一起哪怕一秒钟。父亲的音容笑貌仅留存于我的脑海中。

虽说跟上一代最终都是要分别的，可如果能等我长大，能等他变老，如果像正常的父子那样再陪伴 40 年，哪怕仅仅再相伴 10 年甚至 5 年，那该多好啊！

伤心难过和痛哭解决不了任何问题。所有的路，还得靠自己去闯！于是我努力学习，成绩总是全校第一，高考时即使不能在全省近 60 万考生中名列前万分之一，最差也能排到靠前的千分之一。虽然根据平时的表现，在他人眼中，我应该能考上北京大学，但高考时压力比较大，没太发挥好。

文科没有保送机会，成绩出来了，虽是县里的文科状元，但是在全省近 60 万考生中，没有加分，没能去参加自主招生，没有减分优惠，只能完全靠裸分，没排进 30 万文科生的前 20 名，无缘北京大学与清华大学。

成为县里的文科状元是因为有那个实力，是水到渠成的事，并没有什么值得高兴的，我希望自己在大学里获得更高层面的成长。

无人关注、无人问津，在被忽视的地方，如顽强的野草般野蛮生长。我完全靠自己的努力，奋发图强，艰辛打拼，总算慢慢好起来了。

静待日月轮回，走过灯火阑珊。穿过漫长的灰暗岁月，现在的境遇，比起那些年，还是要好得多。相比于至亲离世、阴阳永隔、生离死别的思念，钱财还真的只能算是身外之物。

现在被平仓后，至少手头还有 70 万元，足够作为东山再起的资本。哪怕现在身无分文，我还是能够再次白手起家，也就是将前几年的过程再重复，并且速度只会更快。

一切只不过是从头再来，我已经经历过多次这样的绝境，每次都全力拼搏，直到达成目标。

我还能有勇气、决心和毅力，在只剩这 70 万元后，再次扬帆起航吗？70 万元，能不能再次增长到几百万元？

我知道，这是在我不擅长的领域，在我的能力范围之外，达成非常难。

但是，我很想试试。我并不是很怕攀上高处后的坠落，因为我的人生本来就是从一无所有开始的。

2. 人生能再选择吗

一步错，步步错，天壤之别，我不禁唏嘘不已。

股市本身充满了遗憾，不可能、也没办法完美。

股市永远都不可能给你重新选择的机会，一旦买进，今天就不可能卖出。

一天中，你有无数个想买进、卖出的心动时刻，但操作只能有一次，不像玩游戏，可以重来无数次；不像看视频，还可以不断回放。买进、卖出的操作，本身就是单向的、不可逆的。

我不可能让时光倒流，在 2012 年 12 月重做决定，不走上职业股民的道路。

每个人当时所做出的决定，都是自己认为最正确、最稳妥的。

今天看昨天，清清楚楚、一目了然；今天看明天，迷雾重重；现在看当下，一片迷茫，甚至没有任何人能准确知道，下一秒将会发生什么。

很多人总结当下和过去时头头是道，面对未来却一片茫然。那么，这些总结和分析意义有多大呢？

如果能再选择一次，那么我很可能不会进入股市，我的人生将会和现在截然不同。然而，生命永远无法重来一次。

如同走到人生的十字路口，有好几条路出现在你面前，你只能选择其中一条走下去。不管你选择哪条路，都意味着你永远无法看到其他道路上的风景，也意味着你永远无法确定在另外的那条路上可能会遇到什么人和什么事。

而这就是人生，因为只能选择一条路，必然会留有遗憾。

在人生中，类似的选择随时随地发生。选择一个人和你携手，选择一段婚姻，选择一个职业……从这个角度来看，我觉得炒股相对于人生的其他选择，有一个很大的优势，那就是选择的多样性和修改选择的方便与高效。

选择一只股票，不需要太久，就能知道结果，你可以很方便地止损，换入另一只股票。而且，在形势不明朗的时候，你还可以同时选择多只股票。但选择婚姻、选择工作，都无法像选择股票这样多样与自由。

多年后，我终于明白，当时我对股票的迷恋也许恰恰和股票选择的多样性和自由有关。作为一个把自由当作阳光一样来向往的人，当时我对炒股的热爱，在本质上是对自由的热爱。

唯有心怀热爱，方可抵岁月漫长，不觉孤独与寂寞。发自内心的热爱让我心中有一团熊熊烈火一直在燃烧，从而忽略了日常清苦。在奋斗追逐中，充盈着接近目标与梦想的充实和满足感，这种感觉让我更加坚定。

3. 每天长时间投入

沉浸在股海里，我的日子每天过得很充实。虽然也错过了很多涨幅 10 倍的牛股，但我有条不紊地按照自己的风格又走上了正轨。虽然我时常踩不准节奏，但总体回报还是颇为可观的。

这主要得益于这一轮股市行情的火爆，2015 年 2—4 月，大盘指数从 3 049 点一路上涨到 4 572 点，涨幅达 50%；创业板的涨幅更大，从 1 月的 1 454 点到 4 月就涨到 2 918 点，足足涨了一倍多。大多数股票在这两个多月里也都翻了一两倍甚至更多，源源不断地有新进场资金涌入，每天的成交量至少 1.5 万亿元。

随便选择一只股票，在个股开始主升浪的阶段介入，在股价上涨一倍的过程中，都能轻车熟路地实现丰厚的收益。

看到了自己在技术、经验、心态等诸多方面还有很多不足之处，我便继续加大了学习的力度。我一定要把过去在股市里面亏损的全部找回来。

我以疯狂的热情投入股市学习中，每天大多数时间都在学习，如痴如醉，废寝忘食，丝毫不感到疲倦。

少年时，我算是一个不折不扣的书痴，能够每天坐着不动阅读十几小时的课外书，那时的我，只有十几岁。此后，年岁渐长，心绪杂乱，再也没有少时那种纯净的阅读时光了。

以前是毫无目的、发自内心地喜爱看书；现在却是目的非常明确，为了能学以致用。

虽然睡眠不足是必然的，但想到即将开市交易，我的内心又抑制不住兴奋。我以百倍的饱满热情，做好了应对将会出现各种情况的心理准备，投入新一天的战斗中。

很多人问我，有没有什么消息？其实各种小道消息都不可取。

最开始入市时，我什么都不懂，只看别人推荐才买入。随着不断学习，我基本上只相信自己的选择和判断了。

每个股民对股市行情的认识，对当下股市状态的认知，实际上是不可沟通的。

在进行股票操作时，人们只相信他们愿意相信的理由。要在股票方面有所交流，最好等行情走出来之后，如牛市已经被公认了，到 4 000 点了，届时就有了交流的基础。

股市思维本质上是一件极其私人化的事情，是不需要探讨、争论、交流的。

需要什么呢？需要独自默想，需要独自沉思，需要独自面壁。

从这个角度来讲，炒股是相当寂寞的事儿。

寂寞，是喧嚣的股市的真谛。

如果以收益论英雄，短期看，我在那段时间的收益很少有人能比得上，但时间一拉长呢？

现在，我倒是觉得，投资就像开车，并不需要开得有多快，或者炫出种种让人眼花缭乱的车技，最重要的是能够安全抵达终点。投资生涯那么漫长，股市里永远不会缺少一时风光无限的耀眼明星，但很少能有从始至终都耀眼的明星。

4. 5 000万元，理想照进现实

大盘再次强势上攻，突破4 800点的重要压力位，每天都有三四百只股票涨停，连重组失败的、重大利空股票，都能连拉几个一字涨停板。股市已经无视一般利空的存在了，并不需要任何理由地一路大涨。

彻彻底底的牛市氛围，人气和资金都彻底被激发。成交量一再上升，每天都有2万多亿元，融资额也逐步飞升到2.4万亿元。

每天都有数百亿元资金新进场。2007年的大牛市，两市每天总成交量最高也才3 000多亿元；如今，每天高达2万多亿元，一天的成交量就相当于20世纪90年代几年的成交总量。

这可都是真金白银在不断接力推上去的，按照这样火热的趋势，突破历史前高6 124点，仿佛也指日可待。

6 000点算得了什么？根本没被放在眼里。专家、股友年内上万点的呼声不绝于耳，市场已经彻底兴奋了！

股市的火爆直接牵动着新老股民的心，还影响了无数人的工作状态。很多人开始在上班之余炒股，当股市里的收益比工资还要高时，辞职炒股，从此当一个职业股民的想法也开始在很多人心中滋生蔓延。

大众炒股在那两个月里已经成为一种风气，股市的走势更是拨动着各行各业人的心弦。

跟2014年12月那一波证券板块的一枝独秀不同，这一轮是普涨行情。

大多数沉寂已久的QQ群、微信群，仿佛也在一夜之间都复苏了，都变成了股票群。大家热火朝天地讨论着当天的行情，眉飞色舞地交流着各自手中的个股，憧憬着第二天的继续大涨，半夜还经常有很多当天盈利的

股民兴奋得睡不着，在群里慷慨地发着红包，跟大家分享自己的喜悦。

股民个个笑逐颜开，人人脸上洋溢着喜悦的笑容。牛市的氛围几乎感染了整个社会，天天都像过节。

机会都是留给早已做好准备的人的。我就像在玩一个数字游戏，经过不断升级打怪，这个数字也在不断波动、不断增长，一路扶摇直上，终于到了 4 800 万元。

但是，跟虚拟的游戏币不同，这个数字却是真实的，直接就是现金，从股票账户转到银行卡上，马上就可以购买很多商品。

吃过多少苦，只有自己最清楚，不足为外人道也。

曾经，在最困难的时候，我默默地告诉自己：如果有那么一天，如果我能从当时的困境中走出来，我一定选一个阳光明媚的下午，走进一家安静的咖啡馆，独自坐在巨大的玻璃幕墙前，任泪水默默流淌。

再苦再难，我也绝不会放弃心中坚定的信念。

屡败屡战，愈挫愈勇，越是艰难，越是激起了我心中那永不服输的劲儿。

大学毕业后的第二年，我 23 岁，一无所有，就像 16、18、22 岁时一样，再次面临艰难处境，最终背水一战，绝处逢生。

时光蹁跹，岁月静好。

看着自己的财富不断增长，已经攀升到半个亿，不得不说，这种体验真的太美好了。全身的血液似乎都在燃烧，只觉周身上下，每个毛孔都通透、舒坦。走路都脚底生风，身子骨也仿佛轻了很多。

那种久违了的青春和激情又重新回来了，昔日的追风少年已踏月而归。

昔日理想，终于照进了现实。

旧时光已离我远去，过去生活中的种种挫折，所有不开心的过往，在这月光里，仿佛全部消失殆尽。

无数的付出过后，我百折不挠、绝境重生，再次为自己创造出机会。

通过熟练的技术、经验和过人的胆量、魄力，我又一次达成了目标。

也许，这才是时间玫瑰的真正含义——只要你永不言弃，那么，在时间的长河里，所有的挫折、坚持和信念，将来都会化为玫瑰花瓣，归还给你。

5. 多方案降低风险

我无数次反思自己以前在股市中操作所获得的经验和教训。

我时刻提醒自己，务必要降低风险。上个月的资金到期后，我立即转出一半到自己的信用融资账户里。

为了避免重蹈覆辙，我变得非常重视风险控制，风格由激进强攻逐渐趋于保守，还做了各种风险预案。

全仓一两只股票，我是不可能再犯那样的错误的，连全仓某个板块都不敢了。我改为分散持股，选择了进攻性强、上涨有力的两个以上主流的热点板块。龙头股风险太高，转为龙二、龙三、龙四，对主流热点板块进行分散投资，并留出 30% 以上的仓位，持有医药、白酒、大蓝筹等对冲的防御性板块。

每天在盘中，我的注意力高度集中，分分秒秒都盯着盘面，反应非常灵敏，一有不对的苗头，就马上切仓换股，或者降低仓位，或者高抛低吸。根据盘面的不断变化，减仓、加仓、高抛低吸、调仓、换股……一天 4 小时，要挂单上百次，随时撤单的次数过半。

之前经历过突然被平仓的沉痛教训，好不容易到手的 2 000 多万元，全部付诸东流，我非常痛心，不断地想办法，以坚决杜绝这样的事情再次发生。

失而复得，尤显珍贵，我也倍加珍惜。

现在，我要紧紧抓住，不会让它轻易地从我手中再次溜走。

不断地反思和改进之后，这一次，我有了长足的进步。在不断的学习中，我逐渐构建起完整的体系，想方设法打造出固若金汤的防线，设置几道防火墙，足以抵御风险。我预留了数百万元现金以备补充保证金。

没有哪个地方能像股市一样，在短短的一天 4 小时中，就能让你感受到平常一年的经历。它能左右你的情绪，能让你惊喜不断，更能让你挫败沮丧。几分钟之隔，都是截然不同的心境，又有谁能恰好把节奏踩得那么准呢？

如果能事先知道结果，那我还不如直接在 2012 年 12 月 4 日，在两年半前，在第一次买股票时，即便没有任何融资，也不借一分钱，只需要把当时的 150 万元流动资金全部买入东方财富这只股票就行了，然后将股票抛到一边，再也不用操心。等到 2015 年 6 月 4 日，全部抛掉，带着 1.1 亿元，心满意足，飘然离开。一辈子，只买、卖这一次，就足够了。这一时期东方财富的走势如图 3-1 所示。

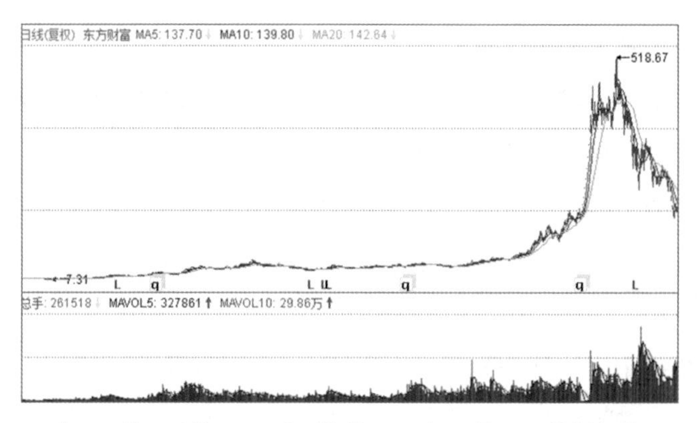

图 3-1　从 2012 年 12 月 4 日的 7.31 元 / 股到 2015 年 6 月 4 日的复权价 518.67 元 / 股，东方财富的涨幅超 69 倍

不过，这样的神奇操作，恐怕主力资金自己、该公司董事长本人都不可能做到吧？

有人找出了我在 2014 年底的很多持仓截图，这才是 10 个月前的事情，但在记忆中，却似乎十分遥远。

季子正年少，匹马黑貂裘。要说到那时的心情，在我的脑海中涌现出的是这句诗的意境，正是少年人初出茅庐，单枪匹马面对世界的情景。虽然身无一物，也还没建立任何功业，但世界无限大、时间无限多，故事才刚刚开场。那一刻的意气风发最是动人。

那时的牛市也是如此，刚刚开始，时光正好。

想必到了 2015 年 7—8 月时，有上千万的股民都希望时光能够倒流，回到2014年11月牛市刚起步的时候，充分享受这波牛市的大量红利。

再不济，能坐时光机回到2015年大回调阶段开始的6月15日，保住牛市的盈利成果那也算完美。

一轮牛熊，让无数股民在兴奋过后，历尽挫折，感受到人生的大起大落。

2014年11月开启的那轮浩浩荡荡的牛市，成就了许多人，创造了许多财富奇迹。然后，在2015年6月下旬开始的大回调中，又让许多奇迹灰飞烟灭，这其中也包括我。

无数家庭的财富也经历了过山车般的巨变，2015年的股市改变了多少人的人生？改变了多少人的生活？

在残酷的现实面前，我才知道，我们原来都只是草。

风往哪边吹，草就往哪边倒。

6. 网络效应促使股价翻倍

本书缘起2015年7月第一次被平仓后，我的大半资金在半个多月内损失殆尽，还负债累累，于是我动了念头，开始做准备。在8月底第二次大回调后，我一时极度低沉，中途放弃，是重拾内心壮志的豪情让我再次燃起了动力。

2015年国庆节后，在网上以《流血的股市》为标题的连载文章一经发出，逐渐开始火热，占据过几乎所有财经、股票网站的首页和头条，被千万股民广泛传播到众多的博客、贴吧、微博、公众号、头条号……被转发到东方财富的股吧，又是头条，6小时的点击量就高达百万次。

各大网站的总点击量近亿次，逐渐被各大媒体开始报道，在社会上也曾引起广泛关注。而这也是我创作的初衷——为广大的股民群体发出属于我们的微弱声音。

而自从该帖在2015年11月初上了天涯头条后，当天就有至少几万人看到，前前后后还被天涯首页连续推荐了一个月。此后还在不断地扩散和发酵，在网上算是彻底火了。

这数万的读者所处的角色、行业等各不相同，除了占据大多数的股民外，还有媒体、专家、公司高管……

其中，也有一些私募及江苏、浙江、上海、广东等地的民间资本和大散户，很多家股票网站都对我表示很赏识，他们联系我说，可以提供几千万元甚至更多的资金，或者专门帮我成立私募产品，重返股市，东山再起。

就在那几天内，从不同的来源提供的资金，粗略计算，加起来已经超过 5 亿元。

资金大到一定的体量，求快、求高额收益，远不如求稳、求安全重要。小资金想要快速做大，难免激进冒风险；而厌恶风险的大资金，追求的是稳定和确定性，风格、思路、手法自然大不相同。

当然，虽然我有很多容易实现的可行性思路，但我并没有真的这么去做，还不如自由自在地当个闲云野鹤。

在两次大回调过后，《流血的股市》为在网络上连载期间，股市开始有所回暖，文中一再提及的西部证券在被推荐到天涯头条后，获得了极大的关注度，开始连续大涨，之后更是以无比迅猛的威势，仅仅 8 天时间，就再次从近 20 元 / 股涨到 40 多元 / 股，几乎天天涨停，如图 3-2 所示。

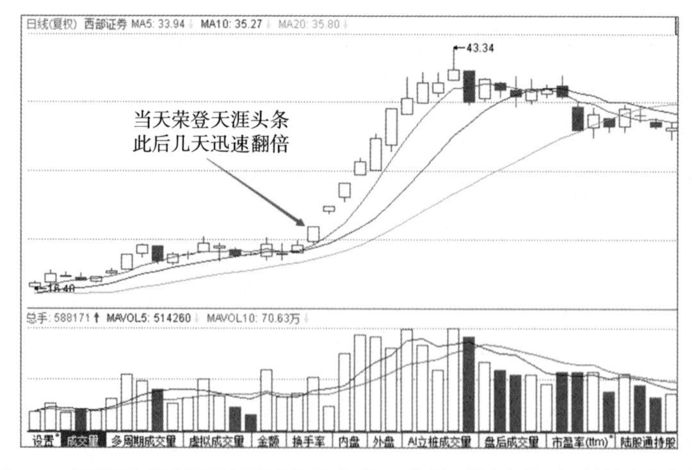

图 3-2　网络连载期间西部证券的走势，荣登天涯头条后开始迅速翻倍

这只懵懵懂懂开启了我跟股市之间剪不断、理还乱的故事的股票，也是暂时终结我投资生涯的股票，以这种让人意想不到的方式，跟我再次产生了奇妙的缘分。

7. 永不磨灭、永不放弃的梦想

偶遇天涯的牛帖，在好奇心的驱使之下，我购买了人生中的第一只股票，成了一个新股民。

我那时不可能知道，股市好比一个巨大的迷宫，几乎所有人最终都将迷失其中。一入股市深似海，回首已是百年身。

如果没有迷恋股市，那么我的人生肯定大有不同。几年来，我无数次叩问自己，如果我早知如此，那么我还会在最初的起点，2012 年 12 月 4 日那天，奋不顾身地投身股海吗?

在不同的时候，我的内心往往会有不同的回答。

而今天，我的回答是，很可能还是会的。

人生之路，滚滚向前，没有彩排，没有倒带，一旦失败，无法重来。

恍惚中，我跨越时空，仿佛看到了几年前那个意气风发、踌躇满志的奋进青年，一脚即将踏进股市的门槛，往里张望，对前面未知的股市世界充满了好奇，跃跃欲试，满满的激情和欲望。

我曾如此渴望命运的波澜壮阔、轰轰烈烈，到后来才发现，人生最曼妙的风景竟是内心的淡定与从容。

我曾无比期盼外界的认可，急切地想要证明自己的才华和能力，到最近才知道，世界是自己的，与他人毫无关系。

几年前，我就已经不再写文章了。如果不是这次的变故，那么我不会再抛头露面，更不会再在微信、微博等社交平台上留下活动的痕迹，甚至不会再在网络上出现。我会像之前两年那样，一直归隐下去，过着闲云野鹤的生活，逍遥自在地去继续追求自己的内心世界。

昔日旧事，也将永远留在心中。

也许，会留待未来的某个月夜，与至交好友倾吐，酩酊相扶而归。

就在此刻的不久之前，我还在想，有没有写的必要，但当我回忆起诸多往事时，我却忽然涌出许多真情实感。

是的，我的青春正在流逝，我的热血正在渐冷。

所以，如果我不趁着此刻，还有激情，愿意去表达，或许，很多话语将随着时光的消退，最终湮灭于心中。

2015 年 9 月 17 日，是我的 28 岁生日。

我从下午独坐到深夜，又从夜色苍茫思考到晨曦微露，终于下定了决心，打算写完这个直抵内心深处的股市故事，写下我这一段业已消逝的青春年华。

不光是为了记录我人生中的片羽吉光，也是为了纪念我们这一类脆弱而敏感的普通股民那曾经的青春和奋斗，纪念我们这一类散户那蕴含了太多感情而又永难割裂的股市人生。

不同于其他行业，股市投资本身是非常枯燥乏味的，涉及很多专业知识。也不同于跌宕起伏多线、多技巧地写小说，内容可以宏大且充分发挥想象力，单纯的个人股市经历，视角狭窄、空间逼仄、又有很大的局限性，表现手法只能用最简单、最朴实的单线平铺直叙，难免单调。

第一次书写，能尽量做到生动、浅显易懂、有可读性，已实属不易。其中不少东西都难以表达，包括一些抽象、朦胧、专业性较强的地方，我都尽力描述得生动、形象一些。

更何况，能豹头、猪肚、凤尾般将个人的股市经历写得精彩、好看、有价值，此前还没有谁做过如此高难度的事情。国外关于股市的作品，除了《股票大作手回忆录》，再无类似书籍挑战完成这高难度的壮举，我也力有不逮。

但我相信，能真实地写下曲折的亲身经历，很容易打动人心，无论文字本身优美流畅与否。而优秀的作品才会具有很强的生命力；唯有经典作品，方能经受起时间的考验，在历史的长河中永续流传。

第4章

熊市勇创百倍收益

1. 比股票跌得少、涨得多的 ETF

梦想在上，孤独在下，现实居中，不容乐观。

我是在很久之后，才逐渐感受到大回调带给我的疼痛的。而在 2015 年 7 月的大回调里，我的情感，除痛苦之外，其实更多的是麻木。

起初，每过一个昼夜就要亏几百万元，如今看来有些惊人的数字，而自己在那时每天看着账户巨幅缩水却无法做出什么行动，如同账户里的资金并不是钱，权当是虚拟的游戏币。那种感觉，非常类似于一个人被忽然打了一针麻醉剂，很麻木地看着自己的大腿被慢慢切去，如同那不是自己的。直到手术重创过后，需要再迈步了，才发现大腿已经缺失，并且还变成了瘸子，于是才忽然悲伤地发现，一切已经真的改变。我也是过了一年多，才后知后觉地渐渐深刻体会到，2015 年的大回调对我的伤害有多大。

第一波大回调直接导致我亏损 110%，自有资金全部亏掉还负了债。即便在之后的反弹中我奋起神勇，以非同一般的胆魄和眼光，再次创造了 25 天 8 倍的壮举，但在紧随而来的第二波大回调中，境遇更差了。

当时为了归还部分借款，我不得不再次在最低点以很大的代价先止损，釜底抽薪，后面干脆不想再在股市上花费时间和精力，放任涨跌，安心做长线，等待超跌过后的价值修复和股价回归。但耐心等候，迎来的并不是什么好回报。

2016 年 1 月，在由接连熔断而引发的第三波大回调中，跌势之快更胜前两波，好不容易恢复了一点儿元气的我，又被彻底打趴下了，一天天地卖掉筹码来维持 130% 的担保比例，最后手里的筹码只剩下熔断前的 40%，自有资金则只剩下熔断前的 10%。

用数据来直观说明，就是熔断前，股价为 10 元 / 股，用融资和自有资金各买入 1 万股，自有资金 10 万元，同时融资了 10 万元；当股价跌到 6.5 元 / 股时，担保比例也降低到 130% 的平仓线；再往下，每跌一天，就得卖一些股票用于归还部分融资；当跌到 4 元 / 股时，手里可能就只有 8 000 股了，自有资金也只剩下 1 万元了，想要回到 10 万元的难度太大，只能彻底放弃。

这就是保不住本金、控制不住回撤的严重后果。

在股市中，一流高手和顶尖高手的差别不在于能够翻多少倍，这是所有高手最基本的业务能力，而在于能否控制回撤，这也是向上进化到一定阶段后，所必然面临的至关重要的质变分水岭。

很多高手终其一生，也可能无法勘破并迈过这道攀上峰巅的必经门槛，那就只能在门口反复徘徊。

此后，经过很长一段时间的折磨，我通过策划和写作，取得了不少收入，好不容易从谷底爬了上来，没有消失、逃避、赖账，信守承诺，还清了所有负债，总算重新回到水平线的原点。

但哪怕是在因几次大回调彻底破产、特别困难的情况下，我也放弃了很多唾手可得的切实利益。一直以来，我都没有利用当时的网络知名度和广大读者对我的信任去挣粉丝的钱，更没有通过这些不正当的高额收益，去缓解自己当时艰难的处境。

虽然当时这样做很容易，但我从来没有动过这样的心思，还拒绝了很多主动送上门来的机会。因为我从小到大一直坚守本分，堂堂正正安心做人，光明磊落坦荡做事，只凭自己的良心做我认为对的事，男子汉大丈夫，不亏欠不心虚，无愧于天地，对得起任何人。

在艰难恶劣的条件下，以往的我一直完全凭借自己过硬的真实本领谋生，自己已经具备的能力没人能够剥夺，这让我有足够的底气，用不着依赖别的平台，不需要看别人的脸色。

等到手里开始有了可以用于股市投资的资金，我的内心再次充满了勇气。这勇气，是看清了股市的真相之后，依然热爱股市，仍然能想办法战胜股市。

我利用业余的少量时间，重新开启投资之旅时，虽然资金量比巅峰时期一次交易的印花税还要少，但在几年的熊市里，我却以更稳健的风格，取得了更高的收益率，再次挺过了严酷的寒冬，能够耐心等候下一次春暖花开的到来。

这成绩是在什么情况下取得的呢？ 2015 年过后，深证成指从高位下来的最大跌幅超过 61.5%，如图 4-1 所示，创业板指数更是跌超 70%。上证指数之所以看起来跌得少，是因为几十只权重股被不断拉升得连创新高，有几只竟然还翻了好几倍，跟其他 1 000 多只平均跌幅 70% 以上的沪市股票一中和，其最大跌幅就只有 52.9% 了。

图 4-1　深证成指 2015 年 6 月至 2016 年 2 月的走势，股市迎来三次剧烈下跌

就像散户都买不起的贵州茅台，从 2015 年 8 月到 2020 年最多涨了 22 倍，涨到 2 600 元 / 股，市值增加了 2.6 万亿元，跟其余 299 只跌下来 70% 以上的小盘股一平均，300 只股票就全部是上涨了，如图 4-2 所示。

排	代码	名称	总市值	流通市值	总金额	涨幅%
1	600519	贵州茅台	21890亿元	21890亿元	71.99亿元	+2.47
2	601398	工商银行	17749亿元	13427亿元	11.22亿元	+0.40
3	601939	建设银行	16001亿元	614.0亿元	6.08亿元	+0.16
4	601318	中国平安	15169亿元	8989亿元	67.26亿元	+2.07
5	601628	中国人寿	12038亿元	8869亿元	21.26亿元	+3.17
6	601288	农业银行	11234亿元	9439亿元	6.00亿元	+0.31
7	600036	招商银行	10852亿元	8877亿元	21.39亿元	+1.29
8	601988	中国银行	9479亿元	6787亿元	3.62亿元	+0.31
9	601857	中国石油	7650亿元	6768亿元	5.30亿元	+1.21
10	603288	海天味业	5472亿元	5472亿元	10.64亿元	-0.61
11	688981	中芯国际-U	5224亿元	705.8亿元	50.05亿元	+4.46
12	600028	中国石化	4855亿元	3832亿元	4.75亿元	+0.75

图 4-2　10 只权重股的市值占整个沪市 1 700 只股票总市值的 35%，另外，宁德时代就占了整个创业板 15% 的权重

尽管每年都有很多人期盼牛市的来临，并列举出无数强烈看好后市行情的充足理由，但事实一再证明，那只是他们的一厢情愿。

市场走势永远不会以大多数人的意志为转移。

至少到 2020 年，一直是一眼望不到尽头的非牛市。3 000 多只股票，从 2015 年的高点，到这几年的最低点，最大跌幅平均下来也超过 60%；最大跌幅超过 70% 的，高达 2 000 多只，相当于跌幅过半之后再次跌幅过半；而最大跌幅超过 90% 的也有数百只。

在不容乐观的大行情、大环境下，想要做到保住本金，实属千难万难。如果一直空仓，不去心痒、手痒，那么收益率足以战胜 90% 以上苦苦搏击的投资者。

在股市里，也不光有股票，还有比在 3 000 多只股票中选股要省事得多的投资方式，跟整个股市行情密切相关的投资品种，比如和上证 50 挂钩的 50ETF、跟沪深 300 挂钩的 300ETF、创业 ETF，加上上百个行业、概念相对应的行业 ETF，还有跟境外几十个国家和地区的股市挂钩的 ETF。这些指数基金可以规避具体个股那层出不穷的黑天鹅事件、可以分散风险，作为长期组合进行定投。

个股出现利空，连续两三个跌停是常有的事。而 ETF 指数会出现跌停吗？大盘跌停是几乎不可能的事儿。

通常股民都会觉得 ETF 这些指数基金的涨幅不够大，持有没多大意思，远远不如买龙头股、热门股的收益高。可事实上，买 ETF 的收益反而比买股票的收益好得多。

嫌弃 ETF 涨得慢，看不上 ETF 的“聪明”人，总觉得自己这么厉害的人，只要随便买到一只牛股，也会比 ETF 多赚几倍，怎么能吃这种亏呢？但实践一再证明，天天折腾来折腾去的“聪明”人，实际大多都在亏损，还不如傻傻地持有 ETF 的那些“蠢人”。

很多人经常体会到，指数涨了，自己手里的股票却没涨。那还不如干脆买中小板指、创业板指、中证 500 这三个 ETF 指数基金（都是交易所从几千只股票中挑选部分相对优秀的个股编制而成的指数），相当于把资金委托给交易所，让交易所帮你交易，至少比自己胡乱交易要强多了。

看起来虽然慢一点儿，但相比于大盘，这三个指数基金上涨时会涨得多一些，下跌时能跌得少一点儿。偏不信优秀的ETF基金投资就要自己做，结果呢？至少70%的股民每年来回折腾，最终都跑不赢这三个指数。从这些年的表现来看，70%的股票确实没能跑赢上证指数，91%的股票确实没能跑赢创业板指数。

2. 漫长熊市勇创百倍收益

但这些股票和ETF，本质上都是只能以比买入价格更高的价位卖出才能获利。也就是说：只能做多，不能做空，实际上这是一个重大缺陷。

只有在漫长的蛰伏中抓住时机，才会有短暂的极致绚烂，然后又是长久的平淡。世事如此，股市亦然。

最近二十年来，牛市的全部时间加起来只有15%，具体到个股上，有80%以上的时间是盘整和下跌的。也就是说，80%的时间其实是在跟大趋势对着干的，特别容易亏损，极为被动。股市的先天特性决定了只能做多，哪怕是在非常明显的下跌趋势中，想要融券做空也是无券可融，无法通过做空来盈利，失去了大部分正确操作的机会。

而一旦选择了涨或跌都盈利快得多的股指期货，就可以很好地弥补了这个不足。股市大趋势，浩浩荡荡，顺之者赚，逆之者亏。所以，必须敬畏市场、学习市场、顺应市场。

在大回调时，我竭尽全力，想要少亏一点儿都万分艰难，每次都无法避免被平仓的最终结果。可如果当时顺应大势，股指期货做空，一次大回调反而会成为千载难逢的大好时机，十来天就获利数倍甚至百倍。

看似简单的股指期货，之所以实际操作起来很容易亏损，难度比操作股票大得多，是因为我们在选股时通常都会凭借个人的喜好，过多掺杂自己的主观意愿，再加入自己分析判断，太容易出错，涨或跌都亏，两边挨揍。

更重要的是，比当天买进就不能卖出的股票更灵活的 T+0 交易机制，股指期货投资一天可以无数次买和卖，自控力不是特别强的，难免频繁操作，频繁出错，一天内反复亏损。

认识到个人能力有限，那就寻找经过实战检验后胜率最高的一方作为参考，充分借用已有的最具实力的现成资源。

大主力资金的动向毫无疑问是准确率最高的，可只能从每三个月才公布一次的财报中找到一些蛛丝马迹，并且还有滞后性。2 ~ 4 个月后才能看到前一季度最后一天的情况，以及上千只股票的增持、减仓、新进等数据，极大地降低了及时获取信息的可行性。

积累了一两万小时的丰富经验，盈利过几千万元也亏损过几千万元，具备一定基础的我，在海量数据中意外发现，在实战中，不管是中线、长线还是短线，有一类从未露面发声的静默群体，看他们的资金进出轨迹，每次都是抄完底了股市就大涨，卖出了股市就大跌，呈现出高度联动性。

匪夷所思的奇特关联性让我兴趣盎然，莫非通过这个群体的动向就能掌握财富宝库的神奇钥匙？再详细地逐日核实对比有相关数据以来的所有数据，在对股市后市涨跌的大方向上，他们多年来的大小上百次操作居然没怎么出过错。

尤其是在很多次大盘创出新低的恐慌式下跌中，市场极度不乐观，大多数股民都在不计成本地止损卖出、已经没谁敢去抄底的时刻，“默客”们反而马不停蹄地天天加仓，随后都开启了一波 20% 以上的反弹行情。

更奇怪的是，很多次都是当天大盘各大指数十分平静，没出现什么大的波动，“默客”们大量减仓，第二天大盘就开始了大跌。但在“默客”们动作幅度不是很明显的其余大多数时间，后续行情则无规律可循。

大盘随后的涨跌竟然会跟这个数据挂钩？“默客”们是谁？出现这些现象的深层次原因又是什么？

一般人不可能知道，绞尽脑汁也想不出这层层迷雾的背后，看起来毫不相干的事物之间，究竟有什么内在的逻辑关系？为什么会出现这样的必然结果？

自从偶然注意到这种奇怪现象后，我又实时观察了大半年，结果还是很契合原先的规律。在琢磨了较长时间之后，我总算想明白了，这中间就隔着一层窗户纸，一旦捅破，就会恍然大悟。

于是我马上将这个发现应用到股指期货上，在 95% 以上的时间都克制着保持空仓，完全杜绝了个人的喜好和判断，只以客观数据为依据，选择了这个过往成功概率、准确率都非常高的“默客”群体作为锚定物，只有等到标的物趋势与当时大盘趋势相比显然异常且出现非常明显的数值变化时才进场参与，该做空时就做空，该做多时就做多。

以 T+1 买卖股票的方式来做股指期货，在收盘前才开仓，只做两种模式：“默客”突然大减仓，我就隔日超短开空；“默客”持续加仓，我就开多单并短、中线持有。等结果一出来就落袋为安，中途不加仓，买进和卖出都只做一笔，做完了就一直耐心等候机会，不让本来没必要去参与却因心痒管不住手的大量频繁交易蚕食已经到手的利润，一旦做错了就马上平仓而不是本能地反向开仓。

事实再一次证明了我这个很离奇也很大胆的想法，选定的锚定物非常重要，跟着“默客”们的脚步，获得了比过去在股票上稳定得多也高得多的收益。如果以 1 为基数，一年后收益从 2.3 倍变成 3.3 倍，两年后变成 10 倍，虽然与过去牛市中半个月 10 倍的高峰没法比，但胜在稳健、稳定，只需要连续 4 年保持 230% 的收益率，1 倍就能变成 100 多倍，如图 4-3 所示。

但是，市场自身是会不断进化的，而市场进化的目的则是消灭每一种以为可以一劳永逸的一致性模式。市场不允许有那么厉害的盈利模式存在，正如这个现实世界不允许永动机存在一样。

中国股市和西方股市尽管有很大的区别，但是它们有一个核心的共同点，那就是“孢子理论”里所阐述的原则：

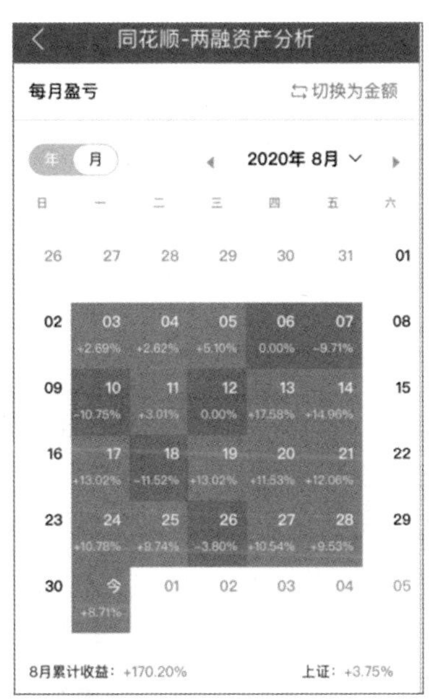

图 4-3　从理论上讲，年收益率为 230%，1 倍变成 3.3 倍，4 年即可变成 100 多倍。实际上，小账户偶尔一个月的收益率就能达到 170%

市场就像孢子一样，一代又一代投资家，致力于找到一条一劳永逸地应对孢子变化的方案。可是，市场和孢子类似，是一种在不断进化的智慧“生命”，它具有向观察者未知的方向变异的能力。也就是说，每一个市场参与者，无论你多么厉害，当你总结出一套应对市场的有效模式或策略之后，市场就如孢子那样发现了你的图谋，它就会如智慧生命那样发生变异，从而使你的模式或策略失效。

我的这个发现在用过几次后，也难敌“孢子理论”，收益也遵循边际递减效应。

3. 与主力资金反复周旋

当然，在股指期货空仓的那 95% 的时间里，我在股票上的修炼也没有放下。几年下来，我在对风险的控制能力、极端情况下的防御能力这些以前的薄弱环节，都有了稳健的提升。

在 4 年的熊市里，我的操作越来越熟练，近两年的 13 战取得了 12 次大胜。我在做了大量的工作后精心挑选出个股，等待合适的买点买入，这些操作过程平平淡淡、顺风顺水。虽然同期的股市跌得很厉害，中间也难免有被套牢的过程，但通过简单地高抛低吸，不断做波段滚动操作，傻瓜式持有一段时间后，基本上都能够获利卖出，彰显不出什么难度，如图 4-4 所示。

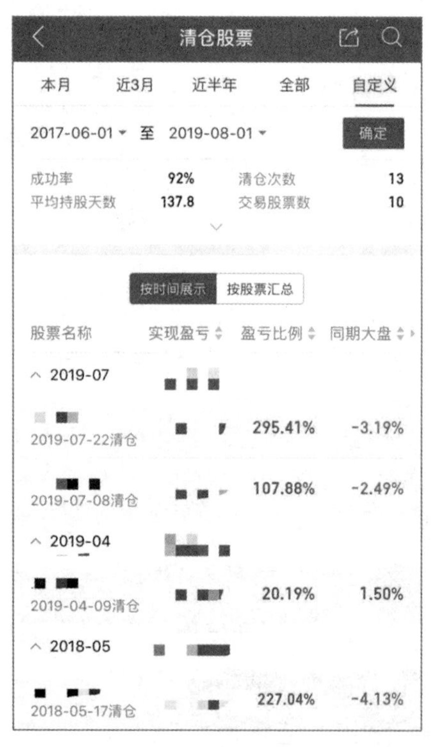

图 4-4　在几年的熊市中也能以高成功率、不断高抛低吸取得高收益

正如一个人的成功，不是看在顶峰时有多风光，而是看在跌入低谷时的反弹力。股市实际操作也是如此。最能说明这期间整体有了本质的提高和进步的，还是在出现重大失误的情况下，在面临最极端、最复杂、最危险的情况下，在走势最差、操作难度最大、耗时最长的过程中，在意义深远、最为磨炼人的练兵一环，取得了最为得意也最有成就感的结果，这也是我

水平提高最大的一个时期。

代码为 600226 的瀚叶股份呈现出来的信息，集众多庄股的特征于一身。上、下影线密集，走势独立于大盘，成交量跳过渐变过程时常快速地放大、缩小，并且很多次都是在并无明显实质性利空的情况下，莫名其妙地出现幅度达到 30% 的大跌。

毫无疑问，这是早已被高度控盘的庄股。它有时甚至出现股价从开盘到收盘一直在上下两三分钱波动，或者连续几天都收在同一个价位的情况，控盘控得太严密，把别人都洗出去了，剩下的怎么洗都不会动了。

此外，它还故意一路砸盘，使得股价下跌超过 60%，可谓非常不省心，带来了持续时间很长的痛苦。

长处舒适的环境，难免意志消磨，战斗力只会越降越低，在只有在粗硬磨刀石的恶劣环境下，才能磨砺出锋利的宝刀。如果是以前，一次遇到连续下跌超过 60% 这种情况，我根本没办法应对，早就又被平仓两三回了；也正是在被主力资金“折磨”的那几年里，慢慢地，我的心态和水平有了很大的改变，最终跑赢了主力资金。

先来看该股的基本面，本来是一家农药龙头企业，在被另一个玩资本起家的老板想方设法控股以后，成为资本运作平台，动作不断。董事长兼控股人一直从事金融资本运作，从没经营过实业，终于得偿所愿地控股了一家上市公司，就迫不及待地开始重组、并购，顶着被监管机构点名通报批评的风险，也要违背承诺马上并购一家游戏公司。

实控人不务正业，心思也不放在好好经营企业上，公司开始业务转型和蹭各种概念，并开始跨很多个毫不相干的界，除了原有的农药和新增的游戏两大主业外，陆陆续续进军了影视、综艺、体育、数据、出版、动漫、融媒体……可没一个做出卓有成效的业绩。

2017 年秋，瀚叶股份开始一路向下洗盘，持续了一个多月，然后突然因为重大事项停牌了。这次会不会像 2015 年那样又来一个直接让股价翻倍的大动作？在股民的无比期待中，实控人处心积虑谋划那么长时间，结果却搞出了一个很离谱的收购，以 28 倍的超高溢价，花 38 亿元收购了一些微信公众号。

方案一经披露，市场一片哗然，大众目瞪口呆，竟然离谱到这个程度，连监管的交易所都看不下去了，不得不几次提出质疑。

瀚叶股份的答复一周一周地往后拖延，拖延了 48 周也无法就监管机构的质疑给出合理的答复，只能半途而废，终止收购计划，搬起石头砸了自己的脚。这可苦了广大投资者，望眼欲穿的漫长等待，等到的是一复牌就是连续 4 个跌停。

很不幸的是，我也偶然买入了这只股票，停牌前该股股价持续下跌了一个月，一下子把我套住了，停牌又被关了 11 个月，复牌后的连续一字跌停更是让我无处可逃，第一波下来，股价从 5.4 元 / 股一路跌到 3 元 / 股下方，我最多亏损了将近 50%。

逃不掉的突发事故，就此认栽，止损出局吗？

A 股很复杂，久处其中，普通人难免会失手。重要的是，一旦遇上了，该怎么去处理，把损失尽可能降低。

关键还得靠操作，选到好股固然轻松省事，运气不好碰到差股也不要紧，操作得当，不但不会亏损，反而还能盈利。

很快，我就把本该涨回 5.4 元 / 股才能回本的亏损弥补了回来。当第四个跌停使股份跌到 2.99 元 / 股时，恐慌的气氛已经达到极点，早盘几亿元的资金排队止损卖出，我把在这只股票停牌一年期间其他股票上的盈利全部大胆加仓，原先半仓 5.4 元 / 股的成本，加上另外半仓，摊低到约 4.2 元 / 股。

不过，我加仓还是早了一点，该股当天跌停开板后回升到接近零位后继续大跌 7.6%，以 3.07 元 / 股的价位收盘，此后继续弱势下跌，三天后更是跌到了最低 2.78 元 / 股，连同补仓的半仓也都悉数被套，此时我的亏损数额也达到最大值。

既然已经被套牢，我干脆按兵不动，静候短期超跌过后的反弹。

当时创投概念炒得最火，龙头股都已经翻了两倍，瀚叶股份蹭到创投概念后反而还跌了几天，再度洗盘之后突然发力，边拉边洗，迅速拉升到 4.07 元 / 股。当天我看主力的封板意愿不强，在达到涨停价 4.07 元 / 股即将开板时我便迅速全部高抛，也幸好见势不妙跑得快，当天收盘价仅为 3.85 元 / 股，次日主力资金使出大力气，股价跌到 3.5 元 / 股，此时我开始陆续低吸，当第三天主力资金把股价拉升到 3.7 元 / 股时，我一看涨势乏力，就全部卖出了。

底部加半仓，全部高抛后再低吸，拉高后顺势卖出，4 次正确操作后，此前我在该股上高达 50% 的亏损已经全部弥补回来了。

如果此时我毫不恋战，抽身离去，这也是最完美的结局。过两天，当主力资金再次使股价下跌到跌停价 3.33 元 / 股时，按捺不住的我又进场抄底博反弹，但我远远低估了这个主力资金手段的狠辣，该股股价随后开始了持续一个月的下跌，还刷新了前期的低点，结果自然是再次被套牢。

我不想坐以待毙，再次不断腾出一半仓位天天高抛低吸来降低成本，怎奈主力资金也发了狠，在同期大盘和大多数个股连连上涨的同时，反手一路使股价下跌，在 2019 年春节前一天竟一直砸到 2.41 元 / 股，如图 4-5 所示。在被充分激起斗志后，我不得不打起精神，使出浑身解数，开始跟主力资金缠斗。

图 4-5　几次的最低价都是刚好砸到 2.41 元 / 股就收手了

大盘创下 2015 年后的新低 2 440 点，绝大多数个股也已经跌幅过半，过后再次跌幅过半，当看到大主力不再往下砸盘，指数企稳后，已经三年没公开谈论股市的我马上在天涯论坛和微信上大声疾呼，明确指出，虽然牛市什么时候会来取决于一些人的心情，确切的发动时间无人知晓，但此刻将会是 2015—2025 年难得的长线入场时机，低价筹码遍地都是，大多数股票的价格此时都只有 2015 年牛市时的两三折。

结果，第二天大盘迎来了久违的大涨，第三天更是跳空大涨，随后开启了一轮 25% 的上涨行情。

仿佛是为了回报我给网友及时而精准的进场提示，瀚叶股份也在第二天迎来了连续三个涨停，从 2.8 元 / 股的低位往上再次突破了 4 元 / 股，此前被主力资金几次连跌一个多月、动辄 30% ~ 40% 的跌幅砸得郁闷不已的我，一扫胸中的积郁和窝火，终于坐在主力资金所抬的轿子上坐享其成，由此前回本后再次被套牢，逐渐变得获利丰厚。

2019 年 2 月 27 日，该主力资金开始卖力表演，使该股低开后一分钟就迅速下跌 5%，洗出惊慌盘和不坚定的筹码，短短 5 分钟就迅速连拉 13% 到涨幅逾 8%，使得大量散户追高，随后主力资金马上抛出手中大量的获利筹码，一眨眼就又回落到零位，下午更是再次使股价跌停。

在熟悉的配方、熟悉的味道面前，我在 4 元 / 股左右夺路而出，虽然距离 4.11 元 / 股的盘中最高点还差约 3%，但这个最高价仅在一分钟后便回落 5%，跌速如此之快，如果不是提前做好了准备，根本就来不及出逃。

果然，该股第二天继续大跌 8%，在跌破 3.35 元 / 股时我心满意足地再次买进，高抛低吸后又一次成功降低了 20% 的成本，一时扬眉吐气。主力资金虽然极为凶狠，但我浑然不惧，勇于跟它好好斗一斗。

在强力洗盘后，股价水涨船高，一周后再次来到 4.2 元 / 股，我的盈利也越来越厚实。但很可惜，当晚极为罕见地出现了 A 股历史上几十万份研报中的第一份看空研报，此前逐渐火热的市场氛围突然被扭转，2019 年 3 月 8 日星期五，股市大跌，瀚叶股份也成了当天几百只跌停股中的一员。

市场行情陡然间由火热降到冰点，市场上一片惶恐。凭借丰富的实战经验，我判断，2月以前的股市每天成交量低迷，长期维持在4 000多亿元，如今已经连续多日突破万亿元，股民的投资热情高涨，成交量也不会急剧下降。一鼓作气，再而衰，三而竭，股市人气的变化也是如此。

既然不会一次直接倒下，接盘资金踊跃，行情的反转，通常会在至少经历三次大跌、成交量一次比一次降低以后。所以，行情还会持续一段时间，在第一次急跌过后必有强力反弹，这也就有了久违的抄底博反弹的良机。

4. 操作熟练，任意股票都可获利

于是，周末我在微信朋友圈里再次提醒，不必惶恐，3月11日星期一开盘后的低点正是短线抄底的大好时机，出于稳健，首选瀚叶股份。

事实上，瀚叶股份也从3月11日早盘的最低价3.52元/股，涨到3月14日的4.76元/股，35%的短期涨幅颇为亮眼。随着跟该股主力资金的缠斗日久，我对它的种种特点也越来越熟悉。

该股随后震荡上行，慢慢来到5.44元/股，我的盈利也达到110%。后面涨涨跌跌，重心逐渐下移，再也不能接近前高。我在高抛后还留了少部分底仓，这时我又出现了操作失误。遇到盘中大跌，我总是忍不住在下跌的时候去抄底低吸。尽管低吸价格比之前的卖价低了10%，但主力资金随后使股价下跌的力度之大，足以把散户全部迅速套牢，也让我极为被动。

在吃过几次亏后，我总结出一些很有用的深刻教训：一般的股票，不管有多看好，如果没有止跌收回到5日均线，那就意味着下跌的大趋势还没有扭转回来，情势还没有反转，此时只适宜坐等看戏，任凭主力资金玩各种障眼法。不管它要什么眼花缭乱的把戏，都一定不能进去抄底。否则，在不知道那个底部会在哪儿的情况下，抄底后极有可能迎来的是漫长的继续下跌，最终被套牢。

等到站上5日均线方可再买进去。恪守这一铁律，等下跌的大趋势已经改变，站稳了才参与。虽然偶尔会错失盘中的最低价，但在大方向上会安全和稳妥很多，也能经常避免抄底过后继续被套 10% ~ 20% 的尴尬。

长线价格，得看价值，看基本面；隔日超短，看题材，看概念；短期趋势，则取决于合力。

短期合力的方向怎么看？最简单、最重要、最实用的判断指标就是 5 日均线。不管是大盘还是具体个股，站上 5 日均线，合力就是往上走的；跌破 5 日均线，合力就是向下的。因为相信这一点的人很多，所以，它能影响众人的态度，能代表人心指向、资金的选择，能代表股价向阻力最小的那个方向运行。

虽然半途抄底被套，但我还是大大低估了实控人的离谱程度，该股出现了没有过先例的意外，这一点实在让人无法预料。当时持股市值 50 亿元以上的实控人，因为区区几千万元的债务纠纷，名下股份被冻结，这其实是并无多大实质影响的利空，主力资金使出蛮力，股价出现连续三个跌停。

即便我不断在盘中抓住短线机会高抛低吸，成本略有下降，怎奈主力资金凶相毕露，连续三个月的月线、周线、日线都“跌跌不休”，使股价从 5.44 元 / 股又一路跌到 2.41 元 / 股，55% 以上的跌幅使我之前的盈利大幅缩水。

在跟主力资金缠斗的两三年中，我慢慢摸清了该主力资金迫使股价大幅下跌时的套路。它通常会使出两种惯用套餐。

套餐 1：借发布利空公告或大盘回调，先弄出连续三个跌停再说。

套餐 2：某天突然大跌 5% ~ 10%，然后再连续阴跌 5 天以上。

一般该主力资金会：

（1）先使出套餐 1。

（2）小幅反弹，再使出套餐 2。

（3）将第二步反复来几次。

套餐 1 和套餐 2 组合，反复使用，效果就是下跌起来比较狠，时间长，跌幅大，底部也一次比一次低。

有时还会通过搭配假阴、假阳线，做出一波令人窒息的七连阴、九连阴，中间几根小幅涨跌刻意收绿，以极为难看的K线走势持续钝刀割伤的效果，使得里面的人越到后来就越难受至极，遮天盖地的压抑感，每过一天那不舒服的程度就翻倍，不得不赔本卖出以求解脱。

随着与这只庄股的多次交锋，即便它一路跌下来55%，但我的恐惧之心渐去，通过上百次高抛低吸、波段性反复操作，来来回回跟主力资金缠斗，我在对主力资金特别熟悉的基础上，开始充分利用他的各种操盘手法和风格特点，专门赚“主力”的钱。

该主力资金在每次拉升之前，必定会强力和持续洗盘，当天横盘大半天再突然大力拉升，使人无法上车，要拉也不会一口气不停，大幅拉升最多维持三天，第四天就会大跌，并且每次拉到一个阶段高点后，就必定会马上大跌15%以上。

如果日内冲高，则9:38、9:50、9:41很可能就会看到这个高点。一旦连续几天出现两三次上影线，且盘中最高点上下相差不到几分钱，如不往上突破，后面就会开启一段连续多日下跌的走势，且跌幅很大。

此外，如果盘中某次横盘时突然出现幅度4%以上的直线拉升却达不到涨停，通常会回落到拉升前的位置附近，并且随后开始连跌几天。

不管在什么价位卖出以后，哪怕马上大力拉升30%，高抛低吸做飞了，也没关系，只要等得足够久，有足够的耐心，在一两个月内必定能够等到比当时的卖价更低的价格。

短期几天内的连续拉升最多不会超过35%，任意30天内的最低点到最高点，最大空间不会超过45%，并且不会一口气拉升，而是会在拉升途中强力洗盘，当阶段高点出现后，不再往上突破，那就通常会大跌20%以上，有时甚至还会回调到启动前的位置。

掌握了这些特点，在实际操作中作用巨大。

瀚叶股份的股价每次短线以大涨突然启动后，我就能判断出大致最高能拉升到什么价位，等快到目标价时马上高抛。即便卖低了很多，错过了后面的短线大涨，也没关系，只需等它见顶回落，算好短线高点回落 20% 价位的数字，在那个数字下方耐心等待两三周就能买回来。对此有针对性地买卖，每次成功地高抛低吸，就能降低 20% 的成本。

就像大盘指数逢缺必补的铁律，瀚叶股份如果留下了跳空缺口，那么，不管后面的股价已经到达缺口上方的 30% 还是更多，不管你觉得已经不太可能再回踩得那么深，但在此后的一两个月内，必定会往下回补之前留下的缺口，就是这么的不可思议。

把时间拉长、范围放大来看，只要主力、主力资金没有改变，这些操盘习惯就会一直保留。如果细心观察总结，以上诸多特点，其他几千只受主力影响的股票也可能存在，数值有所变化，细节方面略有不同，但主力的控盘手法都是大同小异的，来来回回无外乎就是这些路数。

选股固然很重要，选对了股票，省事不少，但操作才更关键。买对牛股的股民，绝大多数没能吃到最肥美的那段盈利。如果愿意沉淀下来，研究得足够透彻，只要没出重大事故的任意一只股票，不管它的走势有多差，盯着做两年，获得一定盈利的机会很大。

对职业选手来说，对个股的日 K 线滚瓜烂熟只能算是入门，把该股最近 200 个交易日的日内走势，以及当天有哪些外部因素的影响，在脑海里像影视画面一样一帧一帧地过一遍，等到越来越熟悉以后，慢慢就会发现很多巧妙之处，再详加分析、归纳和总结，在盘中交易时看到一些信号，就能达到条件反射般准确操作的程度。

5. 股价跌 60%，盈利 300%

瀚叶股份这只早就被高度控盘的庄股，股价波动每天都被主力资金严密控制着，走势也早已跟股市行情和所属的众多板块、题材、概念毫无关系了。过去几年的走势也已经一再证明，是莫名其妙地跌下来 60% 还是毫无道理地涨 150%，都仅仅取决于主力资金。

主力资金越是不顾一切地让股价下跌，我就跟主力资金死磕。

一只股票只要持有的时间足够长，往往会对它的种种特点了如指掌。该股最近几年每一天的走势、几百个交易日从开盘到收盘的分时走势图，我都特别清楚，当天遇到了什么情况、为什么要这么做，我都会换位思考，洞察主力资金的心思。

主力资金让股价跌下来横盘企稳后，我就一下买进去坐主力资金的轿子；主力资金将股价一拉到高点，不等股价下跌回调我就马上提前跑掉；后面没有回调到位我就一直空仓等待。偶尔卖了以后遇上连续拉升，错过了大涨的阶段，也没必要去追，耐心等待回调，我算好了阶段高点下来17% 的位置，不到那个价位我就坚决不进。

等到 2019 年冬季，我对这只股票已经熟悉到第二天的最高价，因为很多偶然因素没法判断准确，但最低价基本上在前一晚就能算得一分钱不差的程度，因而我能数次高抛低吸，成本越做越低。

因为身怀数字货币的概念，股价又一次来到 4 元 / 股上方，我从 8 月的最低 2.41 元 / 股一直坚守，10 月 29 日下午，一直盯盘密切关注着 4.13 元 / 股涨停板上封单数量的变化，尾盘跳水突然开板，早有准备的我已经脚底抹油跑了，此时盈利已经超过 230%。

几分钟后，收盘价仅剩 3.82 元 / 股，次日主力资金又故技重施，重现了 2 月底的那一波先拉后跌的手法，拉到涨停价附近的 4.16 元 / 股后，又使股价回落到零位，该股最终以比开盘价 3.91 元 / 股高出一分钱的价格收了红十字星。第二天果然又像 2 月那样，大跌到跌停价附近，回补了 10 月28 日留下的第一个跳空缺口。早就熟知了主力资金的狠辣手段，我当然不会在这时候进去接飞刀。

此时还剩下 10 月 23 日留下的 3.14 ～ 3.15 元 / 股的第二个跳空缺口，这次还真的会从 4.16 元 / 股一直回调到 3.14 元 / 股下方吗？是不是跌幅太大了有些不可思议？以对该主力资金逢缺必补习性的充分了解，当跌到 3.31 元 / 股时，我很心动，但还是强忍着没有出手去抄底，也眼睁睁地错过了随后从 3.31 元 / 股上涨到 3.95 元 / 股的利润。股价又一次接近 4 元 / 股了，这一次会不会扶摇直上飞走了，不再回补 3.14 元 / 股了？

这天的收盘价恰好收在 5 日均线下方的 3.71 元 / 股，我静观其变，再次欣赏到了主力资金连续一两周使股价大幅下跌的卖力表演。在 4.13 元 / 股涨停板上卖出后已经等了快一个月，我深知，如果把几百万股买单全部挂在 3.14 元 / 股，肯定会因为太过显眼而惊动主力资金，那它肯定会刻意让股价只跌到 3.15 元 / 股偏不让我如愿。

在 11 月 25 日开盘前，我提前在 3.15 ~ 3.20 元 / 股分散着挂满了买单，等候埋伏，狡猾的主力资金当天使该股最低只跌到 3.22 元 / 股就又拉回到 3.35 元 / 股收盘。

满怀希望当天应该能提前抄到大底却失之交臂，我颇为惆怅。一路跌下来，今天第一次收了长下影线，触底止跌回升，如果盘整一下，等过几天 5 日均线下移到 3.30 元 / 股，那说不定又只能眼睁睁地错过一段 20% 的上涨行情，很可能还得再等一个月才能见到 3.14 元 / 股的低位。

正当我不耐漫长等候的焦虑、焦躁时，当晚瀚叶股份突然发布利空公告，意外迎来了实控人的助攻，也成就了我一次大大超过预期的经典成功操作。我也庆幸主力资金白天没有将股价砸到 3.1 元 / 股，要不然，我白天就全部买进成交了，从而导致全仓吃两个跌停。

公告称，公司实控人兼董事长名下的股票又一次因为欠别人钱而被司法机关冻结了。

手里持股的散户不禁又吓了一跳，因为在此前的 5 月 17 日，实控人被司法机关冻结股份，该股随后很干脆地走出了将近三个跌停的走势。

同一时期，另几家控股人股票被冻结的公司，股价只低开了两个点就恢复了正常。其实这件事本来也没什么实质影响，因为瀚叶股份的两个大股东都毫不犹豫地将个人利益最大化，趁着前期股价高的时候，早就迫不及待地把名下 99.99% 的股票质押套现了，尤其是实控人，一直加码对上市公司的股权质押，反复质押了数十次。反正一两年内，在解除质押之前，一股都不能卖。

前一次，主力资金借着这个可跌可不跌的利空，迫使股价连续下跌 25%；这次老调重弹，又会有几个跌停呢？

对于股民来说，该股的最大利空因素就是此位实控人兼董事长，实在是一颗随时都会爆炸的利空炸弹。

资本玩家出身的实控人用杠杆撬动控股权，在入主瀚叶股份后，并没有踏实做事，而是第一时间就大手笔质押股权获取资金，然后频繁变换主业，热衷跨界收购，到处蹭概念，四面出击铺了一大堆摊子，都是雷声大雨点小，造势不断可没看到多大的实际收效。

这位实控人，把自己玩得资金链紧绷到快要断裂，把自己玩成了屡屡被冻结名下所有股权的被强制执行人、被法院限制消费的失信人，把自己玩成了被金融法院强制拍卖股份的第一人，把公司玩得被第三、五、六股东轮番上诉并冻结公司及个人资产。自作自受也就算了，关键是年年都让众多股民亏损巨大。

毫无悬念地，瀚叶股份次日越过 3.14 元 / 股的跳空缺口，直接趴在 3.02 元 / 股的跌停板上一整天。第三天，9:15—9:20，在跌停板 2.72 元 / 股上有十几万手卖单，买单也不少，今天早上肯定能开板，我摩拳擦掌，感觉时机到了。

全仓，买它，就买它。

深知该主力资金的极度狠辣，我小心提防着股价在竞价成交的最后十来秒被突然拉上去，那跌停板上的十几万手买单就全部落空了。如果等到开盘后才下手，大量抄底资金涌入，那么股价必定会直线上拉。等到 9:24:50 后，还是 2.72 元 / 股的跌停价，且 13 万手的卖单比买单还多了 3 万手。我权衡利弊，不怕出价高多花成本，就怕没能买进，等开盘后再去追，几秒就会拉上去几个点，那就根本追不上了。

直到最后几秒，我才开始在 2.74 元 / 股上挂了几百万股买单，在时间和价格上搞了双保险。看来跌停价竞价成交是板上钉钉的了，理论上的唯一例外就是，除非最后一秒突然有 13 万手以上的买单挂更高的价格买入，改变竞价的成交价。再说了，谁会那么傻，明明 2.72 元 / 股就能妥妥地买到，为什么要出高价呢？不管竞价成交是 2.72 元 / 股、2.73 元 / 股还是 2.74 元 / 股，我的出价比现价高 0.7%，肯定能排在最前面成交。我美美地想着，维持了 599 秒的盘口竞价 2.72 元 / 股，在最后一秒，竟突然变成了 2.75 元 / 股！

这也意味着，尽管留足了空间，但我还是丧失了机会，挂的几百万股一股都没买进，2.72 元 / 股抄底的那 13 万手买单也全部落空。

怎么回事？查看委托明细，在最后三秒内，有人出价 2.75 元 / 股挂出了 13.5 万手买单，一锤定音，锁定开盘价，让在跌停板抄底的 3 000 多万元资金全部扑了个空。

这么鄙陋的手笔，目的就是不让我捡到便宜，毫无疑问只有主力资金才会这么做，让我的如意算盘在最后一秒全部落空，没有时间去采取任何补救措施。

算来算去，我还是失算了，还得等开盘后先全部撤单，才能再硬着头皮去追高了。9:30 开始正式交易，第一笔单的价格直接由 2.75 元 / 股跳到 2.80 元 / 股，几秒后又变成了 2.85 元 / 股。

本来能在 2.72 元 / 股从容抄底，现在不得不手忙脚乱地去追高，竞价时主力资金在最后一秒搞破坏，我 2.87 元 / 股的买入均价，足足得多花了约 5% 的代价。

这点意外，比起战略大方向的成功，还是瑕不掩瑜。我以 4.13 元 / 股卖出后，本来等了一个月，如果能在 3.17 元 / 股的成交均价低吸回来，就已经心满意足了，没想到居然还能在 2.87 元 / 股捡到大便宜，完美地高抛低吸，一次直接降低了 30% 的成本！

6. 找准主力关键罩门

等到 2020 年元旦刚过，以 3.30 元 / 股卖在拉升前，我在瀚叶股份上的盈利也达到 300%。我的运气虽差，摊上了垃圾股，该股从 5.50 元 / 股附近砸到 2.41 元 / 股的全程我赶上了两回，但最终还是大有收获，做到了前几年根本不敢想象的结果。

为什么 2019 年 2 月、8 月，主力资金两次猛力砸盘砸出的最低价都恰好一分钱不多，也一分钱不少，刚刚到 2.41 元 / 股就停手了？ 2020 年股价为什么还多次在这个价位上上下波动？这个数字肯定有着特殊的含义，这就涉及一个很有用的问题——控股股东的成本计算，如图 4-6 所示。

时间	事件	股数	平均成本	投入	分红	备注
2015.03.24	开始停牌		12.52元			
2015.06.05	协议转让	**6083.24万**	**12.52元**	8.8328亿元		
2015.06.08	10股分红1.5元	6083.24万	14.37元	8.8328亿元	912.486万元	
2015.10.12	10股送10股转10分2.5元	16424.748万	5.23元		1231.8561万元	
2015.10.21	定向增发	加仓3.73亿	4.02元	15亿元		定增价为停牌前价格76%
2015.11.11	开始复牌	共5.37亿	4.39元	总投入23.8333亿元		
2015.11.23	复牌后最高价	5.3724亿	4.39元	总投入23.8333亿元		12.34元时浮盈39.9亿元
2017.09.20	10转4	**7.523亿**	3.14元	总投入23.8333亿元		
2017.11.27	开始停牌					
2018.03.26	10转3	9.78亿	2.43元	总投入23.8333亿元		复牌后股价从5.77到2.78跌52%
	停牌11个月	9.78亿				
2019.01.31	最低价2.43元	9.78亿	2.43元	总投入23.8333亿元		
2019.04.08	阶段最高价	9.78亿	2.43元	总投入23.8333亿元		5.46元时浮盈29.64亿元
2019.07.11	10股分0.22元	9.78亿	2.41元	总投入23.8333亿元	2151.6万元	
2019.08.15	最低价2.41元	9.78亿	2.41元	总投入23.8333亿元		
2019.09.30	减持1438万股	9.637亿	2.41元	总投入约23.45亿元		2.66元套现3825万元
2019.12.19	被司法拍卖9390万股	8.698亿	2.361元	总投入约20.709亿元		拍卖价2.92元
公开新闻，2015年分别以12.52元的价格受让6083万股和4.02元定增3.73亿股，多次送转后经计算为9.78亿股，说明2015年10月后至2019年6月期间一股未卖，直接从总投入和现有持股计算也从另一角度再次验证了2018年3月后的2.43元的成本						

图 4-6　半路进场的控股人的成本计算及一级半市场的资本与二级市场的股民的巨大差异

采用两种计算方法得出的结果，持股 31.2% 的实控人的成本都是 2.41 元 / 股。

进一步查阅该公司过往几年的公告，还能发现，实控人逐步控股该公司，不但不用花一分钱，还浮盈近 40 亿元。2015 年 6 月以 8.9 亿元进场，没过多久就将所有股票从中泰证券质押出 8 亿多元，前期投入全部收回。2015 年 10 月投入 15 亿元，以当时价格的 76% 参与定增后成为控股人，没过多久就又将这部分股票全部质押，从申万宏源证券和深圳兴鑫贸易公司质押出十几亿元现金，再借款 1.5 亿元，第二次投入的 15 亿元又已经全部收回。当股价两次处于高位时，实控人的浮盈分别已经高达 39 亿元和 29 亿元。

而这家公司最大的问题和利空恰好都来自这位实控人。2020 年 1 月，实控人兼董事长名下的持股被司法机构冻结。

2020 年 3 月，实控人兼董事长名下的持股被司法机构冻结，这也是几个月内的第四次。

有了该实控人的存在，瀚叶股份随时都会比那些真正出了大问题的公司还麻烦，一年内竟然能让债务逾期这一事件重复发生四次，这确实很难让投资者安心。

好好的一家公司被经营成了这样，让股民一再大幅亏损，这样的控股人，也真是世所罕见的了。

实控人持有几家上市公司股票的市值合计 30 亿～50 亿元，但就是到处债务逾期，每次法院判决还钱也不执行，所以，其财产在几个月内就被司法冻结四次、轮候冻结多次，更是成为被上海金融法院第一个司法强制拍卖的案例。堂堂的上市公司董事长兼实控人，身家几十亿元的有头有脸的知名大老板，毫无信誉，赖账成性到这种地步，也实在是令人叹为观止。

该奇葩实控人并不是孤例，A 股 5 000 多家上市公司，比这还离谱的多的是。牛市时，大小非们不断卖掉手中的股票获得现金，日子过得非常滋润。忙着不停上马新项目、进军新领域、不断扩张的上市公司老板，到处折腾，大多数资金都被这样支出去了，资金链怎么可能不紧绷？等到了熊市，上市公司这个平台也没之前那么随随便便就能融资、增发几十亿元资金了，上市公司的日子也都不好过。

清仓式减持的、辞职走人的高管数不胜数。光 2019 年，被刑事拘留的上市公司实控人就超过 20 人，同年因股权质押被平仓、债务缠身、资金链紧绷等原因导致实控人变更的上市公司更是超过 200 家。

可要说到对股价的影响，这些公司出问题也就出一次，股价随后不久就会步入正轨，而不至于像瀚叶股份，一直都只跌不涨。该公司实控人自作自受，可几个月内就被司法冻结财产四次，每次出问题都要让几万名小股东来承受大跌的代价。

更离谱的是，瀚叶股份原来是一家做实业的公司，竟然被该实控人玩得连财报、季报都一直拖到规定期限的最后一天也发不出来。按时发布财报是上市公司的法定义务，瀚叶股份毫无信誉的行为立即引发监管机构的公开谴责并立案调查。

年报不能按时发布而此前也毫无预告，直到规定的最后时刻已经过了，半夜才突然停牌，看起来十几年来每年、每季度都盈利的公司，突然间竟然因不履行法定义务而爆发可能退市的风险。复牌就ST，那所有的股东被突然停牌后就得面临连续一二十个一字跌停板，所投入的本金就会毫无出逃机会，比最差的200家ST公司还要让股民亏损得多。

该实控人手中持有的几家上市公司的股权早就质押了99.99%，频频违约，成为被告人官司缠身，涉及的诉讼不断，所持上市公司的股权随时都有被强行拍卖的风险。二股东夫妇也将手中当时市值一二十亿元的股权100%质押了。

有了因违规操作而被监管机构点名批评的前科，有了该实控人的存在，瀚叶股份经常无任何预告地突然停牌也就不稀奇了，该股在几次停牌的时候都恰好赶上大盘、所在题材板块难得的强力拉升，完美地避开了连续大涨，而在股市大跌时却基本不曾缺席。

更严重的是，每次突然停牌前都刻意连续打压股价，每次一复牌就连续大跌。该实控人经常动用停牌手段违规停牌，2015年停牌8个月，2017年停牌11个月，自从2019年停牌新规出来后就对类似行为加强了监管，2020年1月该实控人故技重施又让该股停牌了一次，结果停牌3天就被交易所催促复牌。也因为常有类似的违规操作，瀚叶股份经常被监管机构问询、点名批评和公开谴责。

多次违规操作故意停牌，因此招致上交所的多次批评。而瀚叶股份这次竟然连年报都发不出来，且无应有的提前预告，突然停牌把7万名股东全部关在里面之后再提示会有退市风险，完全漠视股东最基本的利益，引发了市场的一致谴责。

停牌后再一点一点挤牙膏般地发布一个接一个的利空，此前还在

2020年1月17日和3月13日两次发布公告称，实控人没有违规担保、没有违规占用资金，但没过多久就因为实控人违规担保、违规占用资金等而被ST，主力资金更是借此以每天挂出大卖单的手法，连续牢牢封住17个一字跌停板，使股价跌到1元/股之下、股民已亏损60%以上不得不卖出时，才大量捡拾最低价筹码。

一般公司被ST都要经历两三年时间，并且提前很久就多次预告风险，在这么长的过程中有无数次的机会可以卖出。瀚叶股份呢？看起来每年的业绩、利润都很好，可到了该履行最基本法定义务按时发布年报的最后时刻，竟然没有任何预告地突然停牌，然后直接变成“*ST瀚叶”，复牌后再弄连续17个一字跌停板，任何人都跑不掉。A股5 000多家上市公司，还能找出比这更坑投资者的公司吗？

瀚叶股份因虚假陈述和信息披露违规等行为导致所有投资者巨额亏损，必将迎来广大投资者的起诉索赔。

如果一直专注于之前所在的兽药行业，那么公司的发展潜力还是不错的，但后来为什么要去涉足那些八竿子打不着的行业？真实原因就在于该实控人本来就是做金融的，完全不懂兽药，也没办法在兽药行业进行下一步的深耕，通过投资给自己设立众多无实际业务的公司，大量持续地掏空上市公司。该实控人更是偷偷用上市公司给自己的个人借贷进行违规担保而不经过董事会、不发布公告，以种种名目违规占用公司数亿元资金。

不管头顶多少光环、玩了多少概念，本质上都只是实控人从资本市场套现的工具。原来的实业经营已然变成另一套金融公司的玩法，募资7亿元承诺投资的两大游戏项目结果一分未投，2018年6月，将闲置的5.5亿元转而购买理财产品，一年后却竟然为了1 200万元去借高利贷，公司担保却不披露。更令人匪夷所思的是，1 200万元的高息贷款到期后拖欠半年多一直不还，直到被起诉冻结公司优质资产。

实控人花大价钱控股的上市公司成为其融资工具，用于定增输血。2015—2017年，瀚叶系参与定增超5起，资金规模达50亿元，瀚叶股份也被弄成了再无投资价值的垃圾股票。

出问题的上市公司数不胜数，大多数公司都经不起仔细推敲。如果拿着放大镜查看，都存在各种各样的问题。在牛市的时候，问题也存在，但没多少人注意；到了熊市，问题就都暴露放大，并引发连锁反应。

在 A 股 5 000 多只股票中，基本面没有明显问题和缺陷的，熊市时也就只有 200 多只股票是我们能够放心投资的，每年再从走势方面细选一下，就只剩下几十只股票了。每年挑十来只股票好好投资，总比跳来跳去不断换股要少损失很多。

不管大盘怎么上涨，总会有股票是下跌的，而瀚叶股份在大多数时候都是下跌股票中的一只。自 2020 年以来，主力资金就露出了獠牙，脱离了行情和基本面，不顾一切地打压股价，当所属的农药、草甘膦、网游、文创、创投、传媒、流感、大数据、数字货币、病虫防治、互联网金融等概念板块轮番热炒、上涨的时候，唯独它一直在下跌。

当其他股票都止跌回升、一路涨上去了，甚至连垃圾股、ST 股、退市股也都脱离底部开始上涨了，唯独这只股票还在不断地往下跌。极为罕见地在其他股票已经从底部回升了很多的时候，主力资金使它跌出了 5 年来的最低位，并且毫无止跌意愿，每次稍微往上拉一点儿就又继续让股价跌到更低，不断往下，套牢所有买入资金，让全部筹码都出现大亏，如图 4-7 所示。

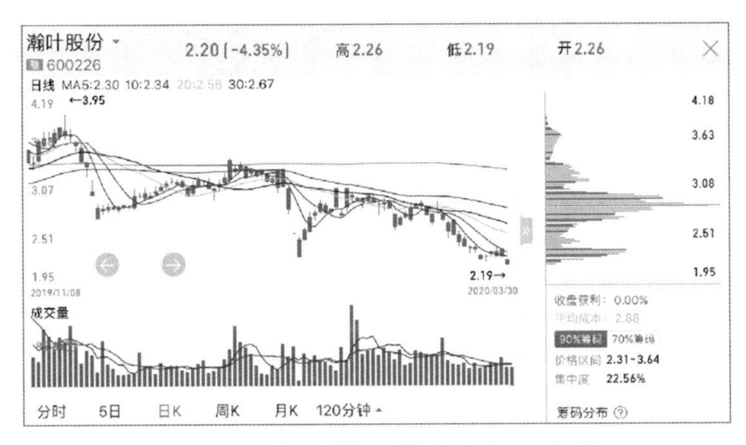

图 4-7　一路跌出新低，筹码全部大亏、被深套

近三年，每个季度进来的十大股东更是一个不落地被洗得大亏，不得不止损亏本离场。

自 2017 年 10 月以来的大多数交易日，瀚叶股份都是跌幅居前，总是只跌不涨，大部分时间的股价都在低位和更低位，跌时就一马当先跌得最多，其他股票都在大涨时，主力资金就总故意压盘、小跌，在每一分钱上都挂着几百万股的卖单，摆出一副吓人的模样，上面盖上铁板，生怕别人把股价拉上去了。偶有利好出现时，就稍微高开，然后一路低走，当天进场的全部被套。

每天的盘口，卖单都是买单的四五倍，生怕脱离了自己的控制，如图 4-8 所示。买的和卖的其实大多是主力资金在自导自演，每天盘中上有压盘、下有托盘，不断挂单、撤单。

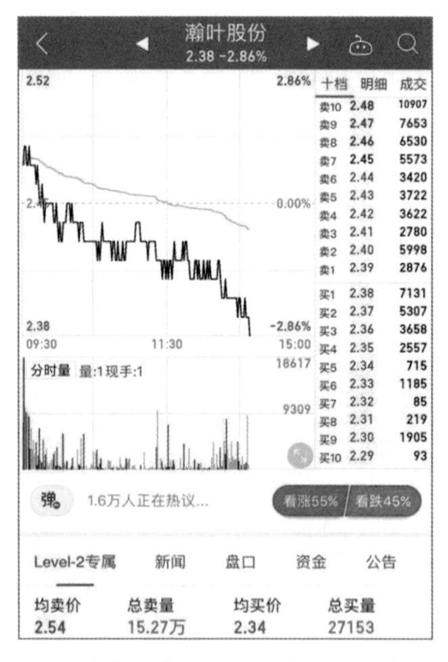

图 4-8　通常每天盘口挂出 5 倍以上的卖单压盘

其他股票哪怕跌下来 95%，最起码之前还拉升过一二十倍，如今跌回了原点；而这种从来不拉涨，只使股价下跌的主力资金，出于什么考虑？这是全心全意让散户亏损，把所有人全部套牢，只坚决下跌，绝不反弹，没有最低价，只有更低价，途中所有抄底的一个都跑不掉。在没明显实质利空的情况下，在一年多的时间内，主力资金就弄出了 14 个跌停，在出现实质利空时则一口气封住 17 个一字跌停板，恶意操纵股价的行为十分明显。

因为行情就对股市、因为走势就对个股陷入慌张或高度兴奋，都会让判断失去理智，行为不可取。像网上从年头到年尾每天都在骂像瀚叶股份这样的主力资金和控股老板，又有什么意义呢？

情绪化的发泄对解决问题丝毫没有作用，关键是运用正确的方法来处理并解决问题。

7. 重要诀窍之做熟不做生

随着在该股上的反复交易，我也从开始的跟主力资金缠斗，变得能与之轻松相处了。更重要的是，在收益提高资金也慢慢增加后，我在心态上更加从容。到后来，我也开始“调戏”主力资金，逗主力资金玩耍。

很多股民对早盘连续竞价期间经常出现大幅波动感到困惑，明明看到高开八九个点，怎么快开盘了就一路到平开甚至低开？有时看到竞价跌停，把人都吓住了，怎么一眨眼就又回到零位了？他们到底想干什么？是试盘还是诱多？

按照规则，在前一晚 10:00 之后的任意时间挂单，只要在早上 9:20 之前，都是可以撤掉的。我试着在涨停价挂出两笔大买单，竞价显示的就是 8 个点的涨幅，但只要一撤掉，竞价就又回到零位附近了。只要资金能把盘口的卖单消化掉，就能影响竞价和开盘价。

逗主力资金玩，也有玩脱了的时候。有一天，半夜三四点，我在跌幅 1.5% 处随便挂了 1 万手买单，后来就睡着了，随后有没有撤单已经忘记了。第二天早上 9:19 看到竞价从高开两个点慢慢降到零位，突然想起昨晚好像挂过一个买单，赶紧看委托记录，居然还挂着没撤单，时间也变成了 9:20，几秒之差就无法撤销了。我挂的买单价就是开盘价，9:25 这 100 万股全部成交，当天低开低走，阴跌了几天。一个随意的小疏忽，白白损失了几十万元，学费交得太冤枉。

尾盘竞价没法撤单，也就不好去影响收盘价。等盘中清闲时，可在关键价位挂出几个大单，控制欲极强的主力资金通常也马上在盘面上做出反应。

如果全仓，再加融资，我也能将它奋力拉升到大幅上涨或使其低到跌停，可这明显是费力不讨好的事，涨时还能慢慢卖，一旦下跌，就很难卖得出去，除非不计成本，使股价再下跌 5 个点。

在 2019 年反复交易时，我发现一个很奇怪的问题：到了该买或卖的时候，如果我想卖但没卖、想买但没买，后面的走势就跟我预想的一样；如果我出手买了或卖了，当天跟预想的一样，但第二天一开盘就大不相同了。

至少有好几次，都是我一卖出后，当天走势如我所料，在我的卖价处跌下来一两个点，但第二天就会突然变脸，开盘就一路用力拉，一路涨上去 20% 多；我一进去抄底，当天小有浮盈，可第二天就开始连续向下大跌，一下就把我套了一二十个点。

这样的事情出现一次算是偶然，出现两三次还算偶然，次次都这样，意味着什么？那还是巧合吗？因为主力资金每天收盘后都会打单，对一些眼中钉会采取针对性的措施。

直到多次反复交锋后，主力资金肯定也发现，其等我卖出就快速连续拉升，可我不会去追而只在下面等其回来；我一进去主力资金就把我一下子套住，可我怎么都不止损卖出，反正后面其必定又会拉上来。主力资金的手法已经对我不起作用，狗皮膏药般贴在主力资金这匹烈马身上，颠簸不下去也踢不到，慢慢地其也就睁一只眼闭一只眼了。

如此一来，我的直观感受就是，操作起来越来越顺手，走势也越来越符合我的判断。这就是实操中非常重要的诀窍之一——做熟不做生。

这只走势比较坑人的垃圾股，虽然看起来涨幅不会那么大，或者阴跌不止，但可防可控，因为我对其股性很熟悉，对主力资金的各种手法、秉性、风格和操盘习惯都了然于胸，即便遇到极端情况，也能有足够的应对策略。

其他人气股就很不好把握，亏损的风险太大，短线频繁操作，每天选股换股，太容易出现亏损甚至大亏。不管是熊市还是牛市，任何一只股票，等特别熟悉之后，都能够寻找到机会，把它作为自己的“提款机”。

牛市就借助融资，一两个月的时间，股价只要涨一倍多，就能做出一二十倍的利润。熊市也不要紧，没研究透，不是特别熟的股票，轻易不去碰。

热门股、人气股、龙头股，哪怕涨10倍也不去凑热闹，有太多偶然的和不可控的因素，例如，股市大环境、题材热度、游资和风向变化等，自己也把控不了。

我中途有一次按捺不住，跑去做此前就一直很看好的某只热门股，它是当时的两市总龙头之一，人气龙头当然得打板才有上车的机会。结果当晚突然被A股有史以来唯二的做空报告重伤，一下被彻底扭转了气势，势头不再，最热门、最受追捧的总龙头股一下子成了人人避之不及的祸水。

第二天早盘快跌停时，正确做法应该是果断止损卖出，但一犹豫，我两天连吃两个跌停板，一下大亏20%。此后，我更是心有不甘，最终被套了一个月，不得不以亏30%止损出局。后来的价位更是只有止损时的45%了。

此后，我更加坚定，小心谨慎地在自己熟悉的一亩三分地上耐心耕作，不随便去别的地方。对这个完全主导走势的主力资金有了深刻了解，它再跌我也不怕，能承受极限下跌的后果，风险可控，虽然每次买进、卖出都很吃力，只有等到大的波动时才能顺势买或卖，平常出不去，但至少心里有底。

主力资金也根本奈何不了我，看着碍眼也拿我没办法，只能当作没看到、不存在，睁一只眼闭一只眼。该主力资金再怎么洗盘也洗不动我，跌下来了就进，拉上去了就跑，一直在下面等其再下来，捏住了主力资金的命脉，即便难受该主力资金也必须忍受，总不可能为了我就把自己的计划全部打乱。

牛市就是另一种思路了，没必要再做这些非主流的边缘股和半死不活的垃圾股，盘子小的进出也不大方便，跟随那些大主力、大资金去做龙头股、千亿元市值的大股票，不管多少资金都容纳得下，大开大合，大胆买热门龙头股，中途回调了也不怕，因为只要牛市行情还在，就还能再拉上去，一路涨很多倍。

在漫长的熊市里，只适合在自己特别熟悉的个股里面稳打稳扎、步步为营、左右腾挪，螺蛳壳里做道场，收益反而高很多。

降低杠杆，即便遇到最坏的情况，股价下跌 60%，盯着耐心操作两年，也能获得较高的收益。只限定于一倍以内的融资和低杠杆，我的风控水平也大有提高，即便吃到全程 50% 的下跌，都还安然无恙，换作以前早就被平仓两次了。

一定程度上，庄股的操作反而更简单，因为完全由主力资金说了算。几年下来，跟主力资金虽然不能说是同呼吸、共命运，但还是息息相关的。日内的短线走势有很大的随机性，没那么精准；但中线就像看着自己的掌纹一般清晰了然。

短线的短期牛股、热门股，看起来收益确实很高，但那是在做对了的前提下，而做错的概率要高很多倍，错一次就得大亏一次。

在人多的地方，必然要受到众多势力的影响，多方势力角逐的合力非常复杂。主力资金、机构、各路游资、消息面、公告、跟风盘，都会作用到股价上，盘中波动会很大。相应地，操作难度也指数级增加，太容易做错，买了就跌、卖了就涨的情况经常发生。

因为热门股的走势根本就不是由单独某一方说了算的，而是多方妥协的结果。并且前面的都跑了，直接表现就是大跌，后面如果又有游资进去，可能又会大涨，造成股价的剧烈波动。

大资金在里面博弈，需要分析考虑的条件太多，还有很多偶然因素。智者千虑，必有一失，分析来分析去，十几个方面的因素都分析得头头是道，可即便分析得头都大了也不管用，因为总是会有很多没算准、漏算的。

哪怕是都考虑到了，出来一个无法预料的突发事件，对这些热门股的影响也很大，微妙局面一下子就扭转了。有时还不如什么都不懂、什么也不看，交由运气决定。

短线热门股的走势就是不按照我的预期来走，我能有什么办法？个股又不会听我的。我没那么高超的技术，也没那么高强的能力，影响不到这只股票。驾驭不了，只能尽量做好自己能力范围内的事情，明哲保身，本金安全才是第一要务。

在金融市场博弈，并不在于一时的收益有多高，活得长久才是王道。像我之前两次那样，来得太快，去得更快，输光了本金，从头再来，实在是太麻烦了。这就是股市中保住本金的重要性。如果回到 2017 年，重新开始时的本金稍多一些，是当时的 10 倍，同样的三四年过去了，现在的资金起码应该是之前的 5 倍以上，那就是另一种境地了。

在研究个股时，以做学问、搞科研的精神深度钻研，再怎么认真都不为过。为了通过考试，为了课题，都要深入学习半年，涉及利益也不大，并且还没什么金钱关系，就是完成学习、完成课题而已。但涉及这么重大的利益，不深入钻研就直接决定了这么多金钱的投向，这是多么轻率的行为。

哪怕是去超市买一棵最多不超过 10 元的白菜，上下相差也不到两三元，一般也要先看一下价格。而多数人对股票的选择太过于随便，没有足够重视，没花过大量心思去研究。

投入我们全部资产的至少百分之几十，一个关系到第二天很可能会相差全部资产的百分之几的决定，能说是不非常重大的吗？可多数股民呢，行为竟然还会如此草率，实在是无法理解。

我的建议是，对个股先研究几个月，很熟悉了，确实跟自己预期的相差不多了，再去买。这只股票只要没退市，就会一直在那里，就有的是机会。

而一般人对个股还一点儿都不了解，第一次听说，就敢一下都买进去，唯恐买晚了几分钟股价就会飞上天。

常在河边走，哪能不湿鞋。偶尔一两次基于运气成分，盈利了，但总这样去操作陌生个股，必然的结果就是亏多赚少，一再交学费。

第 5章

交易时必要的内功心法

1. 识别大趋势为头等大事

在出门之前，要先看天气，天气不好时尽量不出门，这是每个人都懂的生活常识。在股市里，这一点显得尤为重要。遇上大雨会被淋湿，买进股票后遇到连续下跌，则会越亏越多。

并不是什么时候都适合买卖股票的。当大环境不好的时候，泥沙俱下，想盈利真的很难。像 2015 年 6 月那样，哪只股票扛得住？与其火中取栗，还不如好好休息，耐心等待。

我们来到市场有赚几千万元的愿望，当然不能只有三五天的耐心。千万不要相信所谓的“踏空”，没有什么原本就是属于我们的，而做错才是真的致命。

在实战交易时，在每一次想要买入之前，都要先看看大盘、当时的股市大环境、所选的目标股等目前处于什么位置，这是第一要务。然后要看清当时资金最集中、确定性最高的主流板块、题材概念是什么，切不可逆大势去参与下跌趋势的板块行情。

无论是整个股市，还是具体的个股，都可以大致分为上涨、下跌和盘整三种趋势，分别对应的是往上走、往下走、上下来回波动，在 K 线上一目了然。

把时间拉长到 2000 年以后的 20 年，无论是以日线、周线还是以月线来看，得出的结论都差不多。明显的上涨趋势，时间上所占比例为 15% 左右；明显的下跌趋势，约占 35%；剩下的 50% 就是盘整。

上涨有阻力，下跌有支撑，就会进入盘整。原因就是上涨没有足够的资金推动，下跌没有足够的抛盘推动。只有当上涨高过盘整高点，或下跌低过盘整低点时，才算走出了盘整区。

我们买入股票，只有当能够以比买入价更高的价格卖出，也就是在股价上涨以后，才能实现盈利。也只有在上涨趋势中，后市才会出现明显的更高价格。如果 K 线一直往下走，在这个过程中买入，股价一天比一天低，毫无疑问就会被套住，亏损越来越大。

在区间震荡、来回盘整时，买入以后股价可能会上涨也可能会下跌；但在实际交易时，由于卖点把握不好，多数也很难实现盈利的目标。

所以，对于大多数人来说，只有在上涨趋势中才能顺利实现盈利，在下跌趋势中毫无疑问都会出现亏损，在盘整趋势中有时能盈利有时则亏损，但如果交易次数越多，则亏损次数也越多，亏损数目也越大。

股票有风险，买入需谨慎。多数人买入股票，都只想到上涨这一种可能性，却从来没去想过如果下跌怎么办。而无论是整个股市还是具体的个股，本来 80% 以上的时间都是在盘整和下跌，上涨的时间连 20% 都不到，这就是每个股民必须面对的铁一般的事实。

只有当我们深刻地认识到，80% 以上的时间都是不值得参与的盘整和下跌趋势时，方能避免大多数错误的交易。

当股市明显处于不利环境时，没有买卖就没有伤害，更不会出现亏损。强行交易会有什么后果呢？一旦买入，就会被套很长时间，亏损的数字不断变大。即便最好的结果，后面能够顺利解套，可毕竟也损失了大量的时间成本和潜在盈利。

很多时候，大盘及个股的走势很明显地一直处于下跌趋势，连止跌企稳的迹象都还没看到，更别说反弹和反转了，在这些时候买入，那就只能继续往下跌了。

只有当大势好的时候，交易的成功率才高。同样的走势形态，应用同样的技术，牛市时买入后的成功率能达到 80% 以上，但在熊市里买入后的成功率就只有 20% 了，盘整时的成功率也许就 40% 左右。

时势造英雄。个人的奋斗固然重要，但也要考虑到历史的进程。股市里的时势，比其他行业里的时势，显得更为重要。大多数牛散、大户们，在下跌、盘整的大趋势中，也都无所作为，都是潜行多年后才在某个短暂的牛市里抓住了大好时机，一飞冲天，实现了资产的不断突破。

识时务者为俊杰，识别大势和当前所处的位置，从而指导我们作出正确的决策。在明显的上涨趋势中大胆出击、重仓参与，轻松实现盈利；在大多数亏损风险较高的时候切实做到空仓，躲过这些容易亏损的阶段，就是最为明智的做法。

否则，下跌时忍不住非要买进，面临的必然是被碰得头破血流的后果；在半数以上的盘整趋势中参与进去，收获的就是整日焦虑但无所收获的处境。

相信没有人会希望自己买入后就股价不断下跌、资产日渐缩水，那为什么还会有那么多人对非常明显的下跌趋势视而不见，非要进去接飞刀，经受市场的毒打，去亏钱呢？

有所为，有所不为。在股市里，看清大势，显得尤为重要，直接关系到自己账户的盈亏。一年下来，到底是轻松翻倍，还是亏损过半，也取决于对大势的清醒认知。

股市里最容易出现的幻觉就是“这次不一样了”，但在股市里待得越久，就越发敬畏趋势和惯性的力量。股市无新鲜事，每次都是过去周期的又一次重演。

顺应股市大势，盈利就如探囊取物；逆势而为，如火中取栗、逆水行舟，不但徒劳无功，反而很容易会不断亏损。

道理大家都懂，认识到这一点其实并不难，因为大多数人反复听过这些话，对这些观点耳熟能详，也在心里很认同，但就是做不到。因为最难的是切实做到、执行到位，而能够真正做到这些的人少之又少。

2. 以市场为标准

毫无疑问，只有怀着对个股美好未来的无限憧憬与向往，才会进入股市，买入所看好的个股。所以，股民通常都不能公正、客观地看待当前和之后的行情，在潜意识里都会无脑看多，在非常明显的下跌趋势中还总抱有也许会涨的期望。

为什么会买在顶部？为什么会亏钱？为什么会被套？就是因为潜意识里无条件地看多，看到什么都觉得会拉升。

没有一直下跌的股票，也没用永远上涨的股票。涨多了自然会跌，跌多了自然会涨。有涨有跌有盘整，有牛市有熊市也有震荡市，牛短熊长……必须尊重这些股市运行的基本规律。不能把个人意愿、主观情绪及过于看多或看空的判断在操作时强加到股市上。股市的涨跌也并不会以个人意志为转移，更不会因个人的喜好而改变。

当一只股票上涨时，你听到和看到的都是利好；当一只股票下跌时，你听到和看到的就都是利空。每个人之所以会做出买进某只股票的行为，都是因为能找出很多看好的理由，觉得它肯定会涨得最多，能让自己赚得最多。相信没有任何人觉得某只股票肯定会跌、肯定会让自己亏损，才会去买的吧？

这只是大家自己觉得而已，但还远远不够。

表现再差的股票，都能找出起码 20 个应该上涨的理由来。即便是连年亏损即将退市的 ST 股，也非常有可能放出重组、改革、摘帽等大招，在某天突然停牌后，再出来就直接涨几倍！但股价究竟是会涨还是会跌，我们的一厢情愿看涨并没有用，得主力资金说了算。

当主力资金不想涨时，我们找出一万个肯定要涨的理由都没用，股价怎么都不涨，能奈它何？而当主力资金想要涨时，可以不需要任何理由，直接拉几个涨停甚至翻几倍。控盘的就是这么任性，要是连这点都做不到，那还能叫主力资金吗？

当主力资金出货时，通常都会先散布一些利好消息。这些利好正是主力资金布下的陷阱。散户便会高高兴兴地进来抢着接盘，主力高位一路派发，当散户幻想着还能再涨多少时，一下子就在高位被套牢了。

股市的周期性非常强，在牛市高峰期间，2015 年 4 月每天的 3 万亿元成交量，是 2012 年底熊市低迷期每天 2 000 亿元成交量的 15 倍。2008—2020 年，只有从 2014 年 11 月到 2015 年 6 月初的这半年是牛市。

在这十多年中，上涨时间占 15%，震荡行情占 35%，下跌时间占 50%。在震荡和明显下跌趋势的时候不能融券做空，那绝大多数时间就只能空仓才能确保本金不亏损。如果非要一直交易，强行全勤当“劳模”，那么结果只能是自己的账户非常受伤。

事先有好的策略，才能决胜于实战之中。急急忙忙买进，买入后发现又买错了，等到这时再来后悔，已经来不及了。未虑胜，先虑败。我们不能当一厢情愿看涨的坚定多头，只想着能上涨多少，因为这些美好期望大多不能实现；而要考虑到买入后如果下跌，能跌多少，会跌到什么程度，甚至想到最坏的结果，做好相应的心理准备。

大多数股民在本能上都喜欢左侧抄底，他们喜欢买那种跌了70%、80%的股票，很难接受强势股的K线审美。然而，眼下A股的市场风格就是向白马股倾斜，这些老派股民很难挣钱，憋了一肚子火，可只有市场的实际走势才永远是对的。

既然我们左右不了也无法改变市场，那就只能不断地适应这个市场。如果我们的认知和市场的实际走势之间出现了偏差，就需要调整认知来跟上市场的脚步。当我们的股市理论和股市实际走势之间出现偏差时，绝对不能说股市的走势错了，我们的股市理论才是对的。

所有人都能看到的公开信息意义不大，除非能深入挖掘出背后的逻辑。自己怎么想、怎么分析，都可以忽略不计，因为自己又不是主力。我们当然是因为非常看好才买入或觉得后面还会反弹才一直不亏本卖出的，能找出上百个强烈看好的理由来支撑，要不肯定不会买入或早就已经跑了。

但很可惜，我们既不是主力也不是过亿的大资金，我们再怎么一厢情愿地看好，也没有实际意义，股价不会按我们的想法来走，我们也影响不了股价涨跌。股价究竟是涨是跌，并不能由散户做主，而由主力说了算。我们跟主力的想法碰巧一致，才能盈利；跟主力的想法、节奏不一样，那就只能再一次亏损。

3. 以走势为准，减少分析预测

能推动、影响走势的有很多因素，这些因素作用于参与者，参与者推进走势。走势本身反映了几乎一切可能的因素。股市的所有参与者之间的不断博弈，最终决定了价格。

分析行情、预测第二天或未来一段时间的行情，是投资者乐此不疲的事情，也占据股民投资经历中的许多时间和精力，甚至每天花费大量时间去做功课。

需求大了，自然就会形成广阔的市场，分析师、股评家应运而生。但实战家与分析师、股评家是截然不同的。

市场价格一定会波动，并且在每次波动后，分析师和股评家也一定会等在那里，对市场刚发生的事情提供完美的解释。但他们大多是涨了后看涨、跌了后看跌，在思维上都有一个重大缺陷——由果推因，先射箭再画靶，就是反过来把这件事情当作导致这个结果的原因，无论怎么说都是对的。

其实，涨也好，跌也罢，跟这些关系并不大。行情走势完全是由里面的主力资金说了算的，主力用真金白银影响股价。

很简单，因为行情既不是靠分析出来的，也不是凭借预测就能测得准的，而是踏踏实实一天一天走出来的，是用无数的资金堆积出来的。如果真能预测，那分析师哪还用得着每天来回分析，直接去交易股指期货，慢则三年，快则一年，即可成为全球首富。

事实上，即便是主力资金自己，也需要根据当天的实际情况，不断地调整或改变自己的操盘计划。

在开市交易时，盘口每三秒就变化一次；几分钟之隔，就会是冰火两重天。又有谁能恰好把节奏踩得那么准呢？

如果能在事先知道结果，那我还不如直接在 2012 年 12 月 4 日，第一次进入股市开始买入股票时，即便没有任何融资，也不借一分钱，只需要把当时我那 150 万元流动资金全部买入东方财富这一只股票，就行了。

然后，将股票抛到一边，再也不用操心，安安静静地当一个低调的潜伏者，专心去做别的事情。等到 2015 年 6 月 4 日，全部抛掉，带着 1.1 亿元，心满意足地离开。一辈子，只买、卖这一次就足够了。不过这样的操作，恐怕连主力资金自己都不可能做得到。

将时间浪费在分析预测上，那是舍本逐末、误入歧途。今天的行情已经走完了，成了客观事实和现成的答案，那自然怎么分析都是对的。明天的行情会怎样，10 个股评家就会有 10 种不同的看法，到底该信谁的？或者把这 10 种看法中和一下取中间值？有用吗？

分析预测错了，固然糟糕；但即便偶尔几次分析预测对了，我们也无法通过分析行情、预测走势来直接赢得收益，而必须通过具体个股的成功交易才能获取盈利。

很多股民习惯于凭幻想和臆测炒股，并且喜欢去看涨或看跌，喜欢去分析预测后市的涨跌。这也就造成了一次又一次的亏损。殊不知，“知”与“行”之间还有着非常遥远的距离。即使分析预测对了，也在一次成功的操作中所起的作用不大，因为操作的手法和纪律远比预测重要得多。

对于每只当天涨停的个股，都有无数个前几天预测它会大涨才会坚定买入的股民，但大多数早已在它涨停前卖掉了。预测某只股票将会涨停，即使这其中 5% 的股票没过多久就真的涨停了，但事实上，绝大多数人在涨停前早就卖出四五次了，甚至还是亏本止损的。试问，哪个股民没有过很多次这样的经历？

值得每个投资者终生修炼的，是摒弃个人喜好而以市场实际走势为取向的本领。没必要耗费太多精力去预测、分析、判断，只需要跟随已经走出来的趋势。因为市场永远都是对的，只有跟对了市场才能有盈利，没跟对市场就只能处于被动状态。我们的分析判断在市场面前微不足道，在大多数时候反而会因为错误的分析判断而亏损。

不预测，只跟随，等到趋势出来以后才开始进场参与，情况稍有不对就马上全部撤出。这样做虽然会错失少部分的底部利润，但能确保抓住大部分行情，并且最重要的是，出现亏损的概率特别低。

不只是对行情，对主流板块、热门题材的取舍，更应该以走势为准。

就像近几年，主流板块是哪些？能够一路上涨的题材又是哪些？就像绝大多数散户都很不看好、极度不认可甚至很反感、厌恶的白酒股、医药股、消费股，一直涨上了天；而大多数人特别看好的证券股、银行股、地产股等，不光业绩非常亮眼，利润也特别好，但实际上它们的股价却一跌再跌。

事实上的走势，总是与自己的喜好，跟自己所分析的相反，那怎么办呢？是继续坚持己见然后继续亏损，还是改变想法和行为，去拥抱主流板块，走向盈利呢？

在股市交易中，应摒弃情绪所带来的不良影响，消灭涨跌盈亏所带来的情绪波动，该止损的就毫不犹豫地去砍仓，绝不拖泥带水。犹犹豫豫的结果大多是逐渐越套越深，哪怕割错了也没关系。只分操作的对错，多总结才会提高，有不足的地方下次改进，尽量不再犯同样的错误。

股市里流行一种说法，“真正的高手应该是没有自己的观点的”，这句话不是说随性而为，而是说要尊重市场，不要逆市而为；如果看法有误，就不要固执己见，要勇于向市场低头。总之，要求我们的观点尽量地符合客观实际。

如果曾经有人和你说，在 A 股赚钱必须精通所谓的各种技术分析，那么我敢肯定，这样的思维往往在股市中很难实现盈利，甚至可能会让你稳定亏损。

因为我们面对的股市是一个由上亿人参与、有几千个交易目标的庞然大物，如何在这个庞大的市场中选出有交易价值的股票？

如果按照一般的思路，自己去勤奋复盘、苦思冥想，甚至废寝忘食，从技术面、基本面等方面仔细推敲，陷入自我臆想，认定某只股票会涨，痴心持有，那么最终的结果往往都是不尽如人意的，可以偶然成功一两次，但无法频繁成功。

这里并不是说个人分析水平、知识水平等方面存在问题，而是这种以自己的视角和局限看股市的逻辑是注定不能成功的。

在股票市场上，很多人也有类似的幻觉。狂热地持有一只股票，在这只股票上寄托了自己强烈的情感。无论它怎么跌，就是不卖，希望未来一举翻身。如乐视网这几年经营惨淡，实控人远走海外，负面新闻层出不穷，但到2019年末还是有28万户股东。大众知道的负面信息，他们都知道，大众知道乐视网很可能退市，他们也都知道，但这些股东就是坚定地不卖。

股票不在意持有者的期望，哪怕分分秒秒盯着K线，也不可能改变股价的走势；哪怕天天用着公司的产品，也不能让下跌的股票上涨；该跌的股票还是会下跌。所以，巴菲特说："股票不知道你拥有它。"股票不在乎你是谁。投资者即使要长期持有，也不能无视现实。

与市面上的各种技术分析不同，本书下一章所涉及的技术就是对股市宏观和微观方面的一种思维，一种严谨的逻辑推理。通俗来说，就是以市场走势为依据，而不是凭空臆想。它跟凭空臆想有什么区别呢？就是每条逻辑推理都有依据，依据现存事实，实事求是，比如已经走出来的走势、股票价格、发展趋势、成交量等客观存在的数据，以股市运行的基本规律和个人行之有效的经验来推断。

4. 保住本金的重要性

只要股市不关门，那就永远都不缺机会，错过一两次也不要紧，往后几十年还会有无数次机会，关键是要保住本金，尽量不发生亏损。

保住本金的重要性大大超出你的想象。如果现在你有100万元，不断折腾，到两年后牛市到来时，只剩下30万元，一年牛市后能翻两倍多重新回到100万元就不错了。但如果是100万元，同样的操作，一年牛市后却更容易做到500万元。30万元和100万元所收获的复利，就远远不是最开始的这70万元差价，而是这个差价的很多倍。相信很多经历过的人会对这一点深有感触。

在金融市场中不要过于在乎一时的高收益，唯有活得长久才是王道。股市里并不缺少耀眼一时的明星，稀缺的是长期以来屹立不倒的寿星。

我对保住本金的重要性有过深刻体会，它对我的投资生涯产生了非常巨大的影响。2015 年如果能保住本金不巨额亏损到彻底破产，哪怕当时能保住一半的本金，到 2020 年初资产就已经能达到 10 位数了，而不至于这几年从微小资金又重新艰难起步。虽然也取得了百倍收益，但与 2015 年相比还是相去甚远，远未达到当时的顶峰，至今都还仅有当时的零头而已。保住本金与损失本金的天壤之别在此体现得淋漓尽致。

像 2015 年 6—8 月的两次大回调下来，个股的股价普遍快速跌了至少 50% 以上。很多人还一直抱着想要解套回本的念头，继续坚持着。想要实现解套的目标，有多么困难呢？这道简单的数学题并不难算，答案却让人惊讶。

亏 10%，要涨 12%，才会回本；

亏 20%，得涨 25%，方能回本；

亏 40%，要涨 67%，才会回本；

亏 50%，需涨 100%，方能回本；

亏 60%，要涨 150%，才可回本；

亏 70%，要涨 233.3%，才能回本；

亏 80%，得涨 400%，方可回本；

亏 90%，需涨 900%，才能回本。

大部分股民都是这样的，在有一点盈利的时候就跑了，而被套到腰斩也守着不走，而且很可能会越买越多。这种二次选择其实是很要命的。

防止亏大钱，永远比赚小钱更重要。炒股的方法有很多，但不管采用什么方法，基本道理都差不多，那就是：首先要尽量保住本金，其次追求长期稳定收益，最后才是追逐超额利润。也就是说，我们必须先活着，才能等待机会和运气。

5. 不可忽视的心态与运气因素

比操作更重要的是我们的心态。把实盘当成模拟盘，玩的是数字游戏，紧绷的心态才能放轻松，淡然面对涨跌盈亏。不然就会过于紧张，过于计较得失，每天计较又错过了多少收益。

从理论上讲，我们每天都会错过10%以上的收益，每年250个交易日下来，会错过丰厚的利润。但事实上，谁能真的把握到最大收益？每天错过机会那是必然的，也没什么可惜和遗憾的。

关心则乱，如果你特别在意，用力过猛，那么不但对操作无益，还很容易犯错、多亏钱。理想状态就是举重若轻，手里有股而心中无股。交易时，可以因为上涨而心情大好，但没必要因下跌而情绪低落。开盘交易之外的其余时间，忘记股市和手里的股票，安然享受生活，做其他该做的事情。

如果一个人做股票可以心态平和淡定到全然忘记了看盘的地步，能一觉睡到收盘以后，那才是真正的物我两忘。不再倾注满腔热情，仅仅将投资股票当作一份职业或工作而已。也再无强烈的情绪，心中不再有火花，对股市不再热爱也不再痛恨，无欲亦无所求，平静如水。

不再为收获几个涨停而欣喜若狂，也不再因为连续满仓跌停而愁眉不展、心情极差，对涨跌等盈亏波动已经全然不在意了，情绪也完全不再受股价涨跌起伏的影响，就只将其当作与现实生活并无太大关系的虚拟世界的数字游戏。如此一来，方能做出更理智、更正确的操作。

从事后角度来看，当然每个人都能实现一年100倍的盈利。但当时谁能做到？进入股市，千万不要去斤斤计较，要忘记得失和比较，不然就会很痛苦，每天都错过了很多机会，产生无尽的悔恨和懊恼。

天道有常，不为尧存，不为桀亡。股票也是如此，会经历沉寂、启动、高峰、衰落、低谷等生命周期阶段。股票也不会因为你是谁而有所不同。

在日常生活中，人性里自带的情绪波动并不太容易明显呈现，而在股市里，如放大镜一般，将人性的各种特征都放大很多倍。于是我们可以清晰地看到投资者的情绪波动。

对于常见的下跌，有什么好担心的？做好涨跌的预案，心里有谱，手上不慌，淡然面对，要的就是这样的心态。

股市并不是一个天道酬勤的行业，有它的特殊性，其他行业普遍适用的“一分耕耘，一分收获”在这里行不通，过于投入和关注却往往会适得其反。

在股市里，个人能力之外的不可控因素、种种突发事件、意外情况每周都会出现。不可忽视的一点是，我们无法左右也不可掌控的运气成分，对于结果而言，也占了很大的比重。

谁都无法否认的是，现在所有我们能看到的代表性游资、牛散，那都是在概率论和大数法则下必然会产生的极少数幸运者。无论他们在股市中的实力与真实水平如何，最起码运气还是不错的。

有人说，运气本身也是实力的一部分。在这激烈而残酷的不断淘汰的过程中，那些虽然实力很强、能力也不错，但运气不太好的投资者，都没能脱颖而出，更不可能笑到最后。至于那些运气差的，根本就不可能走到最后，更别说成功了。

有人时运不济，苦苦追求、再三求索而不得，甚至反而离目标越来越远。有人无心插柳柳成行，得来全不费工夫。

我们自身所无法把握的运气因素，对收益往往会产生非常重要的影响，很多时候甚至能超过我们自身的努力，甚至决定了我们阶段性的收益。

很多人废寝忘食、绞尽脑汁，将股市研究得很透彻，对所买的股票也特别熟悉，但往往事与愿违，它们就是不涨，或时运不济，一进去就遇到大跌，或长期盘整阴跌。赶上运气特别差的时候，突然停牌或踩到大雷，能直接一下亏光。

而有的人运气特别好，稀里糊涂一买入，就恰好遇上它们出现热点概念题材，连续几个涨停甚至翻几倍，连自己都不知道为什么。有些人甚至买错了代码，但就是赶上了好时候。

任意一只牛股，总会有人恰好在它连续涨停的前一天买入从而坐享超额利润，这天也必定会有很多人卖出而错过大涨。同理，任意一只衰股，在它连续跌停的前一天必定会有一些幸运儿恰好卖出得以逃过一劫，也有些人在这天买入不得不吞下苦果。

最能说明运气因素的，就是有些人买入的股票恰好停牌躲过了跟其他股票一起遭受七八个跌停的命运，等到一复牌赶上好行情就一路涨停，甚至因为重组、借壳等特大利好股价直接翻几倍。有些人本想买 B 股，结果错买成了 C 股，但结果却歪打正着地大涨了。相反，也有些人刚买入某股就停牌被关很长一段时间，复牌后就吃一二十个连续一字跌停。

前面提到的关于新股民和老股民在牛市之初时的巨大差别，新股民什么都不懂却不断拿下高收益，老股民经验丰富却无所作为，除了心理差异，运气也是因素之一。

谁要是真能知道明天的涨跌，只需要 10 万元起步，短短三年就能拥有万亿元资产。

但股市难就难在当前和未来行情的扑朔迷离。就连下一秒到底是会涨还是会跌，谁都不知道。所以，大多数人都买在了高位，卖在了低位。

看好同一个概念、同一个题材，乃至同一只股票，同样是提前潜伏，但主力什么时候开始大力拉升，根本就无法准确预料。运气不好，一进去就被强力洗盘，亏损惨重；运气好，进去后没多久就大力拉升了。恰好买在了牛股、妖股爆发的前一刻，那就更是当之无愧的幸运儿了。

当好运来临的时候，谁都挡不住你的财富迅速飙升。但如果不幸成了踩雷的倒霉蛋，那么，不管你是能够改变个股基本面的资本巨头，还是这个市场里百亿资金的顶级游资大佬，就像章盟主，即使平常能随心所欲地将普通个股一口气拉十几个涨停板，但在买进中兴通讯、东方财富和乐视网后，照样每次都只能无可奈何地亏损十几亿元出场。

第 6 章

简单、高效的技术应用

1. 简单一招避免 80% 的亏损

想要在股市里稳定盈利，方法过百，每种都需要多年的修炼，太难。但在股市里不断亏损却太容易，而这 80% 以上的亏损是本来完全没必要发生的，通过简单一招就能避免。

5 日均线的运用是很基础的入门知识，大家不以为意，但其在避免亏损中能发挥十分重要的作用。

股市走势是股民精神世界在股市里的投射，众人的情绪和思维影响到买或卖的操作。具体到个股的涨跌，是由所有参与这只股票的合力所决定的。站上 5 日均线，后市合力向上；跌破 5 日均线，后市合力向下。不管是向上还是向下，K 线走势都会向阻力最小的方向运行。当天走势合力的方向判断则体现在日内均线上，以此为依据，均线之上和均线之下是两种不同的趋势。

选择出手时机，非常重要。俗话说，会买的是徒弟，会卖的是师父，会空仓的才是高手。没有好的机会，就尽量多空仓，空仓总比亏损、套牢要强得多，避免强行操作和交易带来大量没必要的损失。

人们都知道，出门前要先看天气，如果快要下雨甚至正在下雨，最好不出门，以免被淋透。股市也是如此，大盘环境如何，就是股市里的外部天气。大盘站上 5 日均线，可以进场；跌破 5 日均线，就该谨慎，轻仓甚至清仓。

除 5 日均线外，底分型、顶分型也可以参考。大盘出现底分型，可以进场；出现顶分型，后市看空。

个股也好，大盘也罢，一旦跌破 5 日均线，就该考虑离场了。如果跌破后三天还没回到 5 日均线，那就是有效跌破，后市难免会继续大跌。盘久必跌是铁律，大盘也好，个股也罢，上涨时如果五天还不能创出新高，那就必须考虑风险了。个股交易的原则是日线出现缩量底分型时才买，出现顶分型时就卖，然后等待下一个出现缩量底分型的机会。

除了大盘连续大跌过后的急跌抄底博反弹还能有些成功率外（务必要坚

决果断，如果计划抄底博反弹，只要第二天没达到预期，没站上 5 日均线，那就要不惜代价、不计成本地快速止损），其余的操作，都是 5 日均线之下不买，不立于危墙之下。在未重新站上 5 日均线之前，千万不能买。在下跌趋势还没扭转之前，不去猜底，也不抄底、不补仓。因为跌势没有尽头，不能凭臆想做判断。

道理很简单，可如果不信，就得付出巨大代价。之前我对这个道理很是不以为然，陆陆续续交过几千万元的学费，反复有过沉痛教训，才不得不把这一点当作铁的纪律来执行。有一次我没忍住，卖出后跌下来 20%，就抱着侥幸心理去抄底，结果踩到大雷，吃了 9 个一字跌停板，光这一次就交了足足 8 位数的巨额学费，本来是完全可以避免的低级失误。

如果大家对比自己过往的亏损操作，就凭这一点，至少可以减少 80% 本来没有必要出现的亏损。跌破 5 日均线，就先出来，等站稳了再进也不迟，无非花 0.1% 的交易费，却能避免几十、几百倍交易费的亏损。

除了追涨杀跌，造成股民亏损的第二大因素来自抄底失败。逃顶难，抄底更难，基本上总是抄到半山腰，那自然就总是亏。当大盘还处于下跌趋势时，千万不要进去买股票，进去了也凶多吉少。因为你根本不知道要跌到什么时候才是尽头，才会最起码地止跌企稳。事实上，多数人每次都是下跌时进场接飞刀，被套很久。对策也同样是一定要等站上 5 日均线了，趋势扭转了以后，再考虑进场。

任何个股都可以采取这种方法来操作。不光超短、短线可用，即便是做中、长线，也没必要非得一直拿着不动在那儿挨打，完全可以一旦跌破 5 日均线就马上先出来，什么时候重新站上 5 日均线了，再次买回来就是了，每次至少可以降低 5% ~ 10% 的成本吧？何乐而不为呢？

运用这一点，虽不能避开所有的亏损，也有可能会错过部分底部的利润，但至少能够保证安全，能避免绝大部分本不应该发生的高比例亏损。即使亏损，每次也最多亏几个点，不会出现逐渐被套牢或一次亏几十个点的严重后果。宁可错过，不可做错，一次错误操作导致的亏损，很可能需要两三次的正确操作方能弥补回来。

另外，在关键时刻和重要节点到来之前，空仓为佳。这一点我也是有过血泪代价的。比如，在五一小长假前一天，在个股年报公布前，2018 年 6 月的某天到底加不加关税，究竟会怎样，一定不能凭自己的预测就提前满仓埋伏。

在重大不确定的事情还没出来、还没落实之前，如公布年报、重要会议、重大事件结果等时间节点，一定要空仓，务必等确定了以后才能开始采取行动。一定不能想当然地去猜、去搏，觉得很乐观或差不到哪里去。

万事皆有可能，在任何环节和任何地方都可能会出现意外情况。最终结果就是哪怕只要有一次出一点点差错，就会无比难受甚至倾家荡产。

比如，每只股票都会公布年报，一定等业绩出来了再进去，相差也就几个点。事先买入，即便押注赢了，也只有最多几个点的收益，等结果确定了再去追，尘埃落定后才出手，无非就是成本高出两三个点而已。押注输了，一旦不发年报、年报爆雷等导致突然 ST 的黑天鹅事件出来，那就根本逃不掉，很可能是几十个点甚至全部亏损。

相较于收益，风险始终得放在第一位。股市中这样的押注，收益风险比太低了，可能的收益不到潜在风险的 1/10，根本就不值得去押注。

此外，不是自己熟悉的节奏，走势让自己很不舒服的个股，马上出来更好。如果之前多次在某股上面交易，但每次都亏损，那么这属于确实不投缘的，不必再碰。因为它之前每次都让你亏的操盘手法、招数，恰好克制你的习惯和特点，你下次极有可能还是得亏。

总之，不管是什么股票，所有还没有站上 5 日均线的股票，以及虽然非常看好但还没有站上 5 日均线的股票，一概不予考虑。跌得够多了总忍不住去抄底，内在心理是贪便宜，想博反弹，但连最起码的 5 日均线的短线趋势都还没扭转，怎么会有成为底部的可能呢？逃顶、抄底是几乎所有股民梦寐以求的两大追求，可真要能做到，那就是每年在股市里最少盈利 300%、10 年 25 万倍的收益了。事实上呢？ 90% 的股民是亏损或持平的。

下跌趋势还没站稳的个股或大盘，后市就像一个无底洞，一旦进入下跌趋势必须马上卖掉，等走好了再来看也不迟。一旦跌破5日均线，就必须在收盘之前无条件卖出；盘中跌破但收盘前重新站上5日均线的，还可以留待观察。

很多人担心这样会错过股市里的大把机会，但事实上，对于整个股市和具体个股来说，无论是牛市来临还是一波中线行情，都绝不可能表现为在5日均线之下长期运行，最起码也是等站上5日均线才会有这个可能性的。

每只股票，浑身上下都是信息，股价、基本面、成交量、分时图、日线走势、盘子大小、概念题材、历史股性，再结合大盘和信息流、资金流，看得越全面就了解得越清楚。而具体到要不要买、什么时候买，是一门精深的学问。任何股民都希望能摆脱漫长的盘整期、下跌周期，直接买在主升浪大涨之前的拉升前夕，这很难，也没几人能做到。

但什么时候不能买，就非常简单了，可以实行一票否决制。重要的事情不妨强调第三遍，股市最重要的纪律——永远不买入还在下跌趋势、5日均线下方的股票。

只要大盘跌破5日均线，就马上清仓离场观望，哪怕再遇上大回调，也只会在大跌的第一天遭受几个点的损失，离场观望完全可以避开后面连续半个月的大跌。并且不能一厢情愿地认为马上就会止跌、救市，也不要被外界的种种信息、氛围鼓动，失去了判断，头脑发热进去抄底的结果就是再次被套牢、亏损大半。

炒股为什么如此艰难？因为你可以随时改变、否定和推翻自己的计划、操作，随时都可以买进、卖出，在不停地转换中，亏损就来了。

只需要紧盯5日均线，将其作为自己行动的依据，跌势没有完全扭转，大盘没有重新站上5日均线，就一直空仓看戏。如此一来，遇到短暂牛市时，能大部分时间在场内享受上涨的收益；在行情平淡和漫长熊市时，我们大多数时间都空仓避跌，耐心等待机会出现。

只跟随明确的趋势，无须绞尽脑汁去分析和预判，不符合出手条件时就只看不动。5 日均线就是股市里的晴雨表。既然我们不能扭转超大资金的意志，那么逆势强行交易的结果只能是不断亏损，还不如顺势而为，避免不必要的亏损。

2. 最重要的技术——大多数时间空仓

由此引申出股市中最重要的技术——空仓。

满仓容易，空仓难。

一直保持着空仓或者轻仓，当碰到心仪的好股、发现优质股时，就可以随时建仓。当有好的机会出现时，随时都能毫无顾忌地大胆出击，没有心理压力，没有负担，大不了就一直空仓。

如果已经满仓了，那就再也买不了其他股票了，也不能轻易换股，除非先全部清仓卖出。起初，我们肯定都认为这是一只会涨的优质股，才会买入并满仓。但事实上，之后的走势怎么都不涨，甚至还不断下跌。

不管我们选的这只股票表现好也罢，表现差也罢，反正已经满仓被套牢，想换股、减仓、调仓、高抛低吸，也只能在心里想想而已，真要执行却很难，不但非常麻烦，还可能“伤筋动骨”。

尤其是满仓被套牢，还加了杠杆，丝毫动弹不得，只能卧倒不再动弹，听天由命。想要动一动，成本实在太大，大到足以让大部分人打退堂鼓，只能继续往下得过且过，勉强凑合着继续持有。随着不断被套牢，逐渐也不再如当初那么看好该股票了，还继续持有，也是出于无奈。

审时度势，看清楚大盘和自己看好的个股目前正处于什么位置，是每次交易之前必须做的功课。

行情大好时当然要重仓出击，但股市中的大多数时间其实并无参与的价值。大环境不好，如 5 日均线下方、很明显的下跌趋势中、熊市时、震荡行情、盘整行情等，非要强行去交易，那不是自找苦吃吗？怎么可能不亏损？怎么可能不越亏越多？覆巢之下，焉有完卵？尤其当大行情很差时，流动性风险是系统性的，个股普遍都很难独善其身。

除了短暂牛市外的其余大多数时间，能做到一半以上的时间都空仓，算是基本合格。当市场不符合自己的模式时，当交易中感到不舒服时，也一定要空仓。

知道什么时候该空仓是基础，能做到该空仓的时候就真的能空仓，想在股市里亏损都很难了。至于收益，每年的区别只在于多或少。

与此形成鲜明对比的是不管行情好坏都常年重仓的投资者，除了少数行情大好的时段能挽回一些损失外，其余的大多数时间都是亏损的。

投资最大的敌人和对手不是市场，也不是主力资金，而恰恰是自己，管住自己的手，不符合自己的交易体系时，不胡乱出手。一次错误的交易，通常需要多次正确的交易才能弥补。不适合买入或持有时，不空仓的代价必然会是不断扩大的亏损。明知故犯，何必呢？

对此，我有一个既形象又贴切的比喻。炒股就像打鱼，天气好的时候，就多打一些；如果天气不好，就躲在避风港里休息，多研究一下捕鱼技术，进退有方。千万不要天天出海，来个大浪，搞不好连人带船都翻了。

如果你不肯将那大多数时间用来等待，而是每天都要在不确定中进进出出，那么最后很可能搞得灰头土脸，不但战利品保不住，连本钱都得赔进去大半。在以后手痒的时候，请记住我提出的打鱼理论。

认识到自己的能力是有限的，只做自己能力范围内的事情，在实际交易时能做到这一点是非常困难的，只有当一再交足亏损的学费后才能慢慢学会敬畏市场，有所改善和提高。只做上涨趋势，80% 以上时间的盘整和下跌都不参与，不在下跌时去接飞刀，这才是正确的做法。

不能保持大部分时间空仓，忍不住手痒的后果很严重。但是，纸上得来终觉浅，绝知此事要躬行。光有清醒的认识和良好的定力，还远远不够，股民总会存在侥幸心理，一定得亲自经历几次大亏，一再体会到那种切身之痛，才会深深体会到保持空仓的重要性和必然性，才能做到知行合一，将这一条奉为铁的纪律来坚决执行。

最好的策略就是，有好的机会出现以后才进场大胆参与，没有好的机会就一直空仓等待。无论如何，闲着、空仓能保住本金，总比亏损、慢慢被套牢要好得多。

如果明显的下跌趋势都还没有扭转，几次小反弹也很弱势，自然就毫无参与的必要，何必自寻亏损呢？也毫无必要去分析、去预测，甚至一厢情愿地臆想什么时候会止跌、上涨、大涨。满怀希望的结果就是一再迎来失望和亏损。

关键是要管住手，耐心等待，等上涨趋势形成以后再大胆出击也不迟。尽量减少不必要的出手次数，争取每次操作都是在确定性非常高的时候才进行的，积少成多。

每年都会有较长时间的压抑市场，既然在股市里不能通过做空来盈利，那么除了轻仓、空仓，确实也没有其他办法来应对。当市场整体失去活力时，将你的仓位严格控制在 20% 以下，是远比选股“穿越牛熊”更靠谱的办法。

长期炒股，能生存下来并稳定盈利，最重要的一点就是，大多数时间能保持空仓。难以做到的原因就是大多数人在概率为 80% 的正确理性和概率为 20% 的潜在可能的利益（可能会涨）之间，最终选择了后者。

耐心等候，一直空仓，顶多是不赚不亏，总比急急忙忙冲进去，然后发现做错了要好得多。几年一次的长线机会、每年不超过三次的中线机会等，都是需要耐心等待才会出现的。如果在此之前不甘寂寞，没能保持空仓，已经被套牢了，那就只能眼睁睁地看着机会从你身边溜走。

当同样一段股价从 70 元 / 股涨到 100 元 / 股的中线行情出现时，此前被套的勉强回到了成本价，只能算是迎来解套，并无盈利可言；而此前空仓的就能收获 42.86% 的盈利。丰厚的利润就是这样一再错失的。

3. 实战利器之 K 线密码（一）

（1）顶分型

在走势中，这种中间 K 线高点是相邻三根 K 线中最高的就是顶分型，如图 6-1 所示。

图 6-1　顶分型示意图

这种顶分型在什么时候可以初步确认？或者说，确认顶分型完成具体是哪一天？这个问题与实践中的卖点紧密相关。

在图 6-1 中第一次出现十字星时，百分之百可以确认前面的走势为顶分型。如果经验稍微丰富一些，那么在最高的 K 线当天，通过这根长上影线，再结合它的涨幅和时间，也可以确认。

这根上影线就是在 30 分钟走势上顶分型留下的痕迹，如图 6-2 所示。

图 6-2　中环环保的 30 分钟走势图

可以将时间精确到当天 14：30 之前的半小时。想要更精确一点，就去 5 分钟走势里看，如图 6-3 所示。

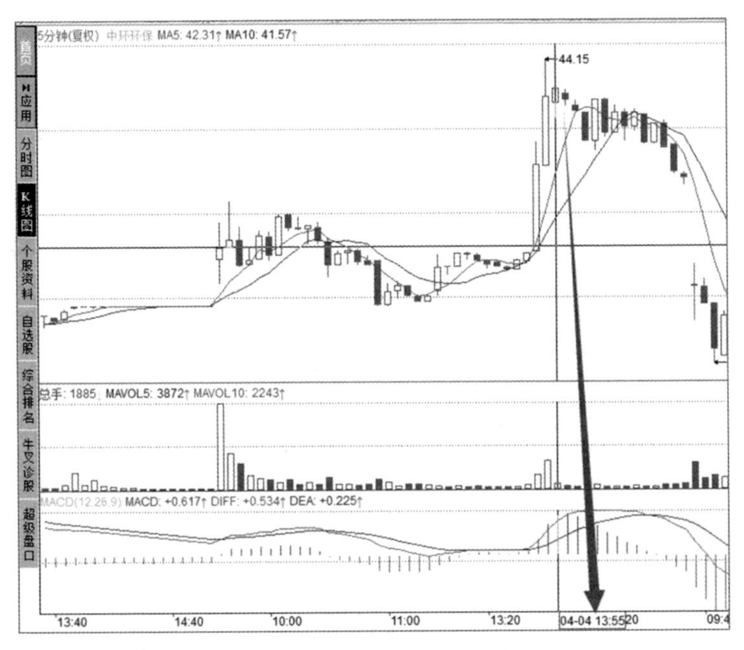

图 6-3　中环环保的 5 分钟走势图

5 分钟极大量所对应的量价顶分型，时间是 13:55。

顶分型，再加上极大量的卖点，从日线走势放大到 30 分钟走势，再放大到 5 分钟走势，精确到分钟级别，这个准确度和清楚的程度够不够？

顶分型通常都伴随着极大量。看 30 分钟 K 线，甚至 5 分钟 K 线，创历史极大量，可以先卖出。当然，有没有卖在这里，那是水平的问题，而不是这个顶分型本身的问题。

很多人都会纠结，在 30 分钟或 5 分钟级别上，怎么判断后续会不会再创新高，有可能会卖在次高点上？是不是次级别上创新高后，极大量就不再创新高？如果大级别如日线级别和 30 分钟级别有冲突时又怎么办？

这是贪欲在作祟，也是一种短视，我们必须先打消卖在最高点的念头，别想一个人把股市里的钱挣完。

不管股价创不创新高都卖，到了顶分型的卖点就卖，先把确定的利润落袋为安。

到了本轮波动该卖的时候，先卖了再说，结束这一轮交易。卖了之后的事，以后再说。下一次再重复操作一遍就行了。如此而已，就足以解决实际操作中的长期痛点。

大周期会压制小周期，如 30 分钟顶分型出现，一定会有 5 分钟顶分型。在 5 分钟走势波动中会有多个顶分型，日线的卖点就是 5 分钟顶分型与日线重叠的那一个。多周期联立分析，一定要有逐级的概念。

5 分钟不出现顶分型，30 分钟会出现顶分型吗？有些 30 分钟看不出来顶分型，但 5 分钟却可以。30 分钟不出现顶分型，日线会出现顶分型吗？肯定是先出现低级别的顶分型。

究竟是依据 30 分钟顶分型还是依据 5 分钟顶分型，事前就要有计划。根据 5 分钟顶分型卖了以后，没有在下一个 5 分钟底分型进去，就会错失低阶买点。觉得频繁盯着 5 分钟很累的，可以往大盘指数和日线级别上看。

纠结于是否卖到最高点，卖出后涨了一点就心里不舒服，是交易时的普遍心理。这是被贪念遮蔽了双眼，你卖过几次最高点？有没有卖在最高点跟是否盈利有什么关系？在股市里，哪里是最高？ 8 元？ 20 元？还是 90 元？

不用纠结最高、最低，不但做不到卖在最高买在最低，反而会影响自己的操作。只要是赚钱的生意就行，大不了多做几遍，先做好一个周期的买卖。只要每次操作都能盈利就完美了，何必纠结每次是不是少赚了？我们要的是确定性，加上复利，就已经不错了；而不是臆想的高点，贪多追高会付出亏损的代价。

能否卖在最高位并没有那么重要，重要的是买点。只要卖价比买价高就行，能截取一只股票上涨速度最快的那段，吃到上涨的鱼身部位就非常不错了。想赚到顶部利润，伴随的风险在增大。高位放量且顶分型，下跌概率很大，要坚决出局。

纠结是否卖在最高并无意义。因为你纠结卖在最高，但是自己永远无法确定哪里是最高。这怎么操作？如此一来，你只能眼睁睁地看着明白无误的卖点无动于衷。任何炒股方法，都因为这一条而变成了歧路。

你的贪欲或无知让你卖在那个不知道在哪里的“最高”，事实上，往往让你卖在下跌得一塌糊涂的底部。人性的弱点就是这样的，只有下跌得一塌糊涂，你才相信最高就是前面那个，但是已经过去很久了。

所以，顶分型卖点，清楚明白，为什么不先执行了再说？卖了之后就有钱了，再想买哪个不行？

生意要一笔一笔地做，逐渐积累利润，不要幻想买一次股票就赚光股市里的所有钱。你见过街上哪个开店的，有赚钱的生意不是先做了再说的？只要是赚钱的，先把货卖了，再去进新鲜时尚的新货，开始下一轮，如此不断积累。

如果有一个老板非要按住货不卖，说要到价格最高那天才卖，那么你一定会觉得他不正常，可自己一到股市里就把这个道理抛诸脑后了。所以，人家做实业的，你即使砍价一半，只要有钱赚，人家照样抛。股市投资是不是跟做生意一样，需遵循相同的道理？

我们知道，就像一条路有上坡就必有下坡，任何上涨走势都不会无限上涨，终究会转折为下跌。

许多人认为，股市没有绝对性，走势只要出现转折就会有顶分型，那这算不算绝对性？虽然顶分型不一定导致大幅下跌，但任何大幅下跌必然从顶分型开始，没有一个例外。这一点是走势在逻辑上的绝对性。

所以，如何避免大幅亏损？就是从这里入手，逻辑上的绝对性高于任何推测和分析。

再用一条止损线，截断走势向下的通道。如图 6-4 所示，如果我们在横盘处买入股票，将横线位置设置为止损位，那么后面的下跌有没有可能跳过这条止损线？

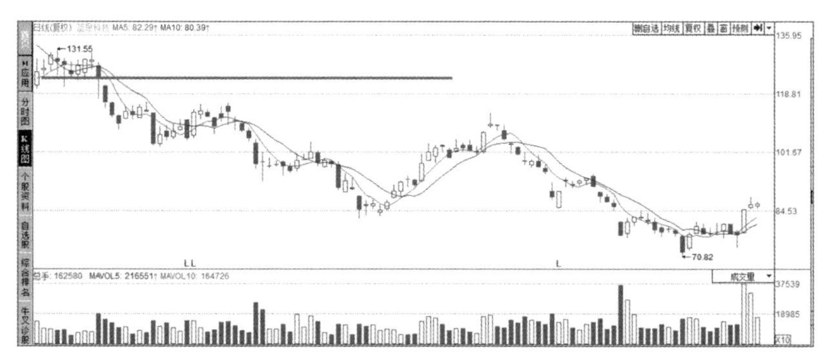

图 6-4　蓝思科技的日线走势图

即使突遇大回调或断崖式跳水，也不可能越过顶分型，如图 6-5 所示，除非是你没看盘。如果过去了一段跌幅，那就以你看到的时间为准，立即行动。卖也不要紧，如果后面发现利好，则还可以买回来。

图 6-5　横河模具的日线走势图

（2）底分型

图 6-6 中标注的三个都是底分型。

这种中间 K 线低点是相邻三根 K 线中最低的就是底分型。

所有的上涨似乎都是从底分型开始的。是不是两眼放光？这是行情走出来之后才看到的，那么在当时如何确认呢？

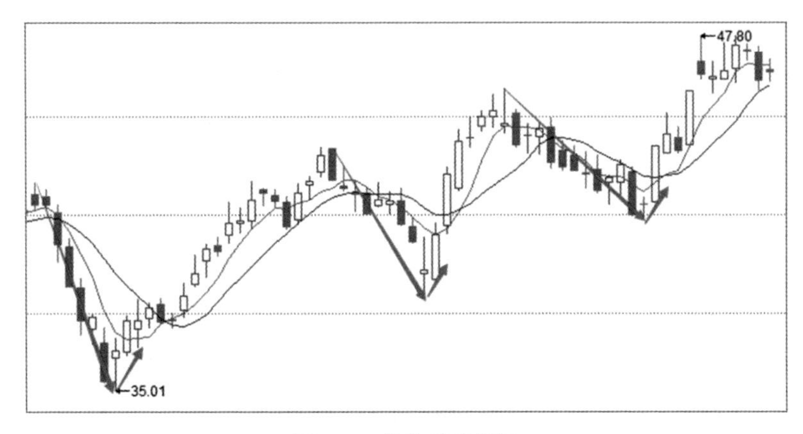

图 6-6　底分型示意图

与顶分型同理，在箭头处就可以确认。如图 6-7 所示，在第二个箭头的那一天，能不能确认？

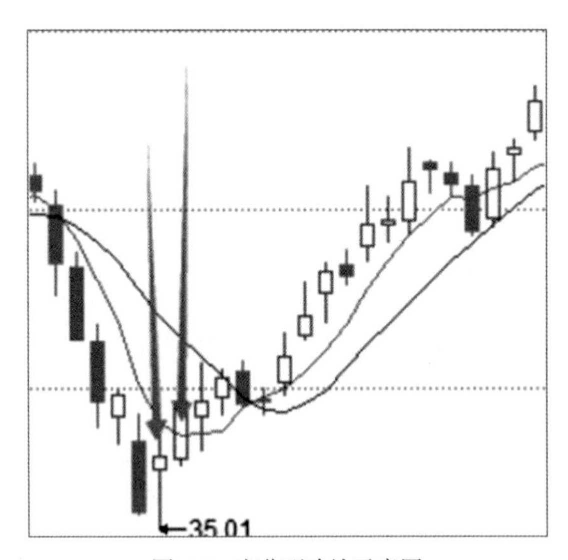

图 6-7　底分型确认示意图

有人又要说，没有买在最低怎么办？按照这个逻辑，明天早上 9:00，大家都应该去销户。因为股市的最低点是在 1990 年 12 月 31 日的大盘 95.79 点。各位都没有买在最低，谁也不要讥笑谁，都差不多，何必纠结？

底分型对应着买点，与顶分型对应着卖点同理。不追求在最低或最高，在能确认为底分型的那一刻，就可以行动。

在逻辑上，底分型有着与顶分型类似的性质，虽然不是每个底分型都会导致大涨，但是任何大涨必定从底分型开始，从无例外。

这其实蕴含着逻辑上的绝对性。所以，底分型在原则上可以以买点对待。

如图 6-8 所示，有了顶、底分型，走势就变得很清晰。这就是交易节奏的毛坯。向上箭头所指的位置就是底分型能确认的位置，向下箭头所指的位置就是顶分型能确认的位置。

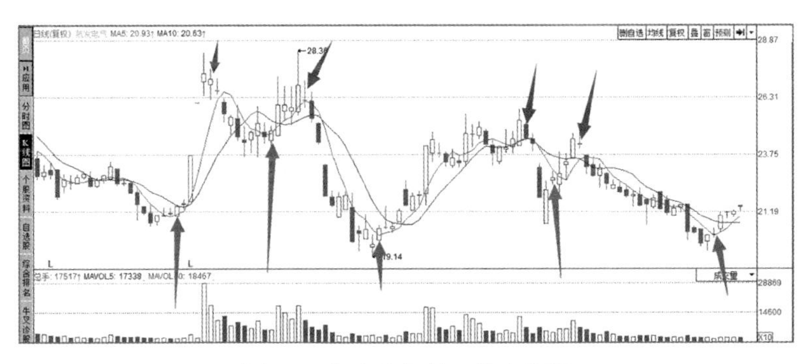

图 6-8　凯发电气的日线走势图

精确度的问题是一个细活儿，在后面自然会领悟到。

掌握了走势分型这个初级工具，相当于扼住了走势变化的咽喉要道。任何上涨、下跌，不可能越过走势分型凭空发展出来。

这一点有没有疑问，或者有谁可以推翻？觉得有可能推翻的，可以连夜看 3 000 幅走势图，只要找到一个特例就算推翻。

在懂得了顶、底分型的重要性、工具性之后，放着这个好东西不用，还去其他工具里摸索，多少有点浪费好工具了。

（3）上涨、下跌、盘整（走势的三种分类）

如图 6-9 所示，上涨走势，无非就是最简单直接的直线上涨和曲折一点的波动式上涨。

还有如图 6-10 所示的这种，虽然中途有下跌，但每个底分型的底都高于前一个底分型的底，在总体上仍然可以看作上涨走势。

简单的直线上涨，可以称为“上涨的一段”。曲折的上涨，可以称为“一段上涨的走势”。

原则上，只需要两个底分型的底，就可以区分出是上涨还是下跌。第二个底分型的底高于第一个底分型的底，在总体上就是一段上涨走势。

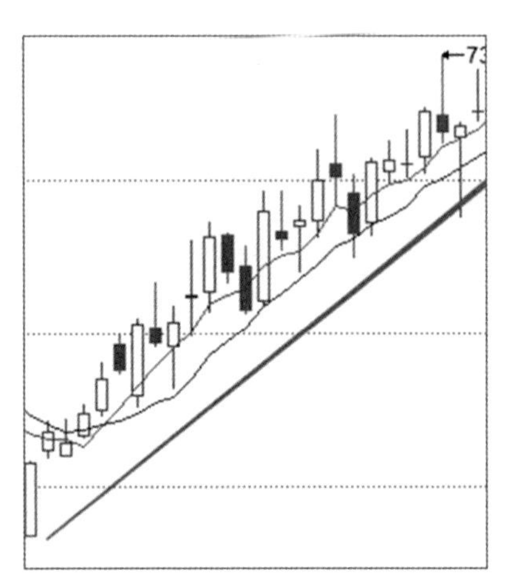

图 6-9 上涨走势 1

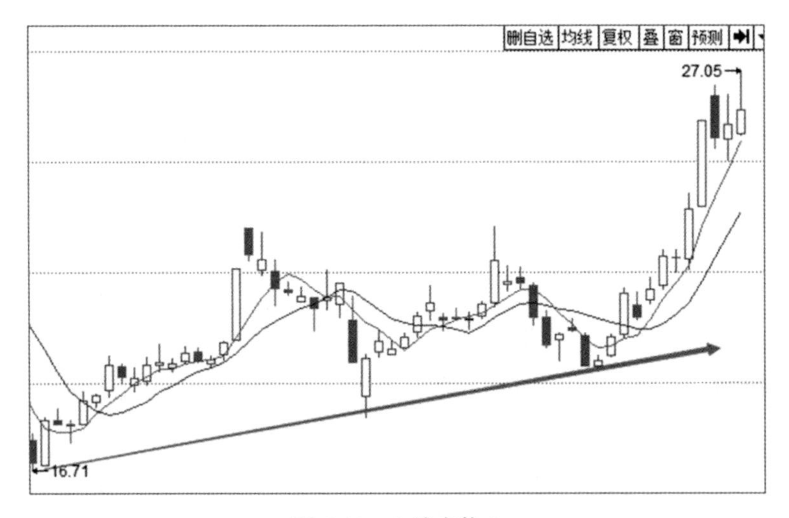

图 6-10 上涨走势 2

图 6-11 为下跌走势，左图为直线下跌，右图为曲折的下跌。

按照上涨的定义，同理，下跌也有“下跌的一段”和“一段下跌的走势”之分。

后面一个顶分型的顶低于前面一个顶分型的顶，即一顶低于前顶，就看作下跌走势，如图 6-12 所示。

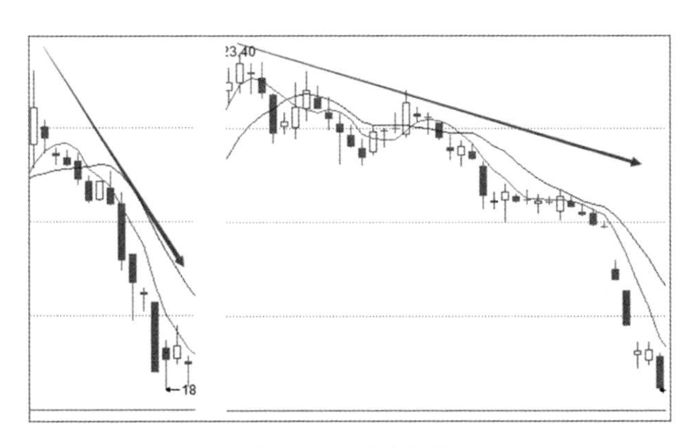

图 6-11　下跌走势

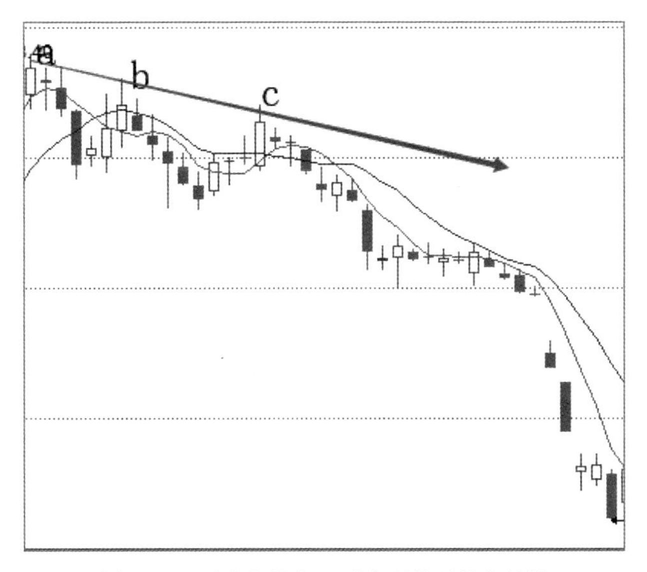

图 6-12　下跌走势中，顶分型的顶越来越低

我们买股票，找买点，是在上涨走势里找，还是在下跌走势里找？

我们平常所说的买点，不要脱离走势孤立地去看，见到底分型就买，或见到横盘缩量就买，前提都是要在上涨的走势里找。

在上涨走势里找买点，会极大地提高你的成功率，如同顺水行舟。在下跌走势里，下面深不见底，没必要去等它转折。所以，请认准上涨走势，在这里找买点；不要缘木求鱼，偏偏去下跌走势里赌气。

如图 6-13 所示，第二个箭头后面的横盘期间也出现了底分型，但那时依然是下跌走势，一个底分型是改变不了的。

图 6-13 下跌走势中出现的底分型

漫长的下跌，什么时候才转折？不用猜。在走势方向确定为上涨走势之后，再进去找买点，成功率就高多了。同样是底分型，下跌走势里的一个底分型顶不住整个走势的合力。

注意：面对一段走势，如何判断是顺势做空，还是顺势做多呢？有一个简单、科学、令人满意的办法。要知道走势的方向是向上还是向下，以便于顺势买涨或做空，等一轮走势结束了才知道，当然没用。这个问题在很大程度上可以从几何的角度来解决，即在同一个平面内，两点决定一条直线。两点决定了唯一的直线，也决定了直线的方向。

处于下跌趋势的大盘和个股，在 30 分钟走势里，都需要几个底分型才托得住。所以，我们不要参与这个不确定的阶段，让它自己去斗争，方向明确了，再进去捡现成的，或者找走势已经明确的股票。

确定上涨趋势，默认都是看日线。只在买入或卖出的时刻，才参照小一点儿的周期。

图 6-14 为盘整，也有很多人称为横盘震荡、横盘、整理、箱体震荡等。

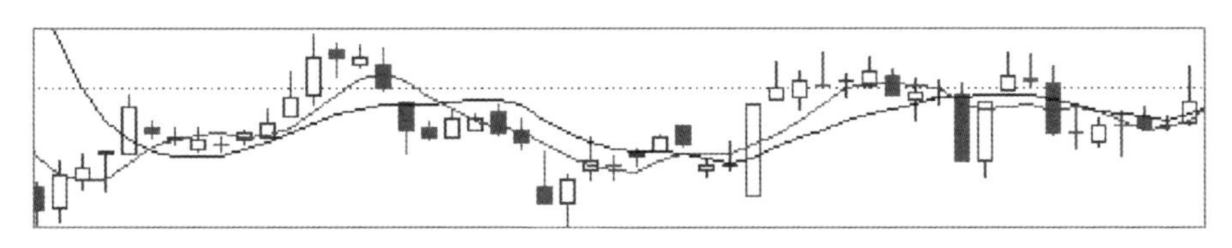

图 6-14　盘整走势

在盘整之后，到底是下跌还是上涨？虽然很多人都关心这个问题，但是不用猜，它总是会走出盘整，选择方向的。

我们就在它选择方向之后行动，确定性更高。不管它是不是为了洗筹或出货，也不用管它是不是主力资金所为，反正表现出来的就是盘整，就按盘整对待。

盘整后多久才能确认上涨或下跌？如图 6-15 所示，在几轮下跌缩量后，开始大级别上涨。

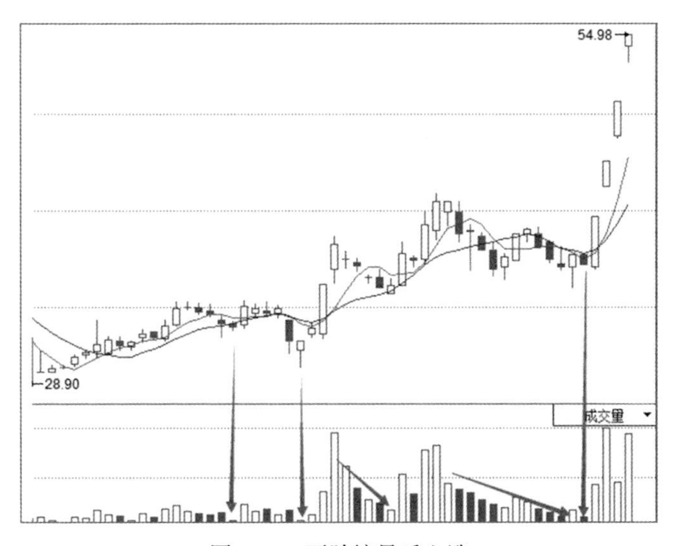

图 6-15　下跌缩量后上涨

如图 6-16 所示，前期的盘整虽然方向不明显，但还是有所表露的，即一底微高于前底。

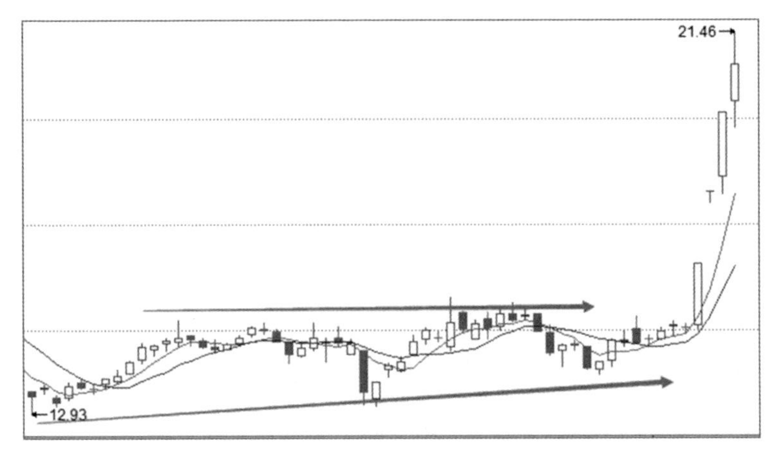

图 6-16　盘整过程中，底部越来越高

盘整，在股价不大幅变动的前提下，争取到了充足的时间。这个时间对买货来说很珍贵，可以买到足够多的便宜货，争取到主力想要的筹码；如果是上涨高位，则也可以卖出足够多的筹码。

前面说过，一段日线下跌的走势需要几个底分型才能顶住，图 6-17 为下跌后的盘整。下跌后的盘整可以视为一个大型底分型。多个底分型重叠在一起，在多数时候会导致走势转折。

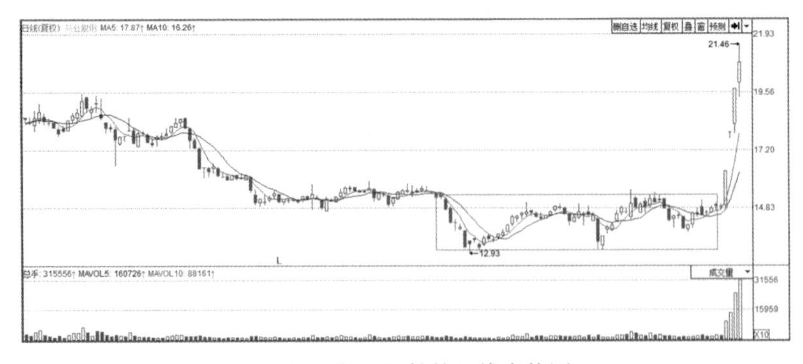

图 6-17　兴业股份的日线走势图

上涨走势后的高位盘整，如果是高量群，就大大消耗了多头能量，难以为继了，如图 6-18 所示。

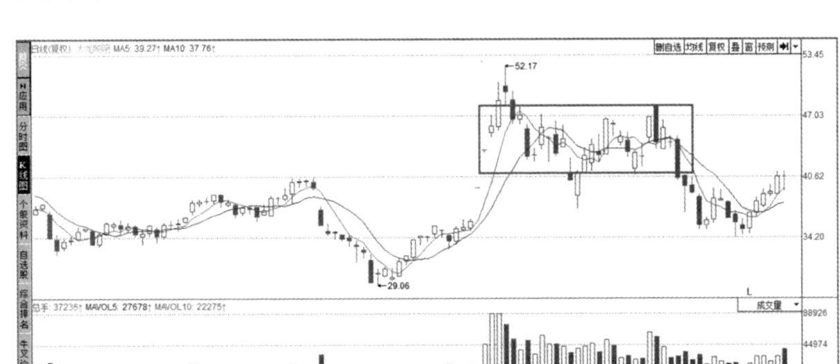

图 6-18　太龙股份的日线走势图

（4）盘整的极致——一字横盘（在上涨的走势里找买点）

盘整的极致是一字横盘。

在上涨走势里，横盘缩量，一般再来一个仿佛破位的下跌，吓唬吓唬散户交出筹码，就算完成任务，可以拉升了。注意观察许多股票的历史走势，在横盘后、上涨的前夕，走出一根阴线，第二天迅速拉起，开始新一轮上涨，如图 6-19 所示。因为主力的操盘思维都一样。

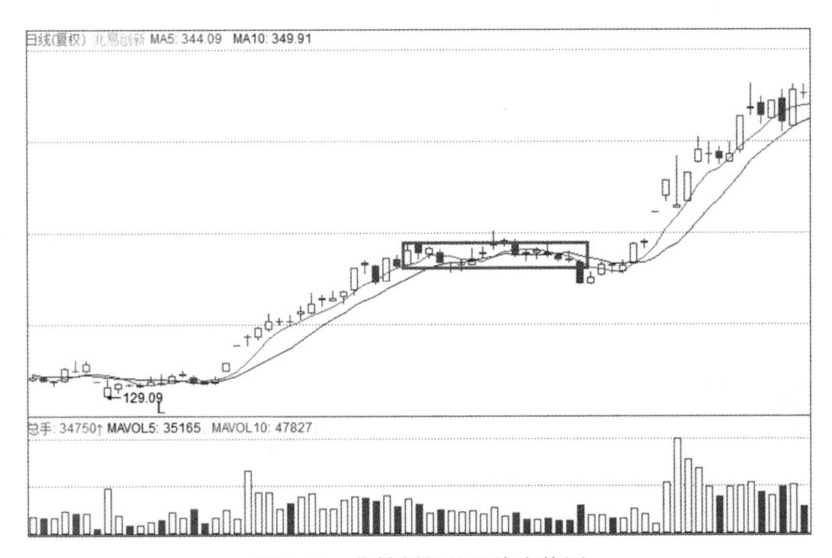

图 6-19　兆易创新的日线走势图

横盘也好，底分型也罢，前提就是尽量不参与下跌走势，如图 6-20 所示。有顺水行舟的事情不做，为什么要去与大势对抗？

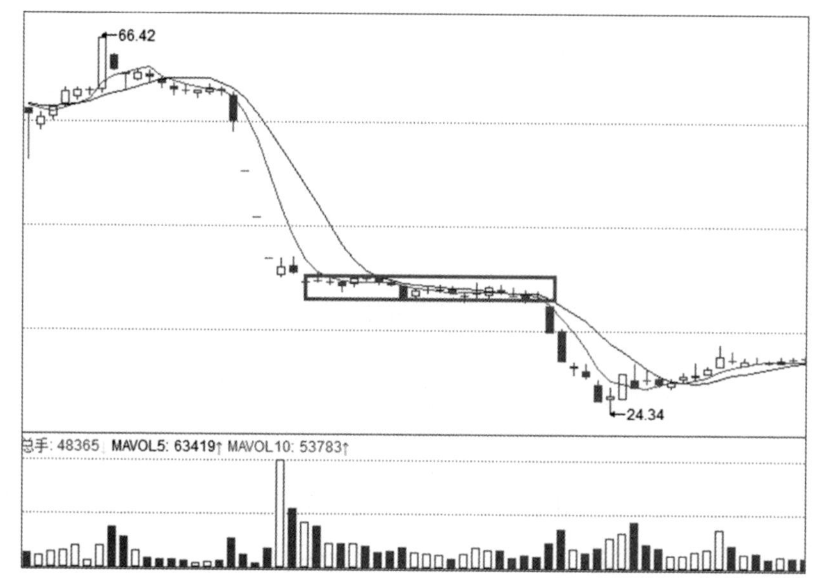

图 6-20　下跌后的横盘，还是下跌

结论：走势的全部分类只有上涨、下跌、盘整三种，再无第四种，其他一切走势都是这三种走势的组合。

顶分型、底分型、上涨、下跌、盘整，只需要熟练记住这五个词语，对于股价走势而言就足够了。在这五个词语里面，就是一个有限的天地，最有利的买卖时机就在这里。

这既是基础又是精华，大道至简。清晰地理解、认识走势，不需要将其高深化、复杂化，第一步要做的就是简单化。一般股民在市场里摸爬滚打几年，都学会了很多词汇、指标、名词。你想想，股市是怎么变复杂的？就是词汇、概念过多。

股市学习与实战的过程，做减法更重要。从底分型到顶分型，就是可以盈利的一段走势，有了这个就足以驰骋股市，其他都是多余的。

如图 6-21 所示，银鸽投资在横盘缩量后，还是选择了上涨，这就是大资金的命门，很难躲得开。一根大阳线，兑现了横盘急速缩量的目的。

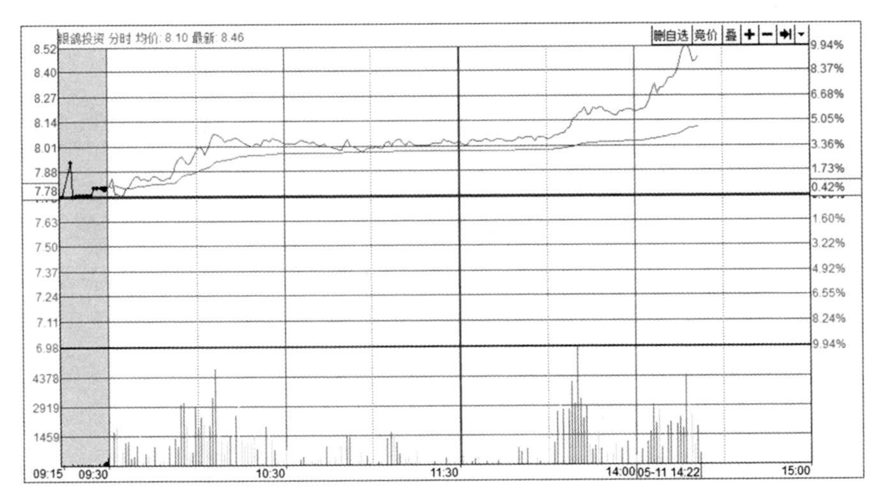

图 6-21　银鸽投资的分时走势图

所谓的“横盘”，不能看到表面上不涨不跌的就认为是买点，具体含义是：一只股票在出现明显的大阳线上涨之后，在多数情况下会下跌回调，而某只股票就是拒绝回调，在相对高位维持横盘，这就是股价走势强势的体现，如图 6-22 所示。

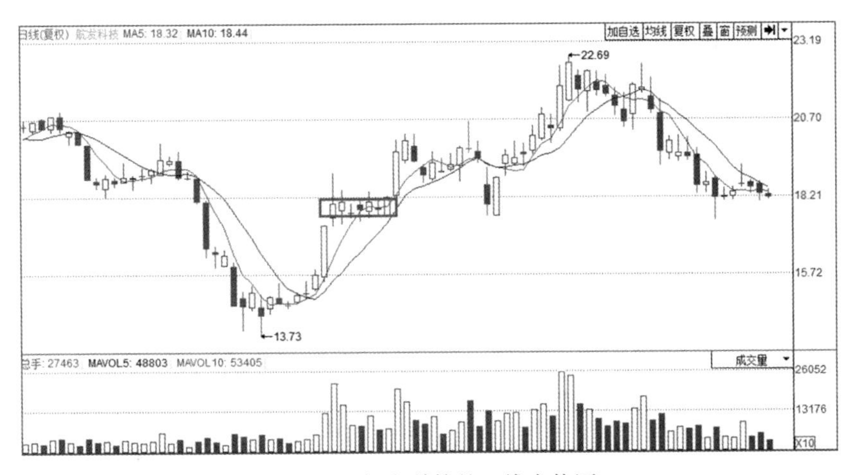

图 6-22　航发科技的日线走势图

4. 实战利器之 K 线密码（二）

（1）走势类型的连接

K 线是炒股每天都要面对的，可以算是股民最熟悉的“朋友”。

如前所述，走势只有上涨、下跌、盘整三类。无论多么复杂的走势，都是这三类的组合。

为什么很多人看到一只股票，总觉得它一定会涨？或者总希望它一定要涨？会不会跌？会不会盘整？许多亏损就是因为坚信涨了还能涨上天，跌了能反弹抄底，盘整了能向上突破。

返璞归真，走势不是一个“涨”字就能概括的，它有上涨、下跌、盘整三种可能，这是客观看待走势的基本出发点。

图 6-23 的走势由下跌、盘整、上涨连接而成。只需要简单地在纸上推算一下，就可知走势大体上有以下几种情况。

如果从一段下跌走势开始算起，那么后面可能的走势有：下跌—盘整—下跌；下跌—下跌—上涨；下跌—上涨—下跌；下跌—盘整—上涨；下跌—上涨—盘整。

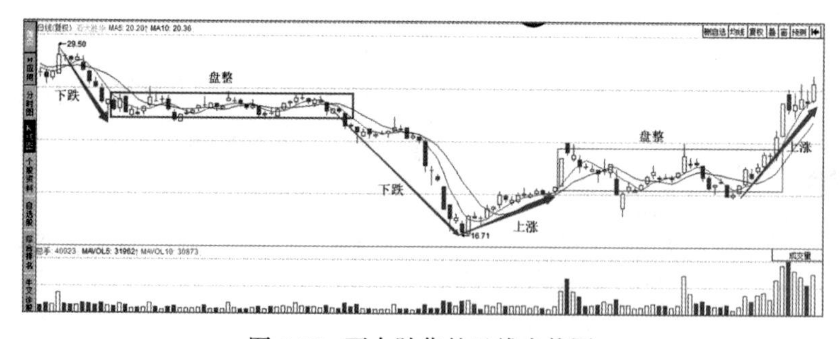

图 6-23 石大胜华的日线走势图

看起来是不是有很多“下跌”？请问这是不是真实的股市？

以此类推，如果从一段上涨走势开始算起，那么后面可能的走势有：上涨—盘整—下跌；上涨—下跌—盘整；上涨—盘整—上涨；上涨—下跌—上涨。

如图 6-24 所示，上涨的时间总是那么短暂，盘整的时间是漫长的，下跌更是经常发生的。没有一段走势不是这三类的组合。

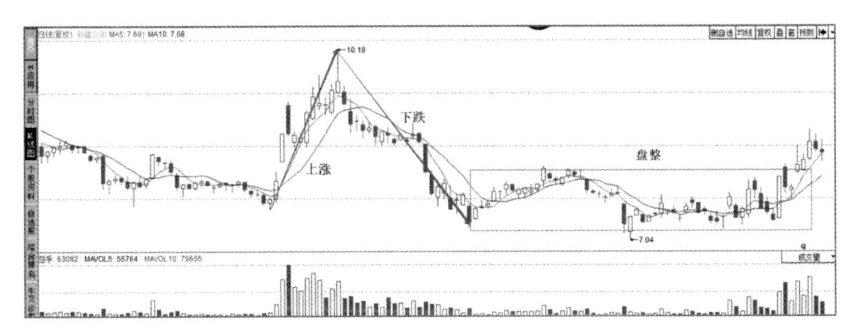

图 6-24　新疆众和的日线走势图

所以，不需要等到账户亏钱后才知道，只要你对股市有粗浅的认知就可以知道“上涨”在一段走势里所占的时间平均不到三分之一。除去下跌，还有盘整，盘整的时间一般比上涨、下跌的时间都长。

在这里引导出一个问题：一个合适的买点，一段上涨的走势，或上涨启动，在多数情况下，一定是能够等来的。

一般散户炒股之所以难，就是因为天天都在买卖。如果天天买股都能赚钱，那么股价走势必须天天在涨才可以。但不用炒股都知道，天天上涨是不可能的。

天天买股，还追求稳定盈利，那是逆天而动，违背了股价走势的基本规律。而如果耐心等待时机，那么几乎任何一只股票都有上涨的波动。

（2）走势的放大和缩小（多周期联立）

我们来看图 6-25 所示的走势，框里的盘整阶段里有没有交易机会？

盘整是后来走出来的，刚开始并不知道它一定是盘整。日线看起来很仓促，有机会也只有底分型后的两三根 K 线，但很难盈利。

把它放大到 30 分钟走势里，相当于 8 倍的放大镜（1 根日 K 线放大为 8 根 30 分钟 K 线），如图 6-26 所示。强势股的高位底分型，从做短线的角度，就是在 30 分钟走势里买卖。走势顶底分型、顺势、转折，与日线一样，都有。

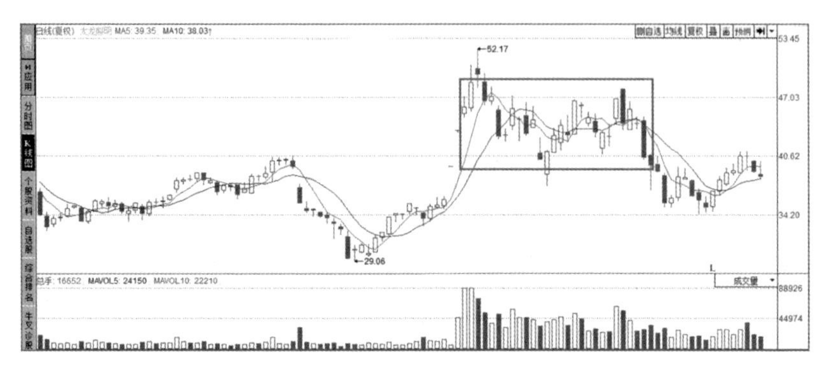

图 6-25　太龙照明的日线走势图

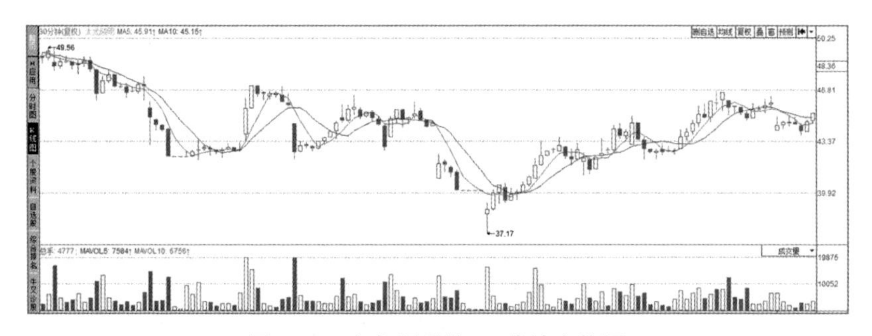

图 6-26　太龙照明的 30 分钟走势图

比如一只股票的卖点，在日线上不明显，放大到 30 分钟走势里，就非常清晰了。这里仅列举日线与 30 分钟走势，其他的更小周期或更大周期以此类推。从日线上得到的卖点，确认极大量，至少要等到临近收盘或者第二天，如图 6-27 所示。

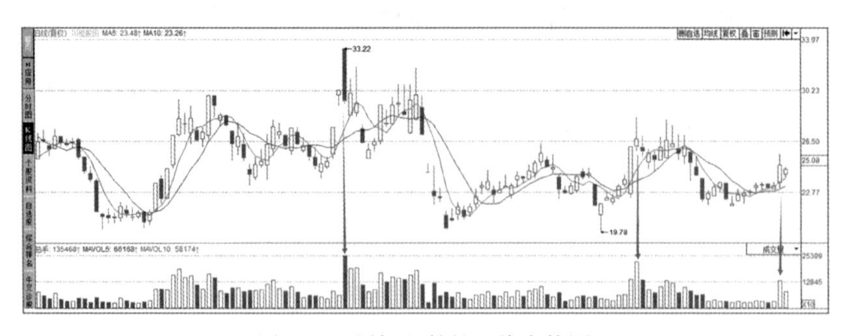

图 6-27　川恒股份的日线走势图

如图 6-28 所示，如果放大走势，到微观结构里去看，事情就要清楚得多。

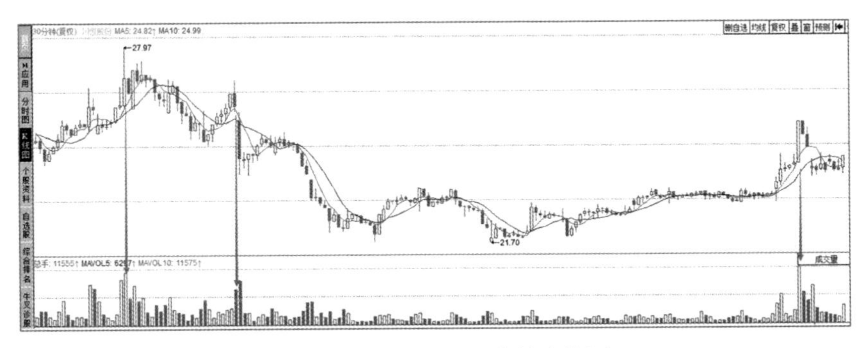

图 6-28 川恒股份的 30 分钟走势图 1

分别可以精确到半小时以内，如图 6-29 所示。

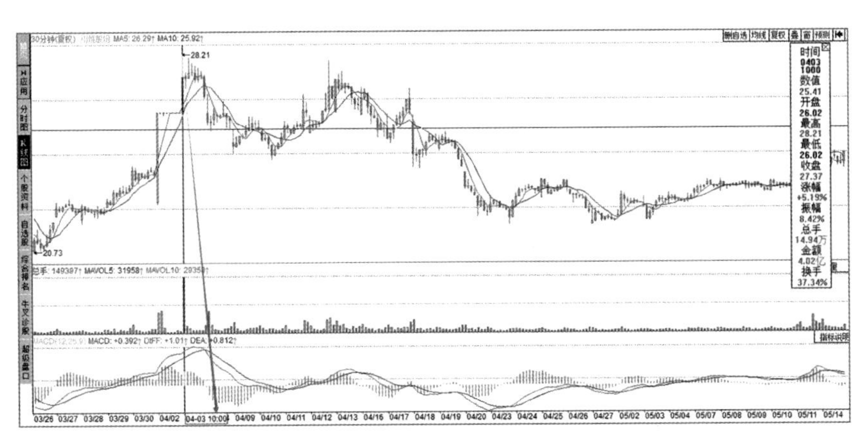

图 6-29 川恒股份的 30 分钟走势图 2

买点与卖点同理，图 6-30 为股票的日线买点。

在日线上能确认为买点的底分型是在 5 月 7 日下午。如果放大走势，到 30 分钟里面看，会发现什么？

如图 6-31 所示，与日线效果一样的底分型买点，第一次清楚地出现在 5 月 3 日 10:00，足足提前了几天。即使不算这个，或者你没看到，第二个顺势买点出现在 5 月 7 日 11:30 左右。

图 6-30　雅化集团的日线走势图

走势因为上涨、下跌、盘整，具有一定程度的复杂性，但是对面前的走势，可以放大、缩小进行多角度观察，这就为我们搞清楚买卖时机提供了极大的便利。

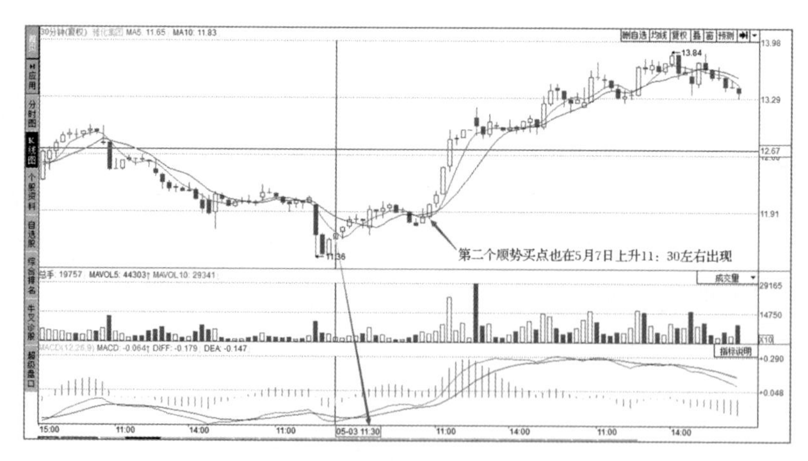

图 6-31　雅化集团的 30 分钟走势图

如图 6-32 所示的高斯贝尔，它在盘整的底部拉出一个涨停后，后面的方向是向下还是向上？打开它的周线一看，就比较清楚了。

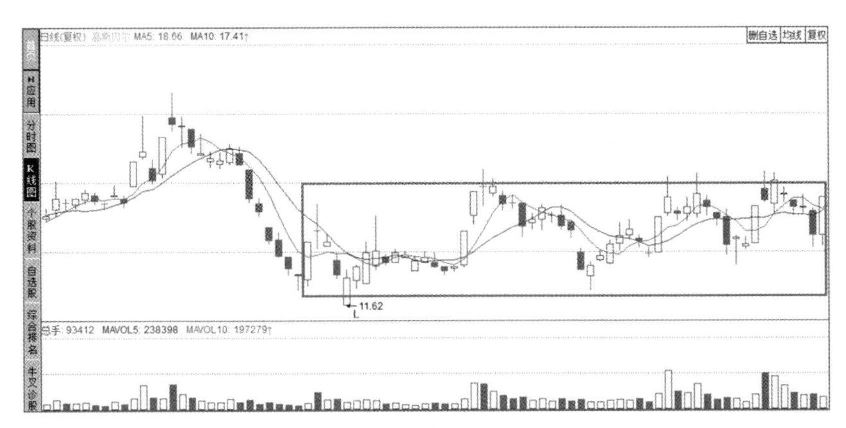

图 6-32　高斯贝尔的日线走势图

如图 6-33 所示，接近发行价的新股，大周期底部，所以，其后的日线上涨才是阻力最小的方向。

这相当于把走势缩小，从高空看一座城市的街道，更容易看清楚方向。同样一个盘整，从大的周期去看，是高位还是低位，结果可能大相径庭。这是大周期走势对小周期走势波动的制约。

图 6-33　高斯贝尔的周线走势图

比如一段日线下跌的走势，在 5 分钟走势里的上涨反弹总是很有限的。如图 6-34 中的圆圈处，在总体上一定会受到日线下跌的制约。日线上微弱的反弹，在 5 分钟走势里，就是“上涨的一段”。基于这个原因，一般不去下跌的走势里找买点。除非你是大资金，无法乘势，无法买到足够的股票，就主动买跌，先建仓囤货。

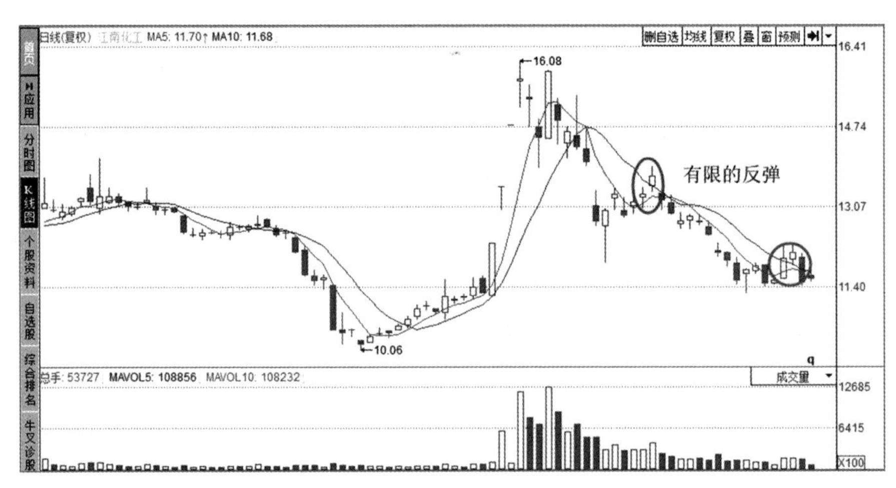

图 6-34　江南化工的日线走势图

（3）K 线波动中低点与高点对应的买卖时机

如图 6-35 所示，从量价关系来看走势图，这波浪起伏的连绵群山是不是很优美？低量群与极大量所对应的买卖时机有一种和谐美。

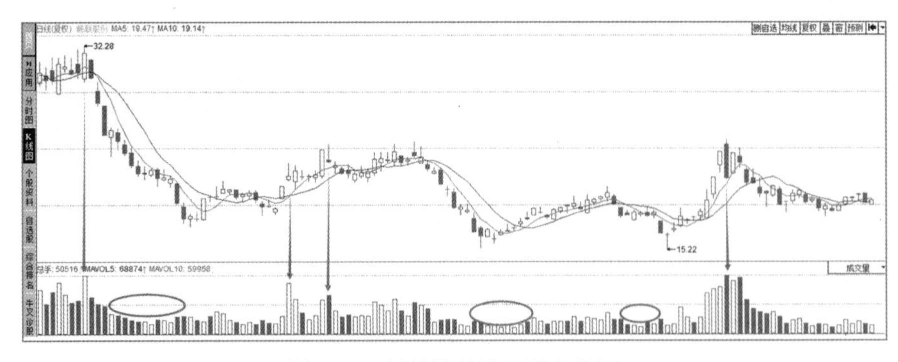

图 6-35　畅联股份的日线走势图

之所以到极小量，就是因为有做空意志的筹码，到了抛无可抛的程度，下跌动能衰竭。然后看多的资金推动股价上涨，到了极大量，就是资金到了买无可买的地步，没有了后续接盘的量，上涨动能自然衰竭。这是股市的自然现象，如同大自然的风云雨雪，非人力可以改变。

打开任何 100 幅走势图，盯着看一天，思考一个问题：股票生意怎样做才能赚钱？

这个问题的答案没有悬念，就是低买高卖，如图 6-36 所示。这是最简单的口诀，也是最深奥的秘诀。

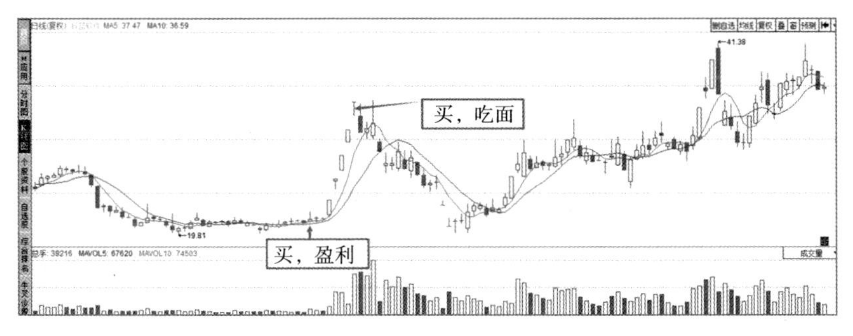

图 6-36　科蓝软件的日线走势图

都想要低买高卖，但实操起来，关键问题是不知道哪里是低位，很容易抄底抄到半山腰，甚至在山顶吹冷风。

卖在哪里，买时无法知道，但至少在买股的时候，以底分型、低量群要求自己，放出极大量、价格顶分型卖出，应该不难吧？

每天在股市里进步一点点，总不可能永远不知道哪里是低位和底。依托一个底分型的好处就是方便设置止损位。遵循这样的操作，深度套牢的事情是没有的，账户大亏的事情也是没有的。

所谓的低位，也是相对的低，就是一段上涨走势里的短期低位。不抄底，不看下跌走势，不妄图寻找绝对的低价。不追求低价，前提是在一段上涨走势里找到下一个买入时机。买股票就是看涨，当然要去已经上涨的走势里找，即“顺势”，如图 6-37 所示。

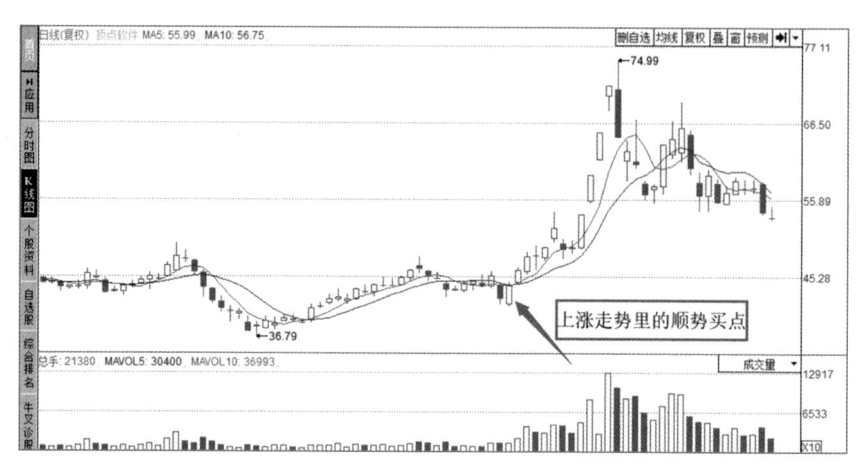

图 6-37　上涨走势里的顺势买点 1

买点有各种提法，看起来似乎有点儿乱。1 买、2 买、3 买是什么？中阶、高阶、低阶买点是什么？还有推动浪、老鸭头、圆弧底之类的，这些提法要统统清理掉。

把简单的事情搞得很复杂，理解起来会有很大的分歧和误差，关键是没有实际作用，只会误导人。学会这些的，有谁能在股市里稳定盈利？基本上都是津津乐道于自己的技术有多么厉害，却从来不敢亮出实盘收益的常亏投资者罢了。

顺势买点，上涨回调的底部，上涨后横盘很平，是强势的一种体现。当然，它当时已经是相对高位，只是最近一轮涨跌的底分型。一段下跌走势要横盘止跌，再转折为上涨，其阻力远远大于上涨走势继续上涨。同样多的钱，不对赌概率明显低的。

（4）横盘缩量与下陷式洗盘

如图 6-38 所示，在第一个箭头处就出现了底分型，在该处可以买，买了之后跌破止损就出来。没有一发命中很正常，等到第二个底分型出现 了再进去。总之，只要你在等待这只股票的买点，它的上涨就是绝对不可能跳过底分型的。

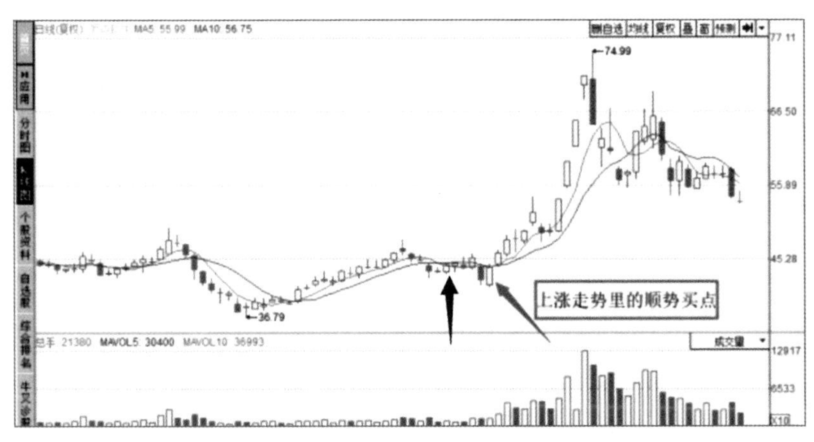

图 6-38　上涨走势里的顺势买点 2

从以往的市场表现来看，在上涨横盘之后，一般都会有一次下陷式洗盘。如图 6-39 所示，横盘是维持股价和筹码的表现。在拉升前夕，横盘忽然向下跌破，如同地面“陷下去”一样。为什么要下陷式洗盘？是为了收集筹码？吓走散户？测试抛压？诱惑散户止损？

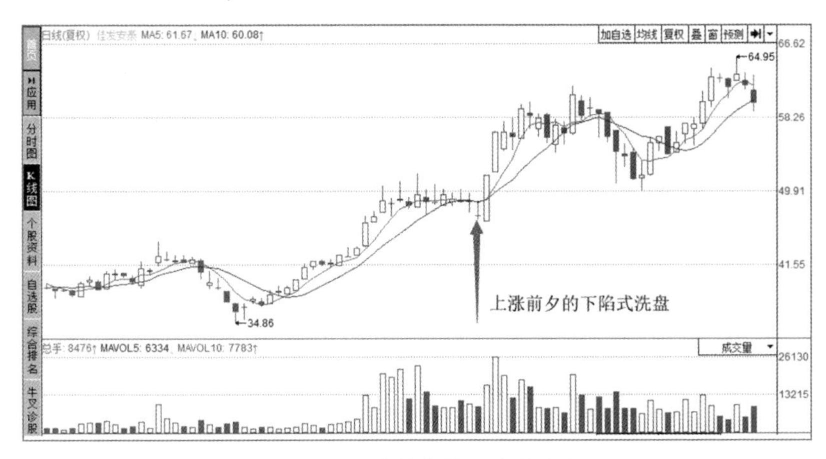

图 6-39　上涨前夕的下陷式洗盘

股市里都是以对手盘的亏损为自己的获利的。在拉升前夕，散户每多一个筹码，主力就少一个筹码。也就是说，能赶出去多少其他资金，自己就能多囤积多少即将上涨的筹码。如果你是出钱拉升的大资金，那么你会不会算这样一笔账？横盘、缩量与下陷式洗盘，简直是标配。

请看图 6-40 中的三根阴线，都是跌，有什么区别？最后一根阴线跌幅最小，前两根阴线跌幅大一些，问题就是成交量。大阴线却对应着极小量，用大阴线吓唬人，事实上筹码都是吝惜流出的。

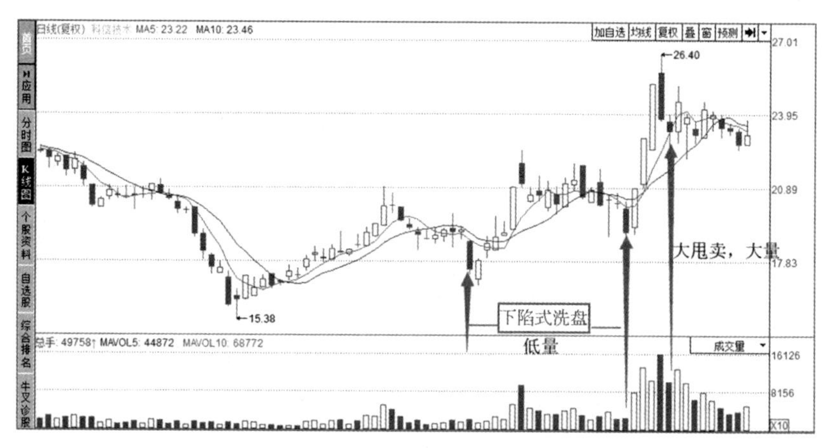

图 6-40　科信技术的日线走势图

如图 6-41 所示，这个更厉害，向上、向下两次洗盘，保证把你震晕。下陷式洗盘是多数庄股上涨前的标配，这是由主力资金的利益决定的。

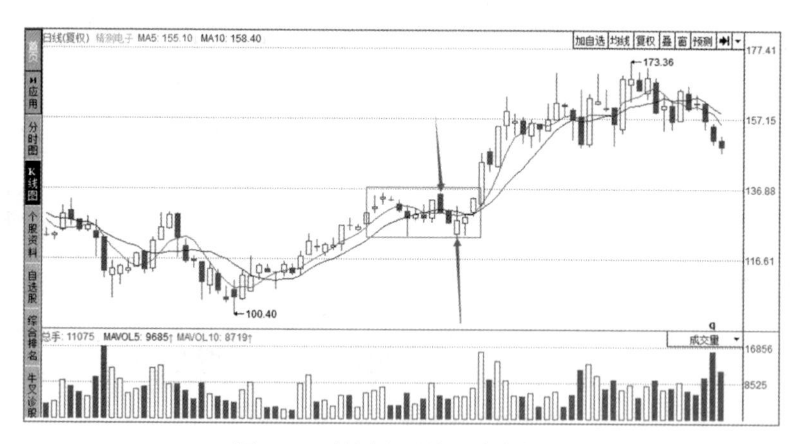

图 6-41　精测电子的日线走势图

只需要理解成交量和股价位置的关系，就能一通百通了。做股票生意，从一个批发商的角度，首先要做的是尽可能多地囤货（收集筹码），还不能进高价货，否则利润空间在哪里？这个阶段，各种手段都为这个目的服务。下跌是为了获得筹码，甚至拉升也是为了获得筹码，后面到了大甩卖的时候就与之相反了。

每天大涨的股票很少，错过了这些就会用次等股票替代，从而导致亏钱。追涨就是这么来的。

问题又来了，不大涨、不大跌或者信息流没出现，如果原来没关注某些股票，那么它们进入不了你的视野。从哪里发掘这些恰到好处的启动阶段的股票呢？它们是活的，追着跑，往往抓不到；但它们的路线是死的，在某条必经之路等待，就可以抓到。

一只横盘的股票，还一字横盘，不可能一直横着不动。

上涨走势里的横盘都值得对赌，如果还标配了缩量，那就更值得了。如图 6-42 所示，这个横盘的必经之路在哪里？上涨还是下跌？但是精确才有操作价值，这时止损点的设置很重要，就以横盘的低点为基础，止损点设置在 3 ～ 5 个点以内。

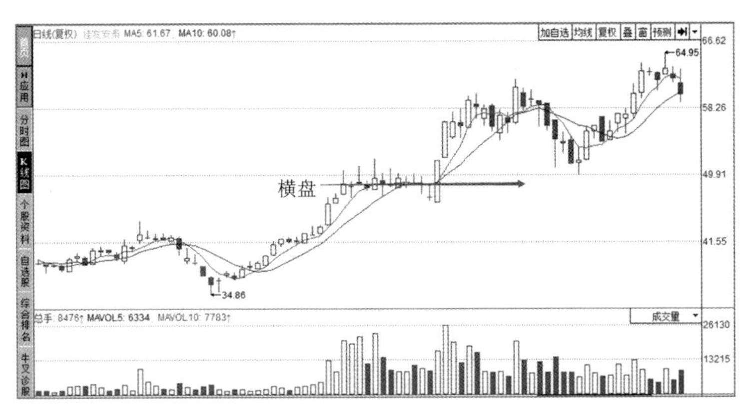

图 6-42　佳发安泰的日线走势图

总不可能无条件看多，如果走势向下，一笔亏掉几十个点吧？它向下，就必定触发止损，亏 3 ～ 5 个点就结束交易。如果再次上涨，就一定会再次越过横盘的价位，从而实现亏小赚大的目标。一次交易能够盈利，核心就在于“截断亏损，让利润奔跑”。

下陷式洗盘后上涨，有没有可能不越过横盘的价位？越过横线，不断加仓。横盘有上、下两条横线，很好把握，幅度也小。一个止损，一个突破信号，后面必须经过其中一条。

在走势之所以复杂，是因为里面存在我们的对手盘，对手盘每天要做的就是打乱你的节奏，维持自己的利益。炒股的知识是有限的，心灵的搏击才是无限的。

在这个市场里，不止有我们，还有与我们利益相反的人。在走势里面，矛盾双方才构成了市场的合力，所以，我们要从对手盘的视角去看走势。你卖出的股票，被谁买走了？你买来的股票，是谁卖给你的？市场上这个隐形的"对方"就是对手盘。

如果遇到下陷式洗盘，跌破常规止损点，怎么办？小幅止损，多做两次。一旦到达止损点就立即止损，出来之后再找买点进去。卖出以后不守着，等买点到了错过买入，就怪不得别人了。

上涨—盘整—上涨或下跌—盘整—下跌，横盘缩量，这是普通股票上涨的标配。一口气涨到顶的也有，如妖股、明星股、热点概念等。大家都在抢筹，哪里还有时间给你横盘？手慢了，筹码就被别人抢光了。

图 6-43 为下陷式洗盘，主力们都是同样的操盘思路同样的佐料手法——下陷式洗盘后快速拉到涨停。

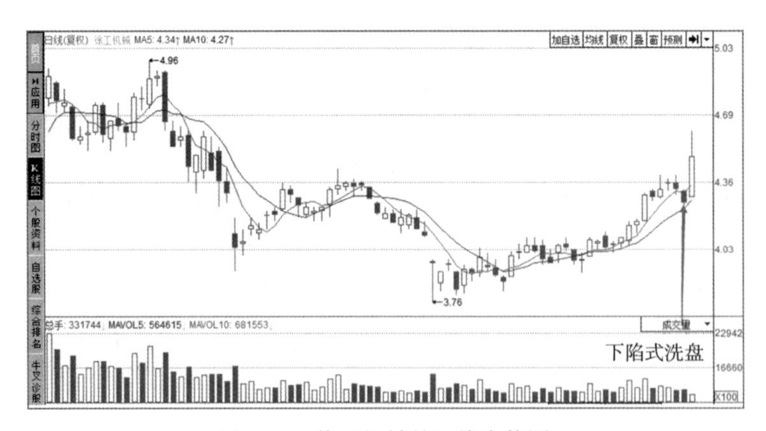

图 6-43 徐工机械的日线走势图

如图 6-44 所示，前下陷式洗盘就更厉害一点，这里在量价关系上表现为极大量卖点，先卖了再说。后面能维持横盘，就是强势，有新的买点再进去。

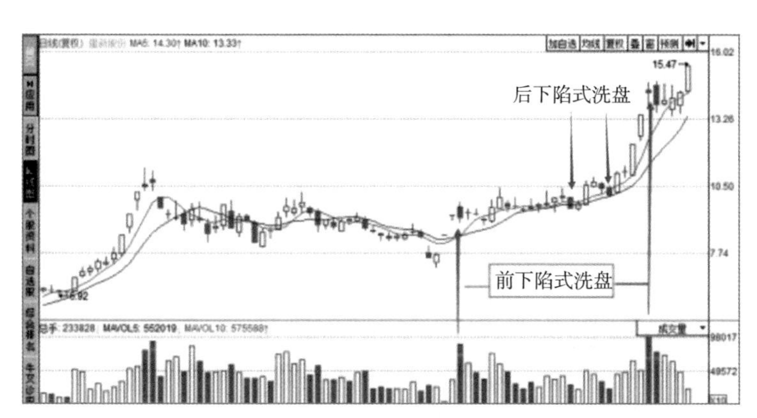

图 6-44　建新股份的日线走势图

见多了炒菜，自己以后也能当厨师。如果有人以后做主力，就依葫芦画瓢，保管屡试不爽，10 年后的散户还是会被洗得一塌糊涂。有了这个经验，一个下陷式洗盘刚好提供了绝佳的买入机会，就是趁空头陷阱出现转折买点时买入，如图 6-45 所示。

图 6-45　诺德股份的日线走势图

一次下跌，甚至连续几天的下跌，都属于整个上涨计划的一部分，从整体去看，就容易理解了。大资金的格局一般都比小资金的格局大。

同样是横盘，下跌后的横盘与上涨后的横盘就完全不同，如图 6-46 所示。所以，我一再强调，不去下跌走势里找买点，不管是底分型还是横盘，一看到是下跌走势，就直接忽略。

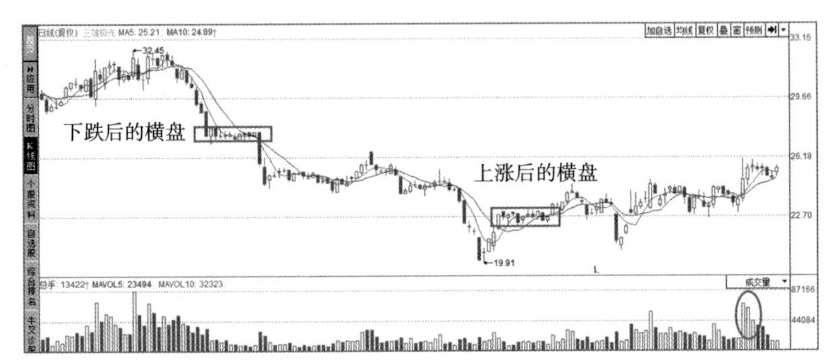

图 6-46　三雄极光的日线走势图

关于预期接盘量的问题，就像击鼓传花一样，越先拿到花的，就越有机会安全地传给下家。如图 6-47 所示，说一千道一万，关键在于接盘量，其他都是虚的。所以，我们干脆就按“预期接盘量”去找股票，等于先有了订单再生产，不用担心销售的问题。

已经启动上涨的股票大多数已涨幅不小，怎么避免买在高位？符合要求的股票有很多，以信息面为入口，就可以进一步缩小范围。所有的形态和信息流都需要在解决了思维误区以后才能使用。通过预期接盘量抓住事物的本质开展交易的方法，不光适用于股票投资，如果要做生活中的其他事，也遵循此理，只有找到本质，才能直达内心，进而才能客观、全面地解决问题。

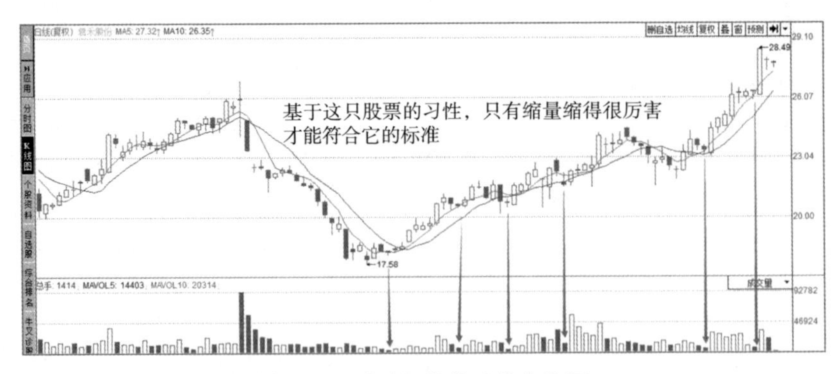

图 6-47　君禾股份的日线走势图

对于盘整中的股票，以前除了等待或先出来，基本上没什么好办法；而现在有了这种新思路，反而能更安全地盈利了。依托盘整的低位，再加一个被巧妙安装在底分型处的止损，没有比这个更理想的动态止损位设置了，以小博大，保证万无一失。

这种炒股的思想并不会让投资者陷在选股、指标、技术的泥潭里拔不出来，它实际上就是一种逻辑思想，还没开始，就已经可以在逻辑上经受住考验。可以不在乎主力做什么，也可以不在乎意外走势。

会涨的股票很相似，是不是感到很惊讶？这些足以证明主力使用的是同一种手法，横盘、缩量、下陷式洗盘，标配都到齐了，如图 6-48 所示。

图 6-48　拉芳家化的日线走势图

这就是贯穿全书的“局限”，利益的局限，没得其他更优的选择。明知道会暴露自己的企图，也要这样做。如同散户的局限一样，下跌了无法知道是洗盘还是真跌，唯有先出来再说。

5. 制胜法宝之成交量（一）

无论你是怎么买卖股票的，股价走势都是绝无可能绕过的。让你受到诱惑、冲动、后悔的，也正是这上下上下的股价走势。它跟每个人的账户盈亏联系得最紧密。

不认识走势的方向，看不到明显的风险，如何在股市里立足？依据任何信息面都没用。如果对走势的基本认识不足，知其然而不知其所以然，那么在剧烈起伏的强势股里面，更加脆弱得像一根小草，上下都是受罪。

信息面的作用是告诉你哪里的机会比较多。真正到了市场资金流、信息流的漩涡中心，只有强者才能生存，反应慢的只能去接盘。买在后面，卖也在后面，买卖都被外部因素牵制。

但是请注意，在这里将不涉及MACD、背驰、背离之类的概念，只需要成交量和股价。我们需要的是精准、简单，大量使用成交量柱来进行判断。

股价是所有资金的根本利益所在，成交量留下了所有资金进出的痕迹，既简单又直接，不需要其他衍生的指标。像背驰之类，它的具体定性是模糊的，看起来还很抽象，经过复杂的分解对比，根本无法确定目前1小时的走势是否背驰，只有等到走完后才能看出来。开奖号码都公布了再去买彩票，还能中奖吗？

股市本来就具有不确定性，计算过程越复杂的东西，可能出错的环节越多，最后得出来的结论错在哪里，就连自己都是糊涂的。任何一种技术，如果自己使用起来都糊涂，那就是这个工具不好用。

所以，我们只使用成交量，使用时就是一个“大”“小”判断的问题。大就是大，小就是小，简单到极致。当时就能明确地知道成交量是大还是小，精确到1分钟也没问题。

牛市的逻辑基础也是成交量。如果量能不可持续，那么一切都是空谈。看行情，看市场氛围，成交量这个指标是非常有参考价值的。熊市时成交量越来越低，牛市时成交量越来越高，成交量代表的是人气值的高低。股市里的成交量就相当于商场里的客流量，有了客流，才有一切。

简单才能精通，精通才能敏捷，敏捷才有优势。如果看个走势还画各种线，反复分解来分解去，又遇到各种模棱两可的地方，前面失之毫厘，后面早就相差千里了。

就像使用波浪理论的人都知道一句话：千人千浪。一千个人眼里就有一千种理解，甚至同一个人在同一天的上午看跟下午看，居然都能得出截然不同的结论，这样如何才能把握买卖的时机?

只有那些毫无模糊之处、可以准确量化的技术才更可靠，即可以像定理公式一样，只要满足条件就可以代入使用并解决实际问题。

而股市里大多数所谓的技术，从条件 A 到条件 B 有四五种可能，条件 B 再到条件 C 也有四五种可能，那么从条件 A 到条件 C 就有几十种可能，无法精准到某一种，在瞬息万变的实战中，使用起来实效甚微。

（1）成交量变化的所有元件

如图 6-49 所示，哪里成交量大，哪里成交量小？圈里的成交量大，其他的成交量小。就是这么简单。

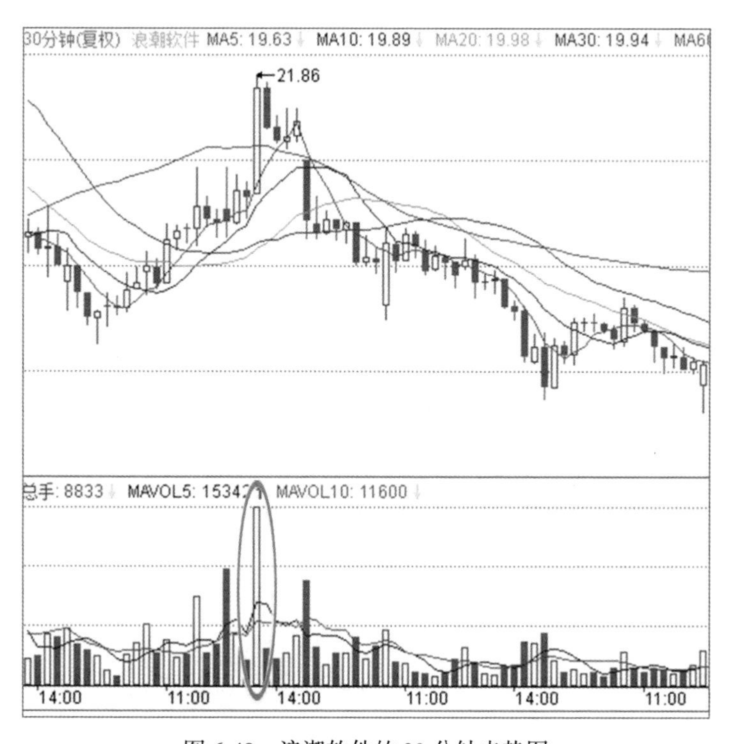

图 6-49　浪潮软件的 30 分钟走势图

就用这么简单的东西就够了。只需要知道哪个是大、哪个是小，在此基础上，后面自然有办法判断买点。

对比成交量柱的高低，即使从来没有接触过股票的人，只需要一分钟，就可以看明白，这就是它的第一个优势。

而且成交量柱是由真金白银堆出来的，其本身就是股市里最重要的原始数据，没有经过任何复杂的公式计算，它就是买进去的资金和卖出去的筹码。

这两样东西几乎就是股市的全部。而其他的指标都是怎么来的？它们无法脱离量、价，是经过复杂的函数计算，间接得出的指标。那我们何不直接用量价呢？

所以，从现在开始，除了股价和成交量，将其他的技术指标全部抛诸脑后。只看量、价，就能从中挖掘出很多已知条件。

如图 6-50 所示，实线箭头所指的成交量小，虚线箭头所指的成交量大。

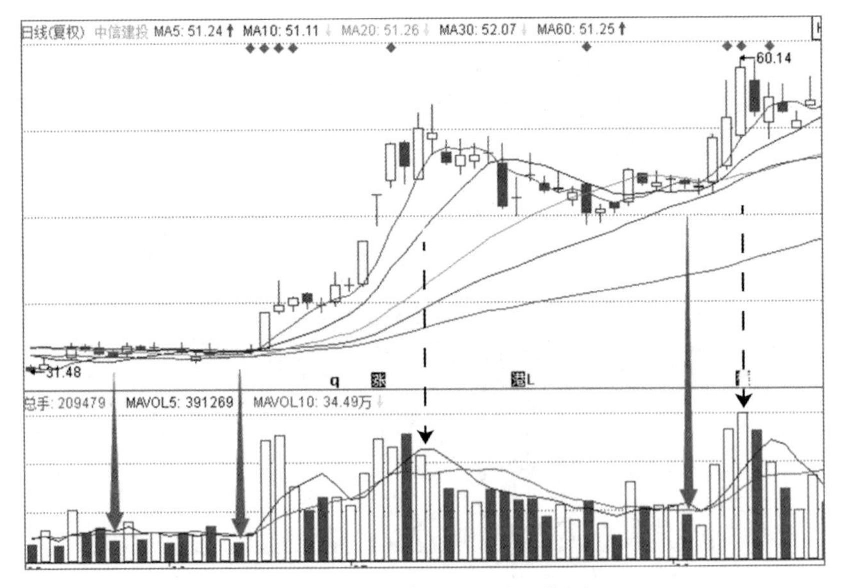

图 6-50　中信建投的日线走势图

很低的成交量对应着走势的底部，很高的成交量对应着走势的顶部。

低量对低价，高量对高价。量价同时出现底分型或顶分型，就是买点或卖点。就是这么简单而准确。

第四个箭头（从左往右）处的缩量意味着什么？缩量就是成交量小，同时可以看到，股价是下跌的。在股价下跌时，成交量小，意味着想买入的没有筹码可买，卖出的人很少。既然股价下跌时卖出的人很少，股价上涨时买入的人很多，那么后面的走势是上涨就是顺其自然的事了。

再来看图 6-51，虚线箭头所指的成交量大，这个毫无疑问。另一个更重要的问题是，什么时候可以确认它的成交量是大的？是当天上午或下午，还是收盘后、明天、下周？

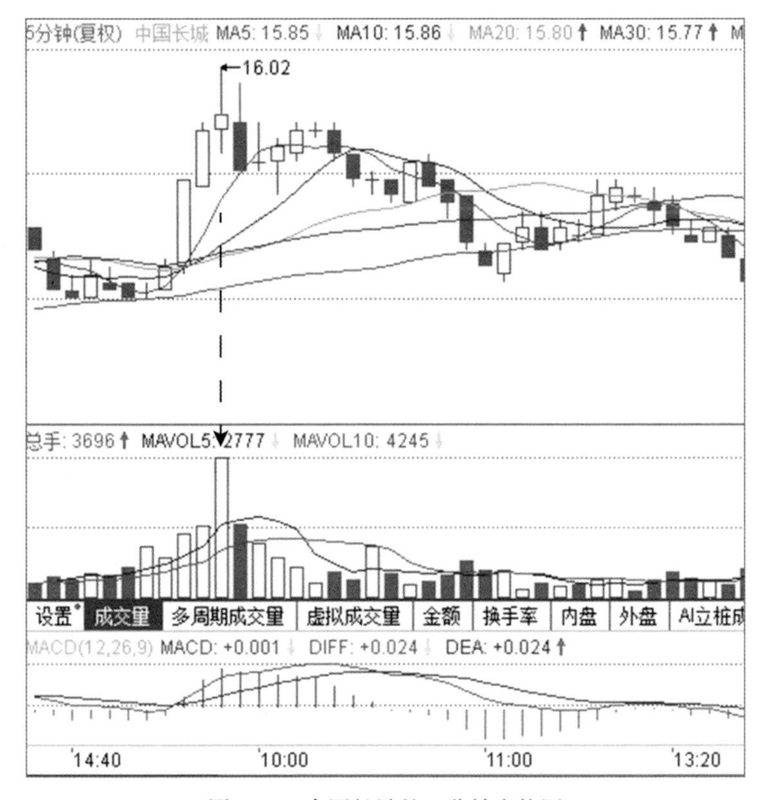

图 6-51　中国长城的 5 分钟走势图

相较于之前的量，在这个 5 分钟走势图里面，应该在 9:55 分就能确认，误差仅在 5 分钟以内。

所以，成交量不但真实、原始，而且简单、精准，这四个优势没有任何指标可以比拟。

通常代表卖点的放出绿柱巨量之后，不能随意碰。但在极小量后面不是只有上涨，还有横盘、小阴跌，得结合股价走势来看。下跌走势中的缩量或者横盘缩量对应后面还会有放量下跌。所以，最好只做处于上涨趋势中的股票。

如图 6-52 所示，每一个 K 线的顶都对应着成交量的顶，这是偶然还是必然？更厉害的是，股价走势的顶部是怎样形成的？正是因为成交量见顶，所以股价就见顶了。这里面的逻辑关系更是超越任何其他指标之间的逻辑关系。

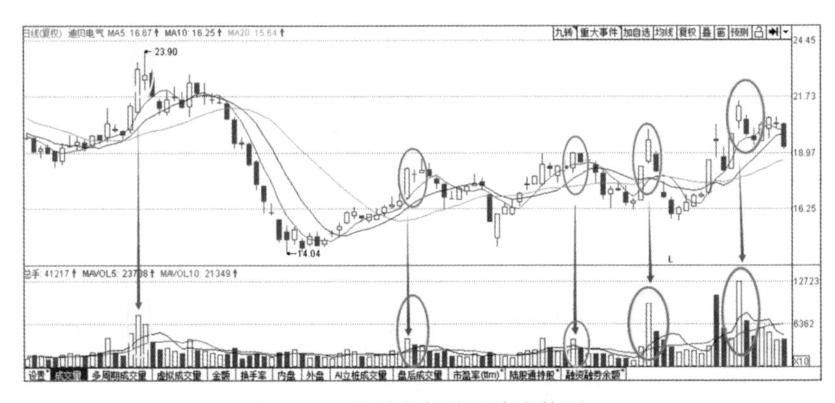

图 6-52 迪贝电气的日线走势图

股市的本质就是低买高卖，量价理论教会大家怎么寻找低点、避开高点，还有什么理论如此直接？

图 6-53 为 30 分钟走势，请看里面的顶，够不够明显？既然成交量极大量极大概率对应着顶，那这就是白捡来的卖点，得来全不费工夫。

大多数人难免担心的是，如果巨量之后还能继续放巨量创新高呢？其实大可不必为此忧虑。

首先，即便股价能再创新高，也需要一个过程，在此过程中会出现新的买点。

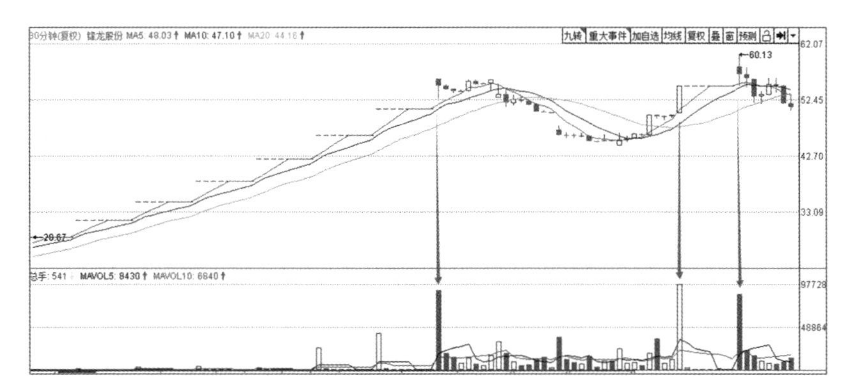

图 6-53　锋龙股份的 30 分钟走势图

其次，股价创新高与你有什么关系？不能因为股价创下了新高，就否定这个顶分型的意义。它是卖出的重要参考，没有什么能比这个更具有确定性，也没有什么能撼动量价顶 / 底分型的普遍适用意义。

再来看图 6-54，看出来这里的极大量了吗？只需看成交量，非常直观，卖点的寻找原来这么简单。

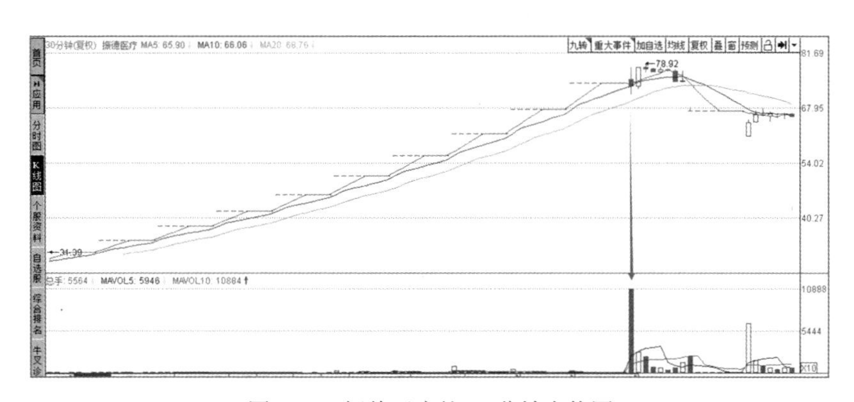

图 6-54　振德医疗的 30 分钟走势图

说完了极大量，再来说一个极小量。

如图 6-55 所示，看这三个底分型，对应的成交量是不是极小量？毫无疑问，小就是小，不可能一直变动，忽大忽小。

我们再来看看几个成交量之间的关系。

如图 6-56 中箭头所示，成交量一开始是增加的，然后逐渐缩小。

图 6-55 北大荒的日线走势图

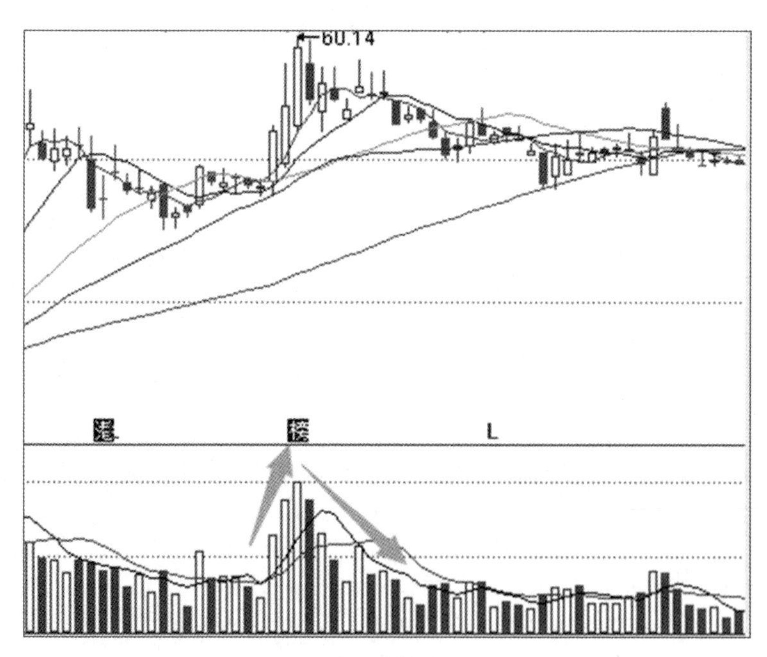

图 6-56 成交量先逐渐放大，然后逐渐缩小

这就是增量、缩量，即成交量逐渐放大，成交量逐渐缩小。意思就是，买的人一直在增多，推动股价上涨，等成交量达到一个极高的程度，后续

跟进的资金没有了，上涨动能衰竭，股价自然下跌。

卖出的筹码推动股价向下，等筹码缩小到一个极低的程度，股价又再次上涨。表现在走势图上就是成交量与股价 K 线的顶分型和底分型同时形成。

极大量、极小量、增量、缩量，这四种状态构成了成交量变化的所有元件，其他任何变化都是这四种状态的组合，或者略有变动。

如图 6-57 所示，一个极大量，一个极小量，直观、简单。

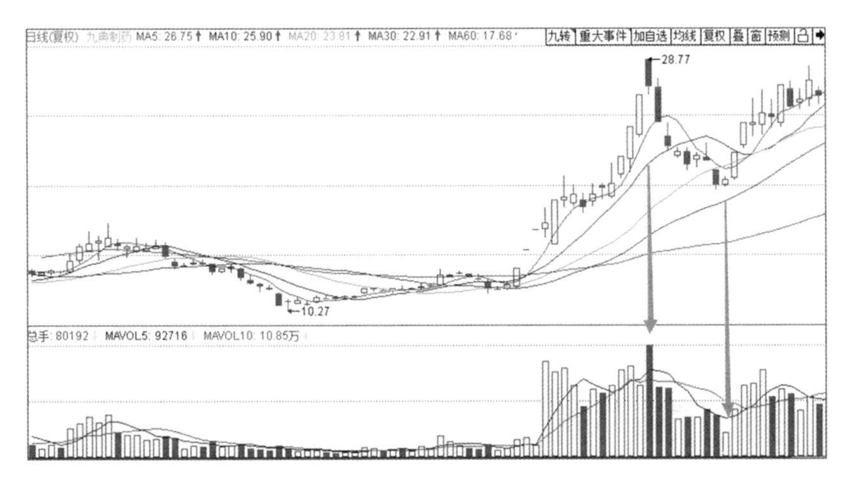

图 6-57　九典制药的日线走势图

这就是买点和卖点的基本轮廓。虽然不是每一次都这么简单，但即使再复杂的买点和卖点，也只是在此基础上的一点儿变化，绝对不是反过来，也不会存在模糊不清的地方。

两根成交量的柱子不一样高，谁高（大）谁低（小）？任何人都能分得清吧？这就足够把握买点和卖点了。

极小量后的涨往往是大涨，而一般小量后的上涨幅度不大。这就是倍量上涨和一般上涨的区别，如图 6-58 所示。

股市里的一切行为，有效的只有两种——买入股票和卖出筹码，没有第三种。其他的如信息、种种臆想或梦想等，不转换为这两种行为中的一种，都是无效的。成交量有两种颜色，红色量柱可看作买股票的资金量，推动股价上涨；绿色量柱可看作卖出的筹码量，推动股价下跌。到了极大量，钱花光了，市场里再也没钱买这只股票了，股价维持不住，就只有跌下来，因为谁也不能阻挡别人在高位卖股票。

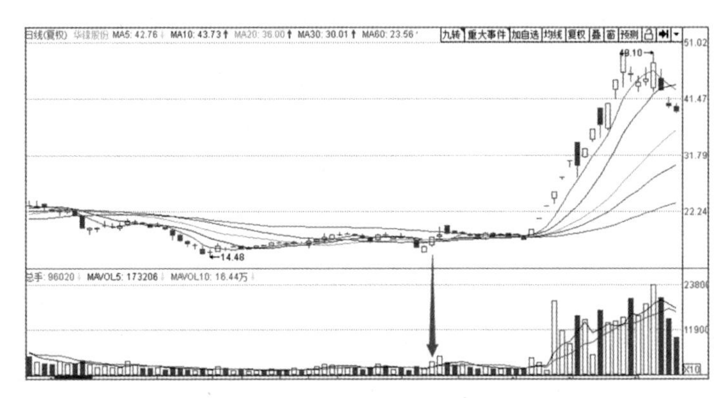

图 6-58　这天倍量上涨，主力早已进场，后面的主升浪也已在计划之中

（2）初谈量、价关系

有了量、价，其余的所有技术指标就可以弃用了。就如同芯片升级，有更先进、运行速度更快的可以使用，而且它所占的内存很小，之前的芯片就可以弃用了。

如图 6-59 所示，拉升前夕的急速缩量绝不是偶然，也不是市场其他参与者的无意识行为，只是主力计划的一部分。只有掌握了大量筹码，主力才会拉升，没有哪个主力愿意在自己没布好局之前拉升别人的筹码。

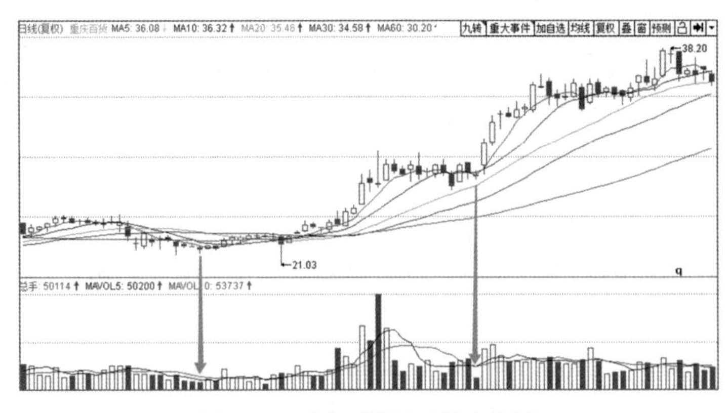

图 6-59　重庆百货的日线走势图

所以，在拉升前夕，把筹码都收集到自己的仓库里，只买进不卖出，囤货待涨，表现在成交量上就是急速缩量。

图6-59中，第一个箭头所指的是成交量自然下跌，逐渐缩小到极致，下跌动能衰竭；第二个箭头所指的是成交量急速缩量。

作为主力的对手盘，主力的盈利计划必须是针对市场其他股民的，因为主力想要赚的钱暂时还在别人的口袋里。问题是用来赚钱的筹码，即股票，也在别人的账户里，所以，赚钱生意的第一步是把别人的股票收集到自己的仓库里。

这样做有两点好处：一是拉升时自己的股票升值最多；二是人为造成股票供不应求，因为许多股票控制在主力自己手里，没有在市场上交易，拉升时最省力。

赚钱生意的第二步是股票到了高价区，再把其他股民吸引过来买股票，筹码大甩卖换钱走人，这样生意就完成了，然后进行下一轮。

所以，第一步收集筹码的动作，表现在成交量上往往是缩量，甚至是急速缩量；第二步大甩卖，表现在成交量上就是放大量，连续放大量，或者极大量。

这生意无论谁来做，都必须这么做才能赚钱，这就是利益的局限，而成交量完整地记录了每一次过程，无法抹去。我们也根本不会遇到不骗线、不洗盘的主力资金，我们只需要以不变应万变，简单操作，低量底分型买，放量顶分型卖，这就是标准的买卖操作原则。

在K线上，高位放巨量和反弹不创新高的，只要出现其中一种就卖。一看到顶分型就先出来，这样所有单边下跌的情况都能躲过。

一字横盘的末尾，急速缩量，品相最好；上涨途中回调，连续急速缩量，品相中等；下跌走势里，急速缩量，品相次之。我们通常只看上涨途中的横盘走势，下跌趋势中的横盘没有看的必要。

上涨过程中的急速缩量以横盘缩量为最佳。当天成交量缩小到前一天成交量的一半，我们称为“急速缩量”。缓慢的缩量也许是市场的无意识行为，但是“急速缩量”百分之百是控盘大资金的行为。凡是有“急速缩量”的地方，都不正常（存在机会）。

在上涨途中，横盘极速缩量出现底分型，就是很好的入场点，如图6-60所示。如果想多赚取利润，就去30分钟走势里找买点，以横盘的底部为止损位，过滤20%的横盘下跌，多数都是上涨的。

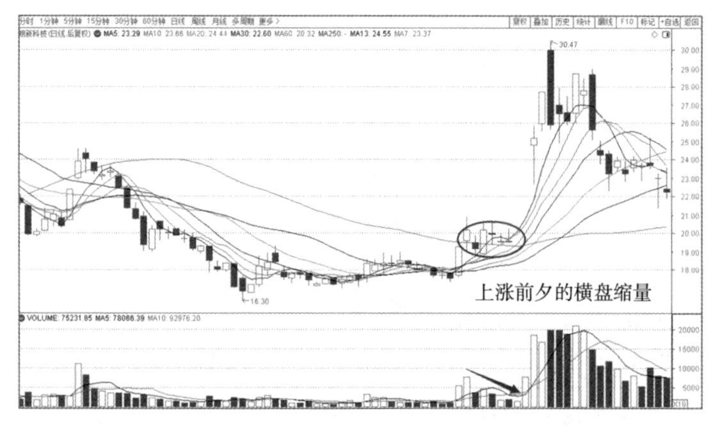

图6-60　上涨前夕的横盘缩量

横盘缩量是一个固定词组，不能拆开，只有横盘的同时缩量，机会才最大，如图6-61所示。

图6-61　横盘缩量后的效果

横盘不跌也不涨，主力有钱就可以一直买入，筹码便被收走了。狠一点的主力，忍住痛下跌洗盘，筹码买够了就上涨，其动机和横盘缩量的动机是一样的，只是在手段上有一点儿差别。既然后面要高价把筹码转手给散户，就得先备足货。

主力为什么要先拉一段时间，等横盘的时候再吸筹？为什么不在前期没有拉（启动）的时候一次性筹集够呢？一次性买够，股价不会越买越高吗？自己买的高价股，之后卖给谁？

股价的上涨就是由买入的资金推动的。所以，主力要横盘，用萎靡走势来刺激别人低价或平价出售。主力把散户当成对手盘对付，散户也要以对手盘的视角，反过来审视自己。

下跌缩量则是横盘缩量的变种，主力忍住痛，彻底洗盘，这就是空头陷阱，也是很好的买入时机。虽然下跌，但是低点不破前低，这就是一个顺势买点。因为破了前低，主力自己的损失也大，下次拉升就难了。

下跌调整，只能是有限下跌，用来吓唬不明真相的散户。洗过头了就会引起慌乱，股价跌得多了，主力的亏损就大了，还得护盘保护股价。这也是利益的局限，多数人都只能选择最划算的手段来达到目的。

一只股票里如果有几个大资金，一个在下跌大调整，另一个会全部吃掉其的筹码，筹码如果被没收，这游戏还怎么玩？所以，该大资金会迅速拉升，把筹码抢回来，只要该大资金抢，另一个大资金就会在高一点儿的价格把货全卖给该大资金，该大资金就吃大亏了。

股价的底部可以很高，也可以很低，上下浮动较大，几乎没有限制。而成交量的底部永远固定在地平线上，每伸缩一轮，股价就完成一轮波动。成交量的每一次增减代表了一个涨跌的轮回。

成交量只能在一个周期里进行对比。如果整个走势是一篇文章，那么一个周期就是里面的一句或一段。像急速缩量和急速放量的定义，都只是当天成交量与前一天成交量的对比。

一张白纸的学习效率是最高的，因为没有其他错误东西的干扰与误导。坚持固有观点的，除非自己能持续盈利，否则被事实证明并没什么作用，还坚持它做什么?

信息面和走势面要全面发展，方可更快、更准地抓住买卖点。信息面解决的是“我们去哪里打猎猎物比较多、味道比较好”的问题。走势面就是一门格斗功夫，怎么打既能保障自己的安全，又能成功捕获猎物?

6. 制胜法宝之成交量（二）

上一节的主要内容是成交量入门，介绍了单根量柱在走势中的含义。本节在此基础上深入一步，以连续几个成交量柱构成的“量柱群”为关注对象，与股价初步结合，进入“量价关系”学习。

成交量柱是股市多空双方充分对抗后的暂时平衡点。如果说一段股价走势会被力量最强的资金主导，那么成交量就是这股资金运行轨迹的最真实的记录，充分展示了它的意图、节奏、方向和目标。

成交量的背后就是人，通过对量柱群的细心观察，再与股价走势一一对应，可以让我们从看似无序的股价变化里找到有序的节奏和规律。

（1）极大量与高量群，顶分型与顶部区域

如图 6-62 所示，这两个箭头所指的地方是什么？就是“极大量”，清楚明白。

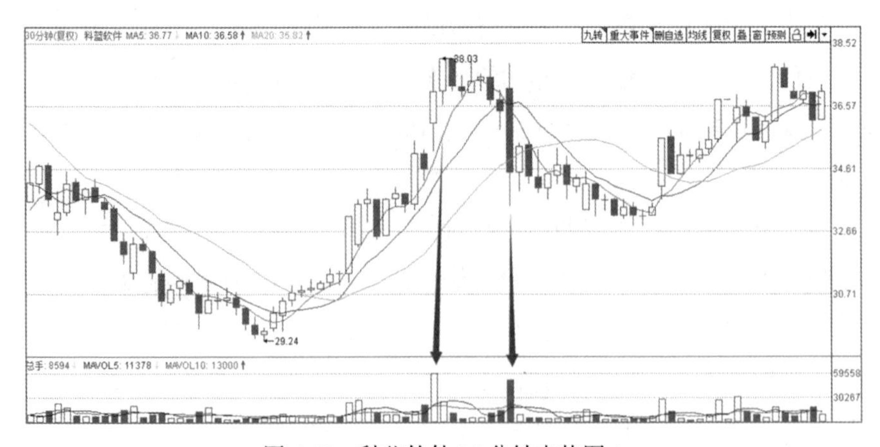

图 6-62　科蓝软件 30 分钟走势图 1

如图 6-63 所示，这四个箭头所指的地方是什么？就是“极小量”，同样毫无神秘或模糊的地方。

这四个箭头分别标注了 1、2、3、4，分别代表了它们所在的四个阶段里的相对“极小量”。第一个箭头所指的是下跌后的极小量，导致走势形成底分型；第二个箭头所指的是上涨走势里的高位横盘缩量缩出来的极小量，同时股价维持不倒；第三个箭头与第一个箭头含义相同，第四个箭头与第二个箭头含义相同。

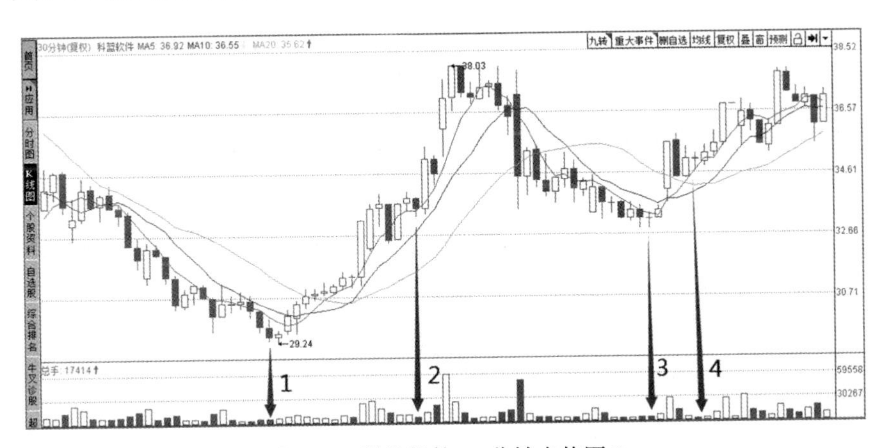

图 6-63　科蓝软件 30 分钟走势图 2

单个成交量柱的特征最明显，一眼就能发现的是“极大量”与“极小量”这两种。关于成交量的第二课，就从这里进一步深入。

由“极大量”可以很容易地推论出：近期的其他成交量很难与之相等，自然形成了成交量的“顶分型”。

由于股价走势是由资金或筹码（成交量）推动的，所以，成交量的顶分型极大概率对应着股价走势的顶分型，如图 6-64 所示。

有些位置的极大量之后是不是顶，可以从下一步的走势里看出来。在极大量之后，股价立即出现尖尖的顶，那么将其当作顶分型处理无疑了。

上涨初期的极大量，比如低位底分型或低位横盘上涨，可以视为放量突破。上涨一段时间后看历史股性，一般的极大量都有可能形成成交量的

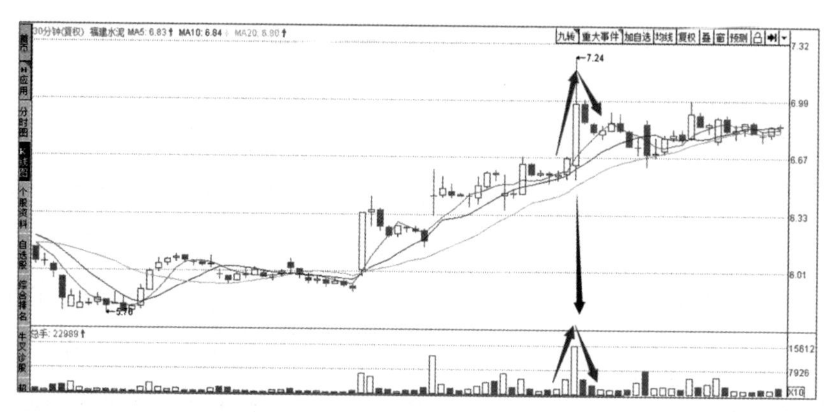

图 6-64　福建水泥的 30 分钟走势图 1

顶分型。上涨初期的倍量上涨多是买入点，上涨后期出现天量顶分型多是卖出点。

少去猜测，依据已有事实，看图说话。如图 6-65 所示，第一个极大量之后，股价维持横盘；第二个极大量之后，股价立即出现尖尖的顶部。

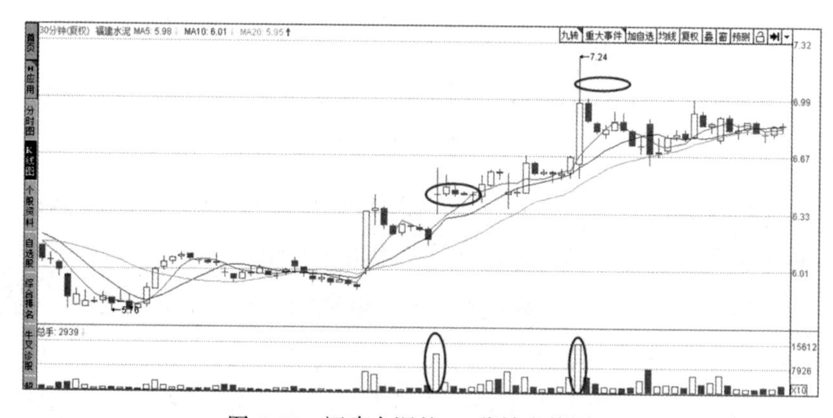

图 6-65　福建水泥的 30 分钟走势图 2

很多股民都执着追求于买在最低、卖在最高。其实根本就没必要。只追求确定性，不买最便宜，也不卖最高，低买、高卖在相对低点、高点就是对的，能准确吃到鱼身就不错了。

由一个“极大量”成交量柱，可以推论出成交量的顶分型，那如果有许多个成交量都是大量呢？我称为“高量群”，如图 6-66 所示。

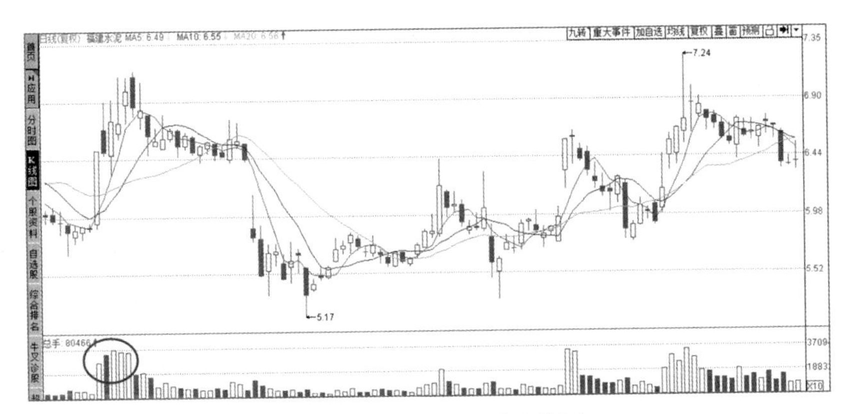

图6-66 福建水泥日线走势图

成交量连续高位，得通过走势位置来分析具体情况。如果是低位连续放量，则还可能有资金吸筹；如果是高位连续放量，就是出货，走势一旦出现顶分型就大事不妙了。股价滞涨了就难以为继，多空势均力敌，斗争几天，最后大概率会往下走。

极大量是由真金白银堆出来的，是实现利益的必经之路，想藏也藏不住。极大量有可能导致顶分型，在此基础上出现的多个极大量的组合，意思就很明显了——高位盘整出货。高位放量群对应大周期的卖点，赶紧卖出。

资金量达到极大值，就意味着后续接盘的量已经衰竭，即将见顶，而且是大顶。而多数人想的这些东西很复杂，都是主观想象，而且是错的，根本原因就是无条件看多思维的影响。

高量群，就是资金的连续大量消耗，意味着主力正在出货，散户在高位接盘。想要维持股价和高量，散户就要不断追加资金，而散户是没法维持的，资金马上就会枯竭。

天量对应天价，极大量需要后续资金跟上，不可能长久维持。一下放出平时几倍甚至一二十倍的成交量，哪有什么持续性？一旦出现极大量，只要当日不涨停，就先头也不回地跑出来，肯定错不了。

如果低位启动就是一个天量呢？刚开始就已结束，直接见顶，至少是短期顶部。启动的天量往往也难以维持，只能“一日游”。

请记住，在放出极大量的时候，不管是低位还是高位，都不能买入。因为不管在哪个位置的放大量群，接下来都会见顶，只不过中位是短期见顶，高位是见大顶，反正对短线来说都是顶。

一个极大量与一群极大量，逻辑是一样的，只是一群极大量，这个顶部会更长久。一个极大量，也许回调、盘整一两天，股价还能再次上涨；一群极大量，股价在很长时间内都会元气大伤，难以恢复。

对应的卖出、买入时机是出现量群就卖，再买入就一定要等出现缩量底分型，且前提是这个底不低于前底，否则就是下降通道。

极大量与走势的内在关系是在股市的实践中被无数次证明了的，我们就以大盘为例，大盘比较有代表性。

如图 6-67 所示，圆圈里的高量群，后面怎么样了？

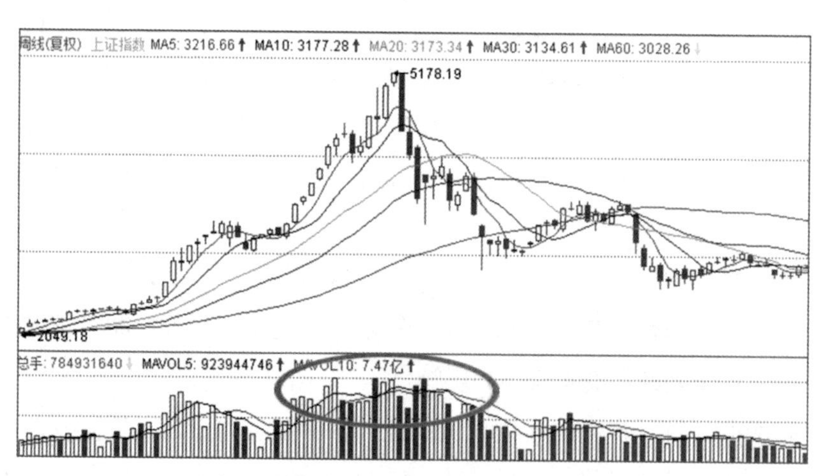

图 6-67　大盘在成交量持续放大后，一路下跌

大盘后续长期处于下跌趋势中，一群高位接盘者被牢牢套在其中，他们还总想卖在最高，买在最高还差不多。

很多股民虽不愿承认自己贯彻的是无条件看多思维，但实际上多年来一直都在践行无条件看多的做法，一再被自己的主观想象误导。

如图 6-68 所示，高量群的后面都是什么样的情况？

图 6-68　大盘在三次高量群后都对应下跌

物极必反，如图 6-69 所示，大名鼎鼎的中国中车，在 2015 年 6 月出现高量群之后，几年都恢复不了元气，股价从 39.94 元 / 股一路跌到 9 元 / 股附近。

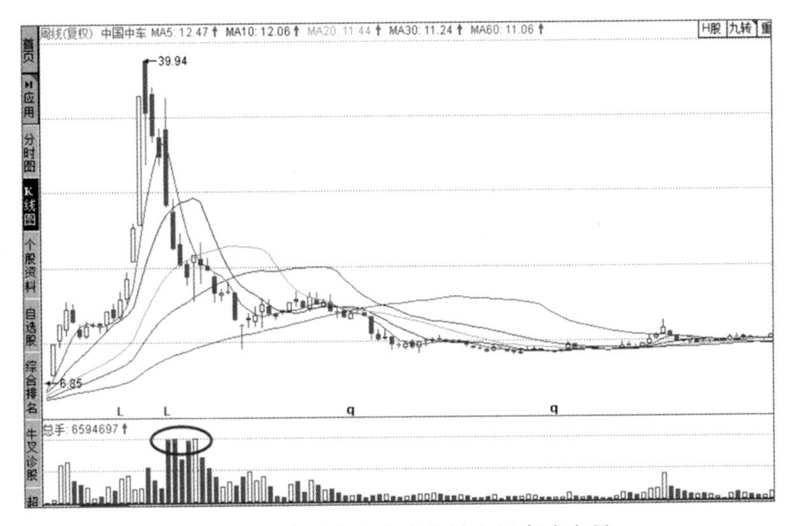

图 6-69　中国中车在高位放出极高成交量

一个极大量至少对应着近期顶部，而包含连续多个极大量的“高量群”

就对应着大周期顶部。其中的道理很简单，买股票要花钱，花的钱越多，成交量柱就越高。多头实力被大量消耗，难道钱就没有花完的时候？

一只股票里的资金也是有限的，推动股价上涨的资金消耗得太多，后续接盘的量枯竭，走势自然见顶，开始转换为筹码抛出。既然这个特征如此明显，那么我们就将它作为卖出时机，赶紧离场。什么时候可以卖出股票？极大量是一个重要参考。

总结：一个极大量大概率形成顶分型走势；一群极大量导致上涨动能衰竭，大概率构成走势的顶部区域。

（2）极小量与低量群，底分型与底部区域

如图 6-70 所示，箭头所指的是这个阶段中的“极小量”。由成交量极小量可以推断出，在这里大概率会形成成交量的一个底分型。

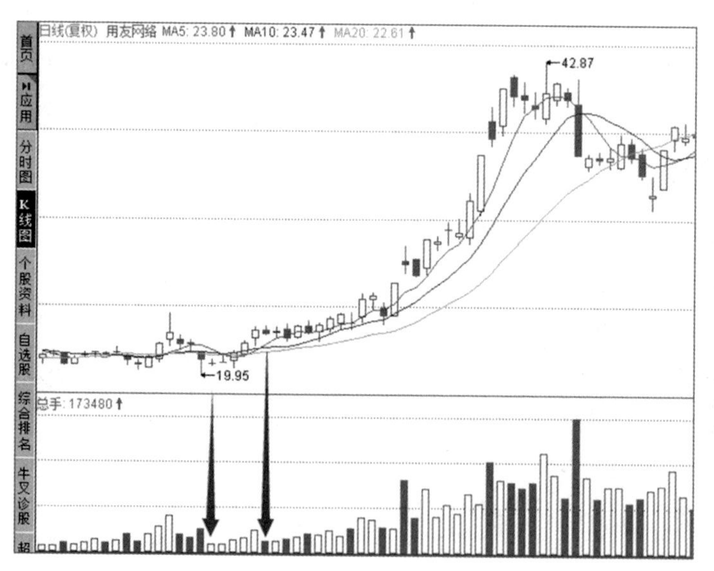

图 6-70　用友网络成交量日线图 1

成交量的底分型一般对应着股价走势的底分型，如图 6-71 所示。别想着总能买在最低、卖在最高，只要卖出的价格比买入的价格高，就是值得去做的。经常如此，你就已经能稳定盈利了。

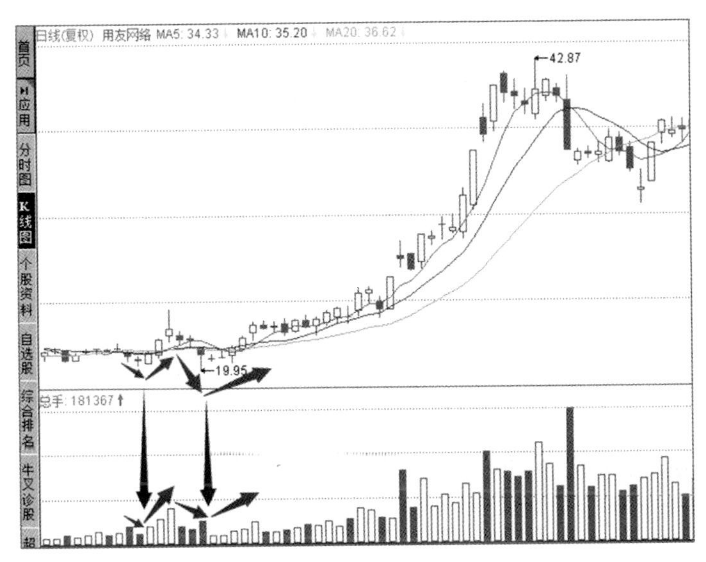

图 6-71　用友网络成交量日线图 2

如图 6-72 所示，圈里的可称为“低量群”，与高量群对应。低量群大概率对应着走势的底部区域。出现低量群之后不一定会大涨，但至少安全性是比较高的；大周期底分型确立后也不一定会大涨，但大涨肯定从这里开始。

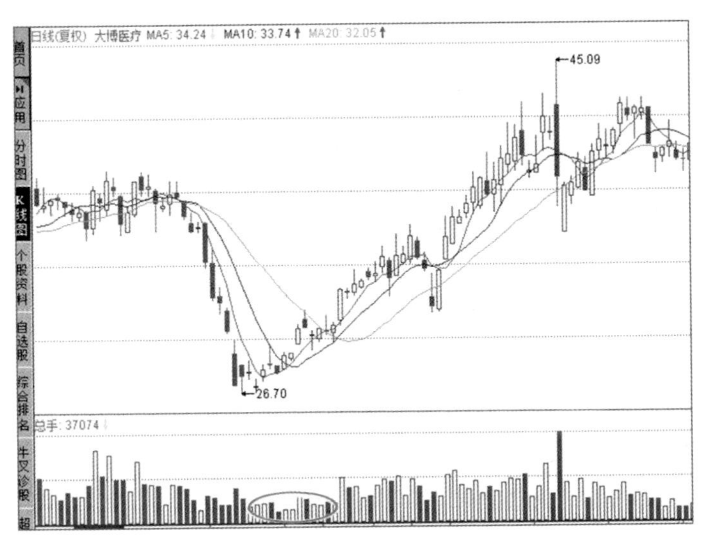

图 6-72　大博医疗日线走势图

出现低量群的股票不止一只，而有许多，可以进行第二轮筛选，通过信息矩阵、大单净量排行等工具，找出强势的股票。

这不是抄底，而是在上涨走势里找买点，在日线上升趋势中寻找那些回调低量的股票。

（3）放量与缩量，急速放量与急速缩量

最高的成交量是极大量或高量群，最低的成交量是极小量或低量群。那么，在这高与低之间，会发生什么？必然有从高到低的过程，或者从低到高的过程。

成交量从大到小的过程就是缩量；成交量从小到大的过程就是放量，如图 6-73 所示。

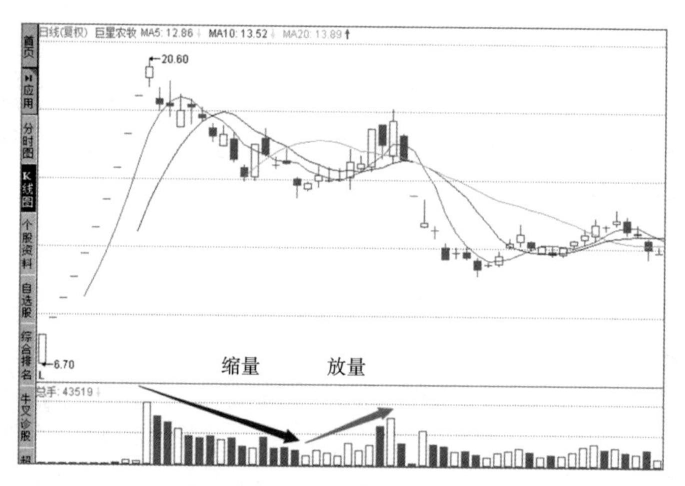

图 6-73　巨星农牧日线走势图

在成交量的变化里，放量就相当于股价走势里的上涨，缩量就相当于股价走势里的下跌。

横盘缩量，是缩量里面值得特别关注的。在放量里面，也有一种特例，就是急速放量。

如图 6-74 所示，前两个箭头所指的成交量，当天的比前一天的放大一倍或更多，称为“急速放量”。如果其对应着股价走势的底部区域，就会

存在机会，因为大多数牛股在底部都是倍量启动或倍量上涨的。

同一只股票，其股性具有连续性。在第三个箭头处又是一次洗盘后的倍量启动。像这种倍量启动，边拉升边吸筹的股票，反正在底部，有恃无恐，尽可大举买进。

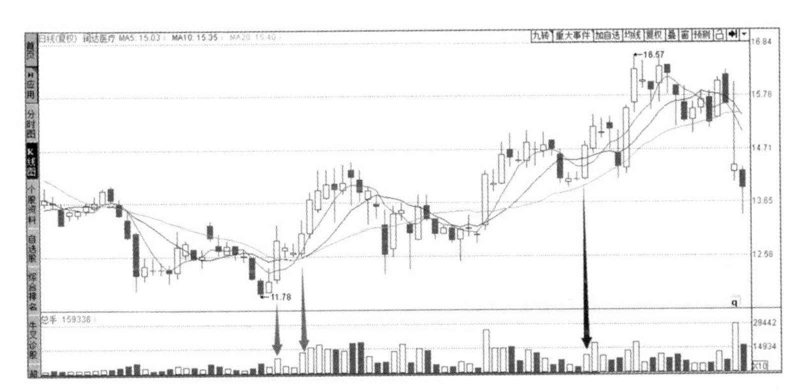

图 6-74　润达医疗日线走势图

在缩量里面，有一个特例，就是上涨缩量——支撑柱（结合走势）；此外，还有一种量柱群，即不放量也不缩量——平量柱。

关于这两种量柱群，限于篇幅，暂且跳过。

至此，五种量柱群全部登场，有了这几个工具，关于量价关系，基本上没有死角。再结合前面的 K 线，对股价走势看得更清楚明白了。

（4）量群辨疑

量价背离和支撑柱都表现为股价上涨，成交量缩小，怎么分辨?

第一种方法是以量价、时空综合衡量，股价连续大阳线上涨，成交量在大量的基础上缩小，大多数是背离。

第二种方法是看股价 K 线。虽然成交量先于走势形成顶分型，但只要股价还在上涨，顶分型还没出现，就可以持股，直到股价顶分型出现为止，不用管它是背离还是支撑。

一个原则：当成交量与 K 线不一致的时候，以 K 线为准。

如图 6-75 所示，在这里就出现了背离。

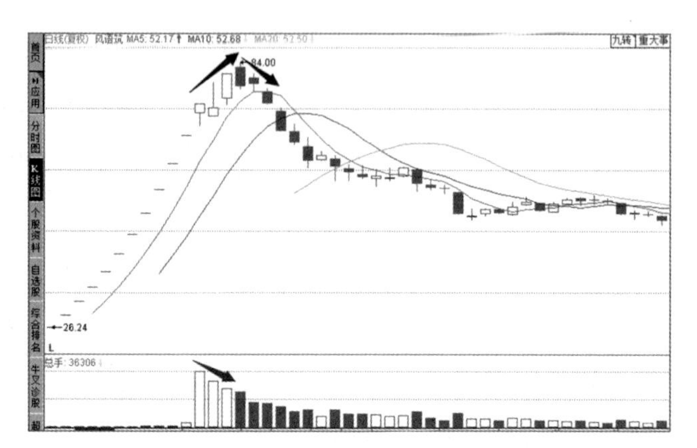

图 6-75　风语筑日线走势图

如永和智控，低位倍量启动，后市力大无穷，如图 6-76 所示。把市场资金流作为进出的重要参考，这种办法简单、清楚，重要的是，它能一下子抓住大资金的命门。

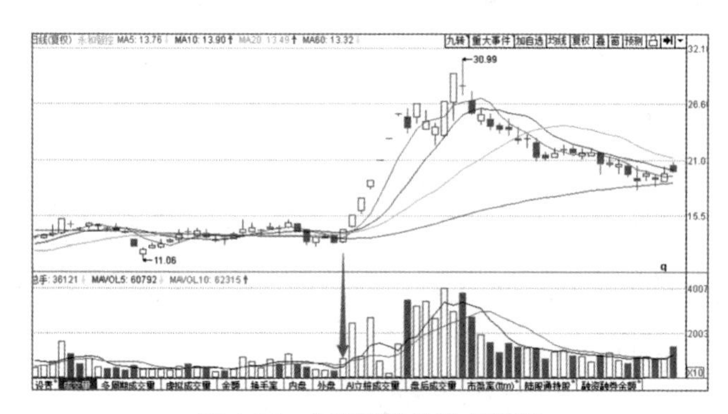

图 6-76　永和智控日线走势图

图 6-77 为买入、卖出的最佳时机，堪称教科书级范本。

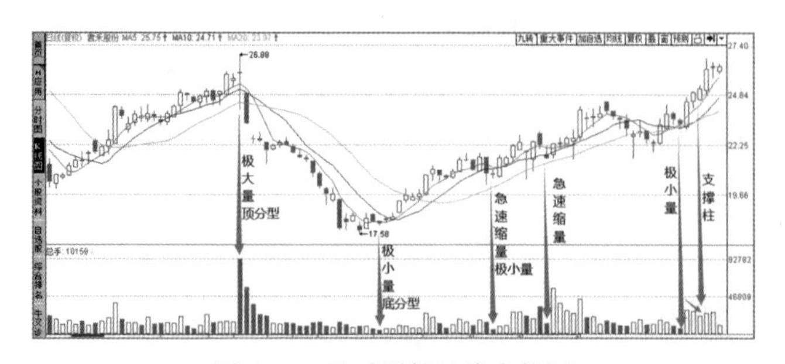

图 6-77　君禾股份日线走势图

寿仙谷的本轮最佳买入时机同样很明显，如图 6-78 所示。

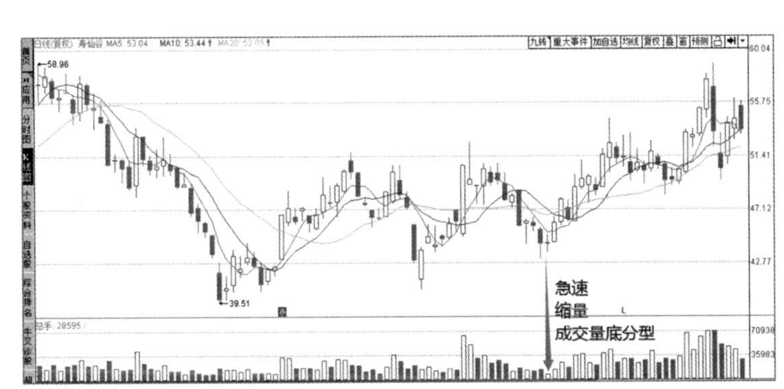

图 6-78　寿仙谷日线走势图

顺势买点，遇到前面的阻力，大概率有回调，如图 6-79 所示。

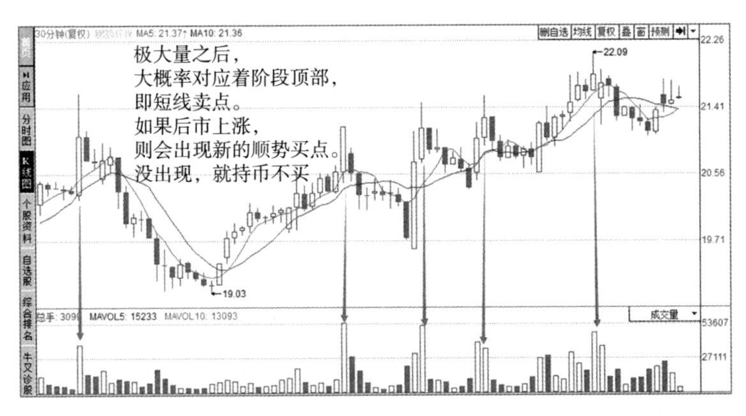

图 6-79　鹏鹞环保日线走势图

7. 制胜法宝之成交量（三）

前两节介绍了成交量入门知识和量柱群，让我们认识了股价走势在不同位置所对应的成交量的具体含义，这一节我们就用成交量去阅读整个股价走势。

无论你对哪只股票感兴趣或者决定买入，首先要面对的就是已有的股价走势，如图 6-80 所示。

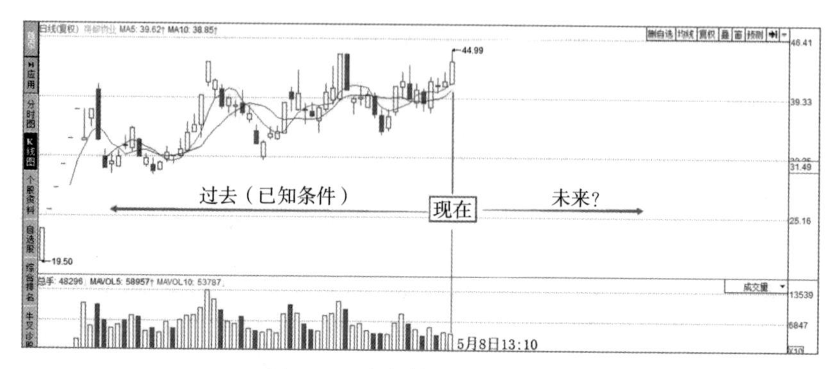

图 6-80　南都物业日线走势图

我们在任何时候面对的走势都位于图中的“现在”，但如果仅仅盯着狭窄的“现在”去看，那么我们对未来便一无所知。其实一无所知都算好的，而实际上，大多数人会用自己幻想中的走势替代后面的走势。

只要自己“看好的”股票，都会涨上天；如果跌了，那也只是暂时的，以后也一定会涨上天。有没有对号入座的?

无条件看多或看空，这就为随意买卖埋下了种子。所以，我们需要放宽眼界，尽可能从过去的走势里找出有用的已知条件，把握现在的市场情绪。我们的依据应尽可能建立在客观之上。

什么是客观? 已经发生的走势就是客观的一种，这就是我们应该重视走势的“过去”的意义。在一只股票的过往走势里包含太多的有效信息，比我们凭空想象一只股票的后市靠谱得多。

在此基础上，合理估算走势的未来，即“预期接盘量”，也就是走势的上涨持续性。

股票交易，没有买在最低位，不重要；没有卖在最高位，也不重要。在买入前，能否大致估算该股票的上涨持续性，才是最重要的。在目前的位置，接盘量充足，股价能持续上涨，买在相对高位照样盈利；如果股性孱弱，小幅上涨即短期顶部，那么买在“低位”也会“站岗”。

所以，这一节的核心主题就是三个：

（1）成交量的过去——历史股性。

（2）成交量的现在——多空博弈，市场情绪。

（3）成交量的未来——预期接盘量（资金流、信息流）。

从这一节开始，我们将从成交量这里打开一个出口，放眼整个市场，而不是局限于走势，或局限于某一种技术。当然，也不会是纯基本面派。

（1）成交量的过去——历史股性

生活中的经验告诉我们，如果你要投资某个人，或者与某个人合作，但你并不了解他未来是否可以给予你预期回报，那么这时候你是不会被口头承诺忽悠的，一定会去了解他的过往经历，如是否诚信、是否有进取心、有过哪方面的成就、缺点是什么等。一个劣迹斑斑的人，谁能相信他的承诺？虽然过去并不能完全代表未来，但它一定是非常值得参考的信息之一。

同样，从股价走势的历史记录中也可以找到许多有用的已知条件。只要是能看出来的，就一定是有用的。

总结一下，有以下几个方面：

1）重要高点、重要低点。

2）一轮上涨或下跌的幅度与时间（股性强弱）。

3）前期多空力量对比（横盘缩量或顺势买点）。

4）主力的操盘风格和节奏（打开一些关键位置的分时走势去对比、连贯）。

5）历史成交量极限所对应的走势。

如图 6-81 所示，当一只股票在某些关键位置，比如上涨到一次轮回里的相对高位，那么对后市的判断就可以参考前期相似状况下的历史走势。

大多数股票的股性强弱，在走势上看一眼就能知道。同样的涨幅，对于历史强势股或弱势股来说，后市完全不一样。

这种办法是不是很简单？

要想知道一个人在干什么，就去查看他的行程记录。在股市里，所有的股票都被统计在册，这就给我们提供了方便，如图 6-82 和图 6-83 所示。

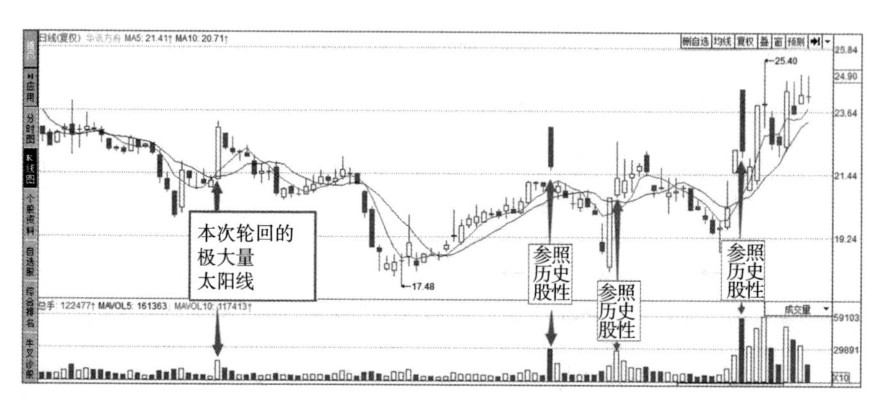

图 6-81　华讯方舟日线走势图

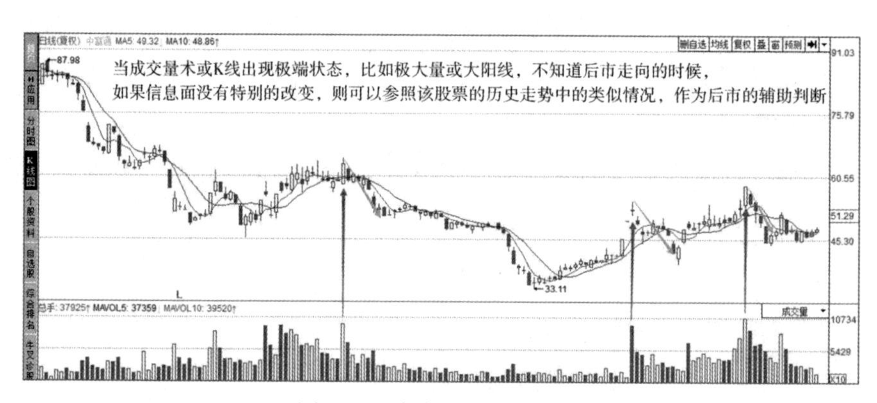

图 6-82　中富通日线走势图

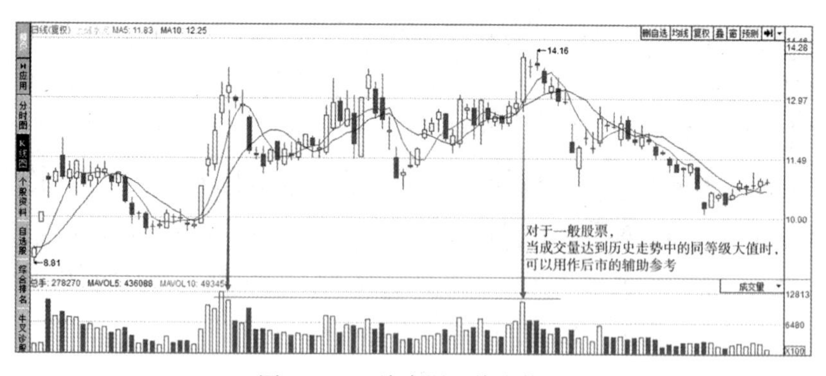

图 6-83　上峰水泥日线走势图

当然，这个工具不是对所有股票都有效，对一部分股票有效就足够了。

就像工具箱，大号螺丝就用大号扳手，小号螺丝就用小号扳手，总有一款适合它。

如图 6-84 和图 6-85 所示，当成交量达到历史极大值时，股价 K 线的走势几乎做出了完全相同的反应。不仅仅限于成交量顶分型，走势 K 线、成交量，有一项触及历史特征，都可以去历史记录里找对比。关于这方面的应用，在 30 分钟走势里最频繁，成功率较高。

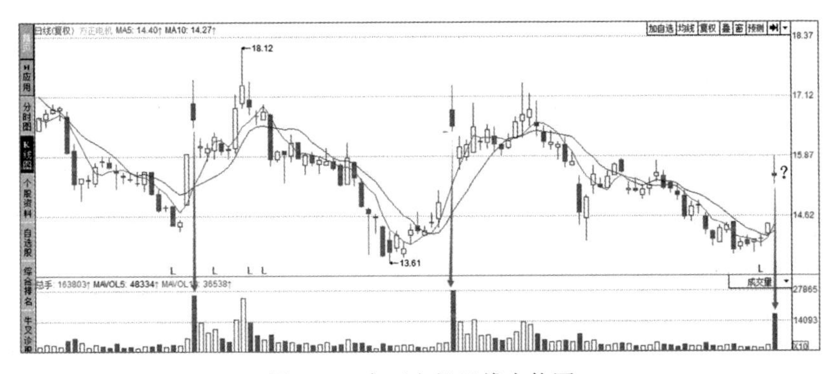

图 6-84　方正电机日线走势图

图 6-85　宜宾纸业日线走势图

当你面对目前的极大量成交量柱，不知道如何处置的时候，就可以缩小界面，把前期出现过的同等大量纳入视野，一定会有所帮助。“以史为鉴，可以知兴替”，应用在走势上，同样有效。

如图 6-86 所示，股票的过去有助于更好地理解它的现在。

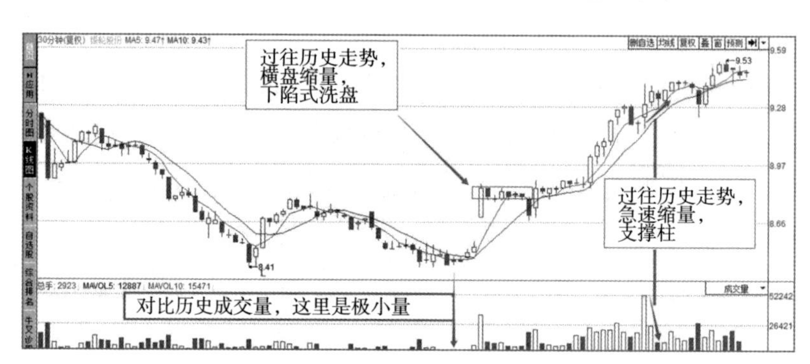

图 6-86 银轮股份日线走势图

如果你对某只股票一无所知，则可以多阅读它的历史监控记录。在平时的实践中，许多时候都可以借鉴某只股票的历史走势记录来提高对当前走势的判断力。

在复盘时，看到大跌或大涨的股票，顺便打开它启动前几天的分时图，多多揣摩理解，就能很容易理解当前的走势。

（2）成交量的现在——多空博弈，市场情绪

如果仅从一只股票的过去去把握它的现在，那炒股也太容易了。股票所在的外部环境与市场情绪时时在变化，一只股票在不同时期受到的合力影响几乎不可能再次重复，因此，对当前股票市场情绪的理解必不可少。

市场情绪就是在当前的大盘环境下，在该股票所处的板块、位置下，从多空博弈的角度去看这只股票。虽然最大的已知条件是过往走势图，但这是远远不够的，思维不能拘泥于此。怎样才能感知市场情绪？就是要跳出有限的自选股，借助关联性，感知市场资金流的动向，以及与所持股票相关联的板块、个股总体走势情况。

由于这一节的总纲性质，因此，本节主要是提出解决问题的方向，具体细节在以后的实践中完善。

进一步理解，市场情绪也就是当前接盘的量与抛出的筹码之间的力度对比。

在某种信息或效用的影响下，接盘的量源源不断，而持股有抛出意向的筹码反而是“墙头草”，摇摆不定。认定股价会继续上涨，就是坚定的多头，赚钱效应又吸引到更多的潜在多头，如此就形成了良性循环。

在信息高度发达、确定性盈利模式大面积扩散的前提下，这种赚钱效益带来的溢价使类似模式越来越被强化，仅仅是上涨就足够成为市场上的明星。

在上一节中永和智控开启连续七个涨停板的第一天，在日线上看，尾盘最后一分钟封板和盘中封板，日 K 线都是一样的。那么，哪个花钱多？哪个花钱少？毫无疑问，直接拉升到涨停并封住涨停板的气势，比阶段性慢慢上涨的气势要强得多。越早封板，花钱越多，如图 6-87 所示。

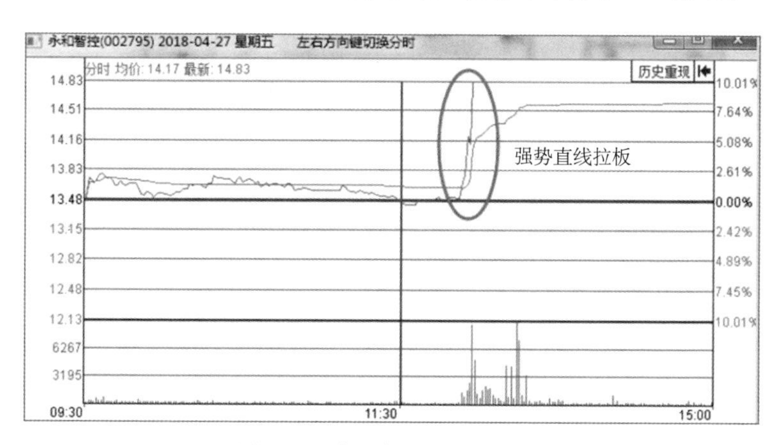

图 6-87　永和智控分时走势图

之所以这么舍得，是因为后市有更大的利益（后面还有六个涨停板），值得这样做。当然，也代表了主力有实力去实现这项计划。

（3）成交量的未来——预期接盘的量（资金流、信息流）

从博弈的角度来看股票，它是否值得买入或持有，本质的依据就是后市接盘的量。这一点决定了你能否在更高的价格把股票顺利地兑换为资金。

股市交易的本质是股民之间的群体博弈，仅仅盯住过去和目前的走势是不够的，“场外资金”也必须关注。后市的走势、上涨持续性，都与场外资金息息相关。

所以，从“预期接盘量”这里我们需要打开思维，脱离走势图的局限，俯瞰整个市场，感知市场资金流的动向。这个动向是无形的，难以直观看到，但是，只要资金遵循必然的逻辑运动，就可以推测其动向。

事实上，市场的关注力在哪里，资金流就会流向哪里——它沿着信息流的方向涌动。至于信息本身是否可靠、是否有意义，都不重要，吸引了足够的关注就行。

有流量的地方，就有资金流；有资金流，股票就有接盘的量。

是资金在先还是信息在先？有人认为是资金先进去，消息出来就兑现。那么，什么样的信息流会影响到场外资金？

走势本身可以算第一种，涨幅巨大的走势如同超级广告，以巨大的赚钱效应吸引了众多的关注，形成了市场新的信息。仅仅凭它震撼人心的走势，就能吸引到众多接盘的量。

由此可以给“信息流”下一个定义：凡是能影响市场资金流分配的公共信息，包括特殊的走势、资讯、题材、概念、龙虎榜等，都是信息流的一种形式，并不局限于题材或资讯一类。

具体的行为就是随时估算场外潜在买入者的意愿强弱和资金量。所以，前面提出的极大量在大多数情况下对应着卖点，因为潜在的场外资金枯竭了。

第二种是所持股票里面有做空意志的筹码量。说起来似乎很难，其实真做起来，结合大盘、题材、赚钱效应、亏钱效应、涨跌的力度和成交量，得出结论并非难事。因为并不需要得出每一项的准确数字，参照历史走势和经验，知道一个大致的结果就行。

毕竟走势只有上涨、下跌、盘整三类而已，有了这些已知条件，只需要提高三选一的正确概率即可。如同成交量一样，并不需要知道每只股票在某个时刻具体的成交量是多少万元，只需要对比量柱之间的高低就能得出结论。

这一节是承前启后的一节，我们总结了走势现有的已知条件，又进一步脱离了纯走势的局限，连接了广阔的市场信息流、资金流，成为一个全息思维者。信息面、走势面、资金流在“成交量的未来——预期接盘的量”的统摄下，成为一个有机整体，比纯技术派高明，也比纯基本面派理性。

这一节事实上就是一个理性的炒股思维的总纲，它要求我们看走势、看信息，要全面，不能拘泥于走势刻舟求剑，也不能拘泥于信息无脑跟风。

理想的状态就是在市场的强势股票里面精准把握进出时机，尽可能迅速参与并全身而退。前者有赖于高效的信息矩阵和甄别能力，后者有赖于扎实的走势基本功和冷静的心态。

第 7 章

建立稳定的交易系统

1. 统观全局、运筹帷幄——选股

凡是股票交易，面对的第一个问题必然就是选股，任何操作模式和交易理念在这一点上都没有分歧。

如果在股市里以盈利或亏损作为衡量成败的唯一标准，那么选股这个环节几乎“一票定乾坤”。

反之，一个股市新手，不管是撞大运也好，还是灵机忽现也罢，抑或仅仅掌握了选股技巧而其他什么也不懂，在股市里的成功也会远远超出精通各种炒股理论与炒股指标的集大成者。

当然，在这里只是为了体现选股这个环节的重要性。一个完整、安全的操作，在选股的基础上，绝对要匹配恰到好处的买点、卖点和止损。所谓简捷、高效的选股方法，是强调它总体上的成功率高，因为在投机博弈市场里，风险是不可能完全消除的。任何股票、任何时机，没有理性止损，都不是安全的。

想要实现“统观全局、运筹帷幄——选股”的目标，其具体的架构就是建立一个高质量的自媒体信息矩阵，高效、免费获得市场的最新动态，拿到具体的股票，作为股票备选，运用交易体系中对走势的认知，删除不安全的股票，在具体的交易中，对这只股票进行买卖操作。

首先，布置一个以自己为中心的信息矩阵，吸取其有效成果，为己所用，以天下股民的眼睛为自己的眼睛，以天下大资金的选择为自己的选择。自己处于该矩阵的顶端，只需要在极为有限的选择范围内作出最终决策。

这个矩阵有两条腿，一条是股票排行榜自带的竞争机制——“涨幅”与“DDE”，另一条就是自媒体排行榜上具有资金、信息影响力的现成股票。

其次，剔除走势图上具有高风险的股票。股价上涨的机理就是资金流，而股票的风险来自高位放量下跌或低位顺势下跌，这两种风险都可以通过 K 线走势语言去除。

以上实际就是基本面、资金面、技术面三者的交叉组合，缺一不可。

因为在大量资金涌入的地方，基本面通常都得到别人的预先研究，已经被认可。

最后，进入实际的交易。

至此，矩阵解决了选股的问题，我们自有的交易体系基本上解决了操作的问题。

在这个过程中，股民所交易的股票将会分成两类：超短线股票和中线股票。在买入之前，就应该有所准备。

具体怎么利用市场信息资源，建立自己的信息数据库？

其一是微信公众号。先筛选出敢于每天事先就明确推荐一两只股票且成功率较高的几个公众号，再定期用准确率更高的公众号换掉近期表现不佳的公众号，确保这个行业的选股实战水平顶尖的前几名一直都为自己所用。

其二是微博与其他凭借分析股票长久生存的平台、App。

其三是拥有全世界广大用户群的股票交易软件“同花顺”，它具有十分完善的信息资讯，几乎可以独立完成收集信息的任务。

图 7-1 所示的页面内容较多，我们不必去角落里寻找，既然找信息的目的与找资金流绑定在一起，当然只需要知道能被最多人群看到的信息。首页、头条、最显眼位置的信息，尤其是具体的板块、具体的股票名称，

图 7-1　同花顺首页图

要引起注意，因为这里太容易被众多资金关注了。即使一只走势令人费解的股票，只要是一个利好信息，只要放上同花顺头条，也会招来几个点的涨幅。

东方财富、大智慧的功能与同花顺的功能类似。

关于DDE指标，在这个榜单中出现的股票，要对照走势图审核它的安全性。高位出货的股票也会经常进入这个榜单，合格的股票又要区分为两类，即超短线股票和中线股票。

对于超短线股票，由于看到的时候就有了一定的涨幅，把握的难度更高；但如果在这个榜单中出现一只低位上涨或低位横盘的股票，则大概率是一个极好的中线目标，能在几千只股票中脱颖而出，即使在这个榜单中短暂停留，也是大资金扫货潜伏进入留下的痕迹。在大资金进入后，一般会有洗盘整理的过程，所以，把中线股票当成超短线股票去做，也是误区。

2. 判断走势力度，把握买入时机

对于看涨的自选股票，并不是开盘就直接买入的。本节重点讲述的是如何在购买股票之前观察股市环境及自己所选股票的走势力度。

在庞大的市场里关注哪几只股票，可以借助市场现有的成果，但在这几只股票里面进一步确定具体的买入目标、在盘中及时把握买入的时机，只能凭我们自己对走势的临机判断。

就以实时状况为例，通过早盘的对比分析，基本面与走势面都合格的股票确定为洁美科技和安纳达，那么是不是一开盘就立即买入这两只股票？或者在某个预定价位买入？

答案是否定的。对于看好的自选股，认可它的价值是一回事儿，具体什么时机买又是另一回事儿。看好归看好，在实际操作中，走势技术才是依据。我们必须等待一个有利的、安全的时机，至少是在自己的认知范围内的安全和有利的时机。不问青红皂白，见到价格上涨的股票就去买，一定会出问题。

那么，这个“买入时机”的判断标准是什么？

就是买入后大概率能够上涨获利，而不是走势疲弱转为下跌。我们无法知道几天之后的走势，但结合各种能够得到的信息细节，尽量分析出当天的走势变化，也能避免许多错误操作，提高交易的准确率。

任何一只股票的走势永远自带“上涨、下跌、盘整”三种可能，由于外界因素和自身条件的变化，会触发走势在这三种类型中转换，比如由下跌转为盘整，或由上涨转为下跌。在这个过程中，哪种类型是有价值的买入时机？

以早盘的洁美科技和安纳达为例，一开始都是上涨走势，其后有三种可能：上涨—上涨；上涨—盘整；上涨—下跌。如果对走势没有“上涨、盘整、下跌”的全面认识，就会简单认为上涨走势的后面连接的都是上涨，在这种思路下，见到价格上涨的股票就追高买入然后被套，也是情理之中的事。

安纳达与洁美科技的日线低位和基本面利好导致了早盘的上涨，印证了看涨该股票是成立的。但是，在涨幅 3 ~ 4 个点的位置，我们要买入吗？

答案是否定的。

3 ~ 4 个点的涨幅就是它们今天涨幅的极限，一个值得我们买入的买点应该在买入后继续上涨到更高位置，然后保持横盘或继续上涨。这一系列问题，都应该在买入之前搞清楚，再决定是否持股。

为什么它们今天的涨幅就是 3 ~ 4 个点，后面连接的走势就是下跌—盘整—下跌？提前判断的依据是什么？就是综合几个方面的细节，从一些“蛛丝马迹”中发现征兆。

（1）历史走势所体现出来的股性。就如同一个人的性格，不同的股票，其活跃程度不同，股性在一段时间内往往是固定的。洁美科技与安纳达近两个月的历史股性（日线）都不能维持一个跳空高开然后强势上涨的短线剧烈行情，图 7-2 为洁美科技的走势图，安纳达与之类似。

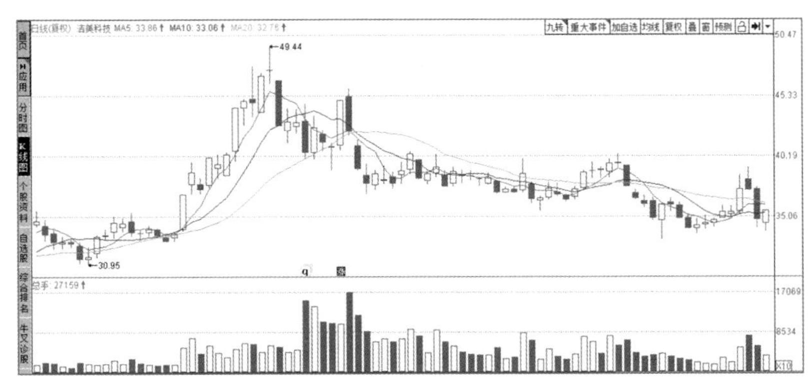

图 7-2　洁美科技日线走势图

（2）在安纳达 5 分钟周期上发现全天量价关系的微观结构，如图 7-3 所示。

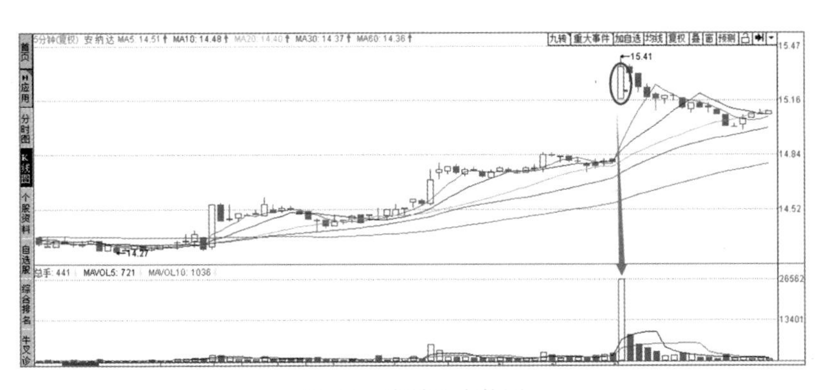

图 7-3　安纳达走势图

高开之后 5 分钟内的巨大成交量，显示了该股票内部存在严重多空分歧，一个足够大的买量，加上一个足够大的卖盘，留下了这根远远高出该股票横向正常水平的成交量。

这里表达的意思是，安纳达的短暂高位承受了极大的看空抛压，也消耗了极大的看涨资金量。在这种状况下，再联系历史股性，今天在涨幅四个点的位置再继续上涨，显然是极其困难的。排除了继续上涨之后，剩下的可能就是下跌。

洁美科技与此类似，而且在早盘集合竞价阶段，这两只股票的这个剧本已经演示过一轮了。如图 7-4 所示，最左侧的集合竞价走势就是全天分时走势的预演——冲高回落。

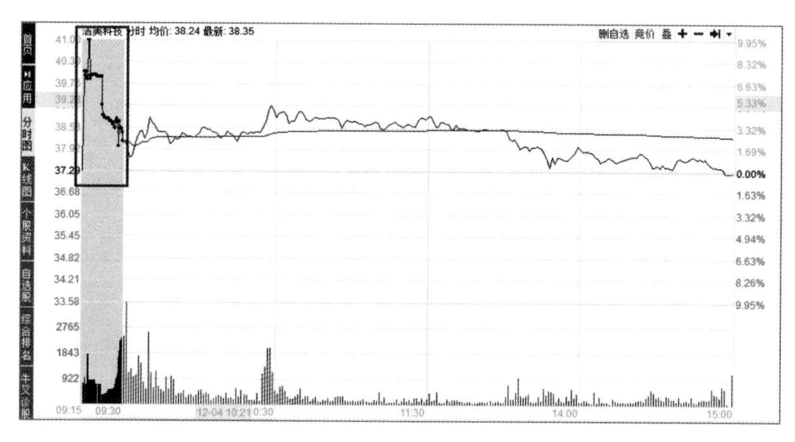

图 7-4 洁美科技分时走势图

（3）既然不能继续上涨，那么下跌之后，能不能维持横盘？这在早盘是未知的，要结合大盘的走势。当天下午大盘集体大跌，在这个不利的环境下，横盘也是不能维持的，只有随大流下跌。

综上所述，既然买入股票的理由是买入后股价上涨，而自选的股票在高开后没有继续上涨的空间，在盘中也没有出现“盘整—上涨”的可能，全天的走势是“上涨—下跌”，因此，全天都不存在合格的买入时机，对应的操作就是空仓持币观望。

我们选股以中线投资目标为佳。天天超短线，那是高难度操作，盈利了也就几个点。更关键的是，频繁交易后一算总账，很可能总体上还是亏的。只有中线投资的成功，才能让账户大幅增值。

被资金关注，走势又合格，强势股的效果就是这么出来的。但任何情况下都不能追高。

买卖股票要眼观六路、耳听八方，提高警惕，保护资金安全是第一位的。在关注目标的同时，不要忘记了上证指数。如果大盘较强，那么强势的板块会更强；如果大盘有风险，那么即便所选的板块强势，但仍然会受到大盘的压制。即使是优质股票，也有好的买点，但在大盘有风险的大环境下，也只能轻仓。

持有某只股票，是出于短线、中线目的还是出于超短线目的，操作也完全不一样。短线股只要不能一鼓作气上涨时就应该马上退出。在遇到回调时，长线股可以容忍一定幅度的下跌，但对于看好的中线股，止损就要明确，因为中线不一定会涨。

成交量以 30 分钟走势为例，在放出极大量之后，回调是必然的，即使再好的股票，也不要买在高点，这就是等待买点的意义。

盘中判断走势力度，成交量是最敏锐的。凡是以消耗天量成交量为代价的上涨，都是不能持续的，后面连接的至少是回调。市场氛围不好，一有上涨的苗头，就会招来更多的抛盘。

股票走势有上涨、下跌、盘整三类，这句话要永远记住。如果脑海里只有“上涨”的概念，就无法给下跌的可能预留位置。

就像安纳达，虽然早盘是看涨的，但并不意味着一定要去买它。该股票的上涨力度和涨幅在开盘的极短时间内就被透支了，剩下的就是盘整，然后回落下跌。

我们在购买一只股票之前，都需要冷静地想一下，买了之后能赚钱吗？比如洁美科技，如果在早盘涨幅 4% 的位置贸然进去，想要盈利出局，那么当天必须涨到 6% 以上或更高，第二天还不能下跌。

但它的第一根量柱就透支了巨量，可以看作下跌走势，乐观一点，短线最多就是盘整，绝对与上涨不搭边。所以，我们得出的结论就三个字：不能买。

当市场上的总体风险大于机会时，个别上涨的股票也不能去赌。遇到这样的行情，尽量不去买股，大盘前途未卜，个别的强势股也撑不了多久。

3. 上涨的持续性是买入的重要依据

前一节的内容是判断自选股票的走势力度，观察所处的环境，决定是否买入自己当前关注的股票；现在继续深入一步，上涨的持续性是买入股票的重要依据，甚至是“唯一的依据”。

对于超短线股票，上涨的持续性就是买入后能够继续上涨，投资者因此能在更高的位置卖出获利。如果要经历大周期盘整或下跌，那么这个超短线策略就是失败的。

中线股票的买入依据也是上涨的持续性，该股票价格能够以波动的走势逐渐抬升。如果短暂的上涨后即转入下跌，且跌破买入的位置，那么这个中线计划也是失败的。

短线股票可以从当前的走势力度、资金流、外部环境大致估算当天或后面几天的状况；中线股票由于持股的时间较长，未来的市场资金流和外部环境都是未知的。那么，我们所能做的就是严格买入标准，一只股票，不是看到它“现在在涨”或“已经涨了”而买入，更重要的是要考虑“买入之后”能不能继续上涨？如果答案是否定的，就不是一个合格的买点。

按照基本常识，一只股票在买入后，至少要维持一至两天以上的上涨，才有获利出局的可能，或者是后期的涨幅能够填满中间的下跌还有盈余；否则都是亏损出局的。

上涨的股票经常有，即使是 2015 年的 6、7、8 月，每天也有大涨的股票；但“持续的上涨”，就需要苛刻一点儿的条件了。

在什么条件下，股票能够涨了之后，大概率会再涨？

必须是做多的资金消除了犹豫和恐慌，放松警惕，对后市接盘的量有了充分信心，才会有源源不断的资金流入市场，在事实上构成“上涨的持续性”。

一个下跌、盘整或后市不明朗的市场，难以形成上涨的持续性。每当个别股票涨到稍高的位置时，持股的人对于后市是否有更多接盘的量没有信心，这种情绪立即引发筹码的抛售，在走势上就是冲高回落、盘整或盘整下跌。

由上涨、下跌、盘整交织而成的走势可以组合出复杂的图形，但有买入价值的，仅有“上涨—上涨”或“盘整—上涨”两类。

超短线股票，就是借力乘势，一鼓作气上涨。中线股票，就是价值洼地，有足够的上涨想象空间，能引起场外资金追逐，在较长的时间周期里，有看涨的资金持续流入。

即使通过信息筛选，少数的热点股票也需要一个稳定的、至少能够维持盘整的大盘，才能形成“上涨的持续性”。发现一只上涨的股票很容易，在买入该股票之后，还能“继续上涨”，就是在买入之前要深思的问题了。

一个活跃的、乐观的情绪占上风的市场，才能给市场资金源源不断流入提供温床。如果要在普遍犹豫观望、人气低迷的市场里寻找理想中的逆势大涨股票，那么，从对赌概率来说，成功率太低了。

为了满足“上涨的持续性”这个持股盈利的必要条件，在任何时候，等待大盘走势由下跌转为上涨或由盘整转为上涨，都非常必要。

4. 资金流第一课——市场情绪

由走势逻辑和信息流、资金流三驾马车驱动的交易模式，是针对 A 股股民群体心理诞生的获取暴利机会的模式，在移动互联网的大背景下，这个模式具有很高的效率。

由成交量和股价构成的走势逻辑在图表上比较直观，容易理解，但是信息流、资金流充当了什么角色?

信息流给予市场里思维散乱、处于随机状态下的股民一条关注、分析的路径，沿着这条路径，就能把随机无序的资金流汇聚起来。

举个例子，某国股市现在有 100 只股票，10 000 个股民，在没有任何信息干扰的情况下，各个股民独立、随机地买入，每只股票的波动幅度大概率相差无几。如果这时候媒体放出一条信息“× × 公司计划收购某家擦皮鞋的地摊店”，即使这个内容本身无聊透顶，但股民群体是一种独特的生物群体，不会理睬这些，他们关注的是这条信息对应了 × × 公司，而没有对应其他公司，这就足够了。

散乱的资金流因为信息的传播，瞬间把散乱的关注力吸引到有限的分析路径上来，打破原来无序的状态，凝聚成有方向的资金流，沿着一条无形的河道或者路径，向目标股票流过去。后来股价的波动效应再次佐证了信息的“含金量”，吸引到更多犹豫的资金，沉寂的市场因此有了波动与活力，如此周而复始。至于资金流最开始具体是被什么吸引来的，不重要，只要来了就行。

因此，理解了信息流，就可以在资金流的必经之路狙击。至于推动股价上涨的资金流何时衰竭，那是走势逻辑的任务，在一般情况下可以机械化地操作。

信息告诉了我们资金流在哪里，但这是不够的，身处资金流的中心，能乘势借力不被吞没，需要深入理解市场“资金流”的秉性。这一节就从“市场情绪”讲起。

出门干活要看天气，天气的情绪——阴晴雨雪，户外工作计划会因为天气而提前、延后或者临时变更。

待人接物需要察言观色，找人办事也会视别人的情绪状况随机应变。

资金流的背后是人，也有“情绪”，而且是“群体的情绪”——兴奋、恐慌、观望、犹豫。灵活的交易计划必定根据市场的情绪适度调整，或进攻，或防守。

市场心理相当于一个地区的气候，长久稳定。市场情绪就是当日的天气，随时有不测风云。在资金流激烈的搏斗中，对市场情绪的观察和把握是修正计划中的买卖时机的重要一环。

为什么即使同一只股票、同一个价位、同一个概念再次重复，后市的走势都不可能一样？因为市场永远不可能再次重现昔日的情绪。任何一个股价对信息流的反应，都被深深地打上了当时市场情绪的烙印。

理解市场情绪有什么用？揣摩市场情绪的高手，仅仅凭此就能大获成功。对市场情绪的反应形成了正确的直觉，股票交易就能游刃有余，符合市场的节奏。

股价高低是相对的，市场情绪有利，在什么位置都能涨，或者放大涨幅；市场情绪不佳，即使在低位也不敢涨，或者使正常的涨幅打了折扣。

感知市场情绪，就要调整自己的情绪，以市场的情绪为自己的情绪，所谓的“题材”“概念”，都是市场情绪一阵风，吹过后就销声匿迹了。在同一个概念里，如果市场情绪发生变化，一只股票崩盘了，那么其他股票马上会被下跌的情绪波及，很难独立支撑。上涨会受到其他同板块股票波动的影响，下跌则联动得更快。

简略地厘清了股民群体的心理，我们继续来看市场情绪下的具体产物。情绪的蔓延无疆界，凡是能以信息的形式进入股民精神世界的，都有可能成为市场情绪的引爆点。

（1）总龙头

整个股市里某段时期的风向标一般走势猛烈、涨幅夸张、换手率大、知名度高，它的每一次微弱赚钱效应或亏钱效应都会因为被股民群体高度关注而极度放大，间接增加或减少了其他股票的买入、卖出资金量。

这就是市场情绪“传染性暗示”的起点。比如 2018 年 4—5 月的贵州燃气、万兴科技、华锋股份、永和智控、宏川智慧等，都先后担任了市场情绪“总龙头”的角色。

总龙头与其他分支龙头之间的关系超越了板块、概念的界限，就是一种总体氛围上“唇亡齿寒”的关系。

（2）封板

一只股票封板，涨停或跌停，是市场兴奋或恐慌的情绪在这只股票上的极致体现。在一般情况下，涨停板会加强兴奋的情绪，吸引到更多的看涨资金；跌停板的恐慌情绪蔓延的结果也再次加强了恐慌情绪，在一般情况下，跌停板会刺激出更多的看跌筹码。

（3）板块龙头（先锋）

在某个题材或概念板块里，第一只大幅上涨的，而且维持的时间足够长的股票，在上涨之后，就会集各路资金的关注度于一身。它后市的走向和力度大概率会左右其他资金操作这只概念关联股票的情绪，因为它是市场里这个分支板块“传染性暗示的源头”。

（4）助攻（跟风）

总龙头或板块龙头的赚钱效应能点火蔓延到其他关联股票。同时，其他股票的无脑上涨也会再次加强、证实整个板块（市场）的赚钱效应，让总龙头、板块龙头在狂热的资金推动下走得更远。

仅凭龙头带动情绪，其他资金都在犹豫，孤军深入是走不远的。在同一时间，多只股票依次保持方向一致，会明显放大原有的市场情绪，这就是“助攻”。一块木柴独自燃烧，终会熄灭，有其他木柴源源不断地添加进来，情绪的大火才会越烧越旺。

（5）接力

前一个龙头或先锋，无论市场情绪如何兴奋，终究会受到自身量价的局限，在上涨动能衰竭的时候，市场资金又会默契地切换到另一只股票上继续推动，延续原来的市场情绪，这就是“接力”。

依据股民群体的行为，市场情绪可以分为以下几类。

（1）追涨情绪

连续的赚钱效应构成了股民群体的追涨情绪，这源于股民群体对目前市场的判断——中短期还能更好。

（2）抄底情绪

总体而言，“最后一次利空”或“最后一次亏钱效应”构成了股民群体的抄底情绪。股民群体的抄底逻辑就是，市场或个股中短期不能更坏。

（3）杀跌情绪

“连续利空题材”或“连续下跌”导致的恐慌蔓延构成了股民群体的杀跌情绪。

在什么情况下，股民群体不计一切损失也要杀跌卖出？就是担心“中短期市场还会更坏”，找不到足够多的对手盘在目前的价位接货。

在这种情绪的蔓延下，亏钱效应再次加强了杀跌情绪，导致股价不断跌破前期低点。一个杀跌方向已经稳固的情绪，在短时期内是很难逆转的。如果它终有一天会逆转，那就等它逆转了再说。所以，有无数个理由要求我们尽量不去下跌的走势里找买点。

（4）逃顶情绪

“最后一次利好题材”或题材兑现、上涨动能衰竭，构成了股民群体的逃顶情绪。显然，逃顶情绪源于股民群体对目前市场的看法——中短期不能更好。

（5）观望情绪（维持现状）

股价或大盘长期处于没有信息刺激的盘整区间，既无业绩上的亮点，也无可供发挥想象空间的题材，不温不火就是这类个股的特点。即使突然有一天有一条利好或利空消息，但这条消息既无较长期的影响，也不能引起足够多的公众认同。由于没有场外资金的注入，股价走势便一直维持在盘整的惰性状态，最多出现脉冲式上涨，很快再次回归寂静。

由于方向不明，市场情绪对它就是“观望”，因为既没有赚钱效应，也没有亏钱效应，在追求“确定性”的目的下，担心它更坏和寄望它更好，两种情绪相互抵消。

总之，在交易中，是乘势还是接盘，唯反应的“快慢”而已。这个反应的重要依据很大部分来自对市场情绪的感知。

市场的残酷在于少数的赢家利用了绝大多数股民的不理性情绪获利。无论是价值投资的信息流，还是走势逻辑的技术面，成功的操作都是在有意或无意中利用了对手盘的本能和不理性冲动。

5. 信息流第一课——市场心理

在股市里，我们的对手是谁？是我们自己？还是主力？

事实上，谈不上谁是对手、谁是朋友。如果少了任何一方，都无法成交，这个游戏就玩不下去。

我们与其他股民之间在进行一场赛跑，在买入与卖出时，谁能抢得先机，谁就能赢。在股市的分配机制下，我们并不需要战胜市场，只需要战胜其他参与者，就能赢。

股市的不确定性、对赌概率对我们不利，同时对其他任何参与者也是不利的。在同一条起跑线上，我们只需要比其他股民跑得更快、更敏捷，就能盈利。

所以，这一节就从“市场心理”说起。

市场里的群体集中在一起，不会变得比个人更聪明。由于受到共同的潜在动机的影响，一个群体相比个人，反而在智慧上表现平平，变得更容易被人捉摸。

从这个角度来看，追逐市场资金流、信息流的方向，比猜中小孩手中有几颗弹珠更容易。其中的诀窍就是揣摩大众对走势面和信息面的喜好及买入和卖出倾向。这个喜好基本上很稳定。通过合理地推测和跟随市场心理，就能长久地站在胜率极大的一方。

股市里每天发生的无数笔交易，事实上就是一群无意识的布朗运动。为了理解市场心理，对这种不规则运动的性质可以简要说明一下。

群体有自动放大非理性冲动的能力，获利的暗示、亏损的暗示，对股市中的每个人都起到同样的作用。比如一个高位顶分型，会因为小幅下跌而发展为大幅下跌，一跌再跌；一个低位底分型，会因为一个小幅上涨而发展为大幅上涨，一涨再涨。

许多人都在等待那个突破或破位的信号，一旦出现，马上蜂拥而上，一致行动。而这个行动的结果，比如更大幅度的上涨或下跌，又成为其他人的交易信号，被再次放大。

这种作用，随着群体情绪的连锁反应，越传递，越强大，最终甚至让其他股民做出超乎想象的事情。比如在低位上涨时不敢买的股票，后来涨到更高位置，你是怎么买下的？就是受到了其他股民情绪的影响，因为他们都在买，而且都赚钱了。在下跌初期捂住不卖的股票，后来跌到更低位置，你是怎么卖掉的？因为其他股民都在卖，而且都亏钱了。

无论是熊市还是牛市，无论是日线波动还是分时走势，在外界情绪感染下的股民，总是过度反应，为了弥补上一次的过度反应，又进行新一次的过度反应。比如一条微不足道的利空消息，能让某只股票稀里糊涂地连续出现几个跌停板，然后发现反应过度，再来一个超跌反弹；一条朦朦胧胧的利好消息，能让某家上市公司的股价连续出现几个一字涨停板，然后发现反应过度，后续接盘的量没有了，马上跳水大跌。

但这一切就是股市的现实，要跑赢其他股民，我们不但不排斥这种“过度反应”，还要成为“过度反应”大军中的强者。下跌时，比其他人更加过度反应，跑得更快；上涨时，嗅觉也要更敏锐，参与更早。

市场过度反应的源头来自信息流的波动。我们要盯着这个源头，只需要比其他股民反应更快、动作更敏捷，就可以战胜股市。

再次重申一遍，这个“其他股民”包括主力和游资，他们除了资金多，在其他方面也要与我们面对同样的困境。只要我们把船小好掉头的“敏捷”优势发挥到极致，就不会落于任何人下风。

现在的问题是，与其他股民赛跑，谁能跑得更快，也就是谁能更及时地解读市场波动的源头？这就是信息流的问题了。

在信息时代，哪些能成为公众认同的源头？批量制造“接盘的量”的源头？后面的热点板块很可能就在这些信息的指引下诞生。

市场情绪的波动导致了股价的波动。各种新兴的热点或信息输入交易者的大脑中，通过他们的资金体现在股价走势上。由于不同股民群体对信息认知的时间有先有后，在股价上涨或下跌很多时才意识到的，就成了最后“接盘的量”。

为了缩小关注的范围，对信息流的着眼点主要集中在“题材”上。市场总需要不断有新的信息输入，才会产生波动，题材和概念正是这样的新信息。

题材驱动股价波动，各路资金要获利，就必须让市场产生足够大的波动，同时让市场里的对手盘来高位接盘。尤其是大资金，更需要从题材借势，利用题材，培养接盘的量。

不同的题材，具有不同规模的接盘的量。体量最大的资金，选择的就是持续性最长的大级别题材，比如国家宏观政策、产业经济长远趋势。体量小、快进快出的游资，选择的就是市场随机碰撞产生的一般话题。

从短线的角度来看，游资的方向就是我们重点关注的方向。因为我们所乘的“势”多数是游资制造的，而不是局限于自己的账户盈亏。要做一个成功的借势者，而不是“接盘的量”，把握节奏的必经之路，一定是站在对手盘的角度看问题。

对手盘的角度是什么角度？是一个“造势者”的角度，这样才能节奏合拍。

题材信息，在信息传播的过程中，也会有与成交量类似的性质。刚开始是小量的模糊信息，只有极少数最敏锐的人才能掌握，这个阶段就相当于信息流的“极小量”。

随着时间的推移，题材的内在价值逐渐反映到股价走势上，也就是股价把题材给出的信息吸收进去了（买入的人逐渐增多，股价上涨）。关注这个题材的股民数量体现了价格吸收信息的速度，当市场上大多数媒体、股民都了解了这一信息，各个网站、论坛都在议论这个话题时，就是信息流的“极大量”。

各种能散布信息的地方都充斥着这一信息，意味着潜在接盘的量已经衰竭，到了信息流的“极大量”阶段，意思就是很难再大了。各个媒体、论坛、股吧、公众号都在大肆议论这一题材，各种股评都在大肆建议买入某一题材，类似种种迹象意味着该题材在信息流中达到“极大值”。

后面的走势可想而知，与成交量达到极大值的结果往往是一样的。

正确的做法是，要么在信息流极小量的时候潜伏，要么在起爆点迅速买入。

仅凭走势，容易漫无目的；仅凭信息，又模糊疏漏。结合走势的顶 / 底分型、成交量大小，可以在运用信息的时候，对交易时机把握得更准确。

技术因为有了信息流，变得成功率更高；信息流只要与走势结合起来看，也会变得清楚明白。什么时候都不要忘了两者的组合运用，不做纯粹的技术派，也不做单纯的信息派。

当你看到信息后，如何评估信息、处理信息？在市场里摸爬滚打久了，自然熟知市场心理，能推测股民群体的喜好，如图 7-5 所示。

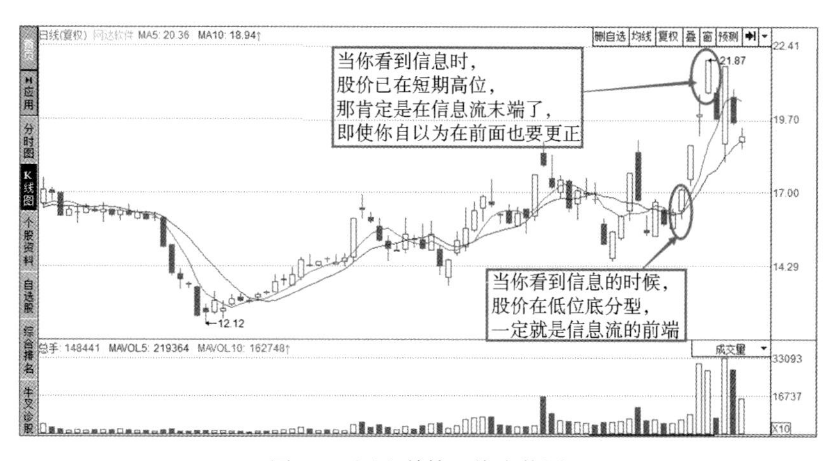

图 7-5　网达科技日线走势图

缺少对信息的分析判断能力？哪些信息是有用的，哪些信息可以忽略？股票之间的关联性，板块、个股与信息的关联性都是有限的，不需要很长时间，就会熟悉。

每天都会出现形形色色的信息，或多或少地会对相应的股票产生影响，很多人都困惑于不懂得解读。解决办法也很简单，就是从结果入手，把每天的强势板块与当时的信息流相互印证，不出一个月就能找到门道了。

比如，一个板块中突然有一只股票秒板，但我们还不知道受什么消息影响时，只要能第一时间发现它，就赢得了先于他人找到这条消息的时间。通过信息流能找到强势的潜力股，通过强的走势也能找出后面对应的劲爆信息流。

不同的信息流必定有一个源头，从这个源头找到的题材，如果公众认同程度较高，那么，在股票上坐等，就能抓住它后面的走势。

6. 题材股之一：能涨三五倍的一级利好

我们所生活的世界、所处的社会，每天都会发生大大小小的许多事件、产生很多新闻，相应地，股市里每天也会出现难以计数的消息，有利好，有利空，也有偏中性的，而股市恰好就是对各种消息反应最灵敏的。消息出来后，自然就会对股市行情产生影响。

就拿股民都喜闻乐见的利好消息来说吧，有的会导致大涨，也有的会让人大失所望不怎么涨，还有的会导致很多人去追高结果被套。之所以结果差异巨大，内在根源还是其利好的程度不同。

根据对股市行情的影响，从高到低，利好大致可以分为几个级别。

一级利好，当然是最为重磅的重大利好了，是两三年才会有一次，通常起源于某个周末，突然发布某个涉及具体区域规划的重大政策，影响力巨大，一般都是全民皆知的大事件，如上海自贸区、京津冀一体化、雄安新区等。

直接影响就是整个板块和概念都会翻倍，相关的几十只股票在第二天、第三天、第四天全部一字涨停。因为无数的人会挂涨停价，外面几百亿元的买单堆积，而里面的人根本不会卖出，除了之前已经持有的幸运儿，自然谁都买不到。

所有人都知道这是重磅利好，过于一致反而导致第一波的大好机会没人能上得了车。等到终于打开涨停板并回调充分了，之前同样没能上车的机构和资金，自然会挖掘出几只适合炒作的龙头股，进行力度更大的第二波、第三波炒作。

这类题材股的承接力度很强，伴随着高换手率，前面的资金获利卖出后，又有很多新的资金承接拉升。踊跃的接盘资金太多，怎么跌都跌不下去。超高人气的龙头股在各路资金的不断接力下，短期至少能迅速有力地上涨三五倍。

这类龙头股一般都是市值至少几百亿元的。因为主导行情的是那些具备信息优势的超大资金，平时不太活跃，可能一两年才做一两次，盘子不够大的个股根本就容纳不下。消息灵通的超大资金早就提前布局，守候着。最终整个板块的获利也是一个非常大的数字。

二级利好则是每年都会有一两次的超级热门概念。虽然不炒股的大部分人群不大关注，但股民大都耳熟能详，因为涨得太多，想不关注都不行，比如 2018 年的创投概念。

虽然深究起来，这些概念对个股基本面的改变其实并不大，实际影响也很有限，但这并不妨碍整个板块和概念题材至少能有 50% 的涨幅，资金选择的龙一、龙二两只龙头股至少会涨 5 ～ 10 倍，如图 7-6 所示。

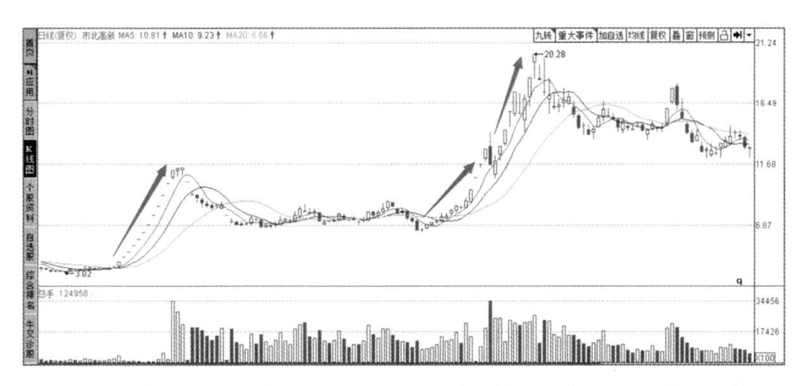

图 7-6　创投概念的龙头股经过接连三波炒作，短期迅速上涨近六倍

市场上每天极为活跃的那几百亿元资金不可能闲置，追求短期盈利，自然会打造能让自己收益最大的龙头股。不管事实上有没有大的关联，都是逮着一点儿机会就大力炒作，涨停板一路往上用力拉升，打出空间高度，追求短线盈利的资金一旦发现上涨乏力就会立刻清仓，只炒概念，炒完走人，哪管公司实际是做什么的、长远发展又会怎样。

炒到后面，就互相成为对手盘，跑得快的一方从跑得慢的一方那里获利，跑得慢的一方就只能付出代价。主导行情的各路资金，选择的也都是能够轻松拉升的中小盘股，在承担高风险的同时，也能经常收获高回报。

而以上这些短期大涨几倍的龙头股被透支得太厉害，巨大且丰厚的获利盘早就离场了，谁还敢去解放那些在高位集聚着天量的套牢盘？其结果也显而易见，用时间换空间，哪儿来的，最终还得再回哪儿去。短期大跌过后就是漫长的阴跌，在一两年内基本上都会元气大伤跌回原形，高位下跌 80% 也很正常。

2019 年 10 月底，关于区块链的消息一出来，本来也是二级利好，经过周末两天的充分发酵，炒作的力度过大，星期一刚开盘，相关或不太相关的 200 多只股票全部涨停，第二天还有 100 只股票继续涨停。受益个股太多，没法按一、二级利好那样的路径正常操作，行情半路夭折，“大肉”变成了“大面”，冲进去的股民都被股市好好地上了一课，不得不一大早就接受这深刻的教训。

三级利好就很常见了，基本上每个月甚至每周都会出现，知名度比前面的差多了，不天天关注股市新闻的股民一般都不知道。

一、二级利好刚出来的前几天，根本就买不到利好指向板块的股票。三级利好一出来，只要开盘挂涨停价坚决买入，一般都能如愿买进。行业利好公布后，概念板块当天大涨或涨停，活跃资金踊跃买入，当天涨幅居前，都乐开了怀，喜迎丰收，第二天、第三天就变成跌幅居前了，这就是常见的标准“一日游”行情。

究其根源，还是在于题材、概念的级别不够大，还没到全民看好的程度，想象空间有限，只适合短炒，资金有所分歧，承接力度不高，愿意接力买入的资金不多。无人接力，等到第二天，里面的资金自然就争先恐后地跑出来，带头的资金不计成本地把价格往下压，容易相互踩踏。

四级利好影响的股票就不像前面三个级别的利好这么抢手了，只要想参与，随时都能买到。当天通常会高开几个点，冲高后却一路走低，一厢情愿抱着很大希望买入的股民，基本上当天就会从满心欢喜到失望不已，被套得服服帖帖。因为主力在借利好出货，反手做空，套住一批资金。

五级利好是每天都能看到的，虽然确实也是利好，但没有资金愿意参与炒作，那就是连个水泡都不冒一下，让人好生失望。

对于整个板块、概念和题材来说是这样的，对于某只股票而言，利好程度也可以分成这几个级别。

一级利好当然是重大并购等导致基本面发生重大改变的消息，通常都是事先谁也不知道，某天停牌后再过段时间消息一公布出来，复牌后就是毫无悬念的连续几个甚至十几个一字涨停板，股价在半个月内直接翻两三倍。

日复一日，在涨停的价格上是每天几亿元甚至几十亿元的资金从开盘前挂单买入一直挂到收盘，但里面持有该股的股民，只有极少数人才会卖。所以，除了购买 VIP 通道的大户们能先买到这极少的卖单，其余的谁也买不到，只能眼睁睁地看着，顺便数一数一字涨停板的个数。

随着时间的流逝，越涨到后面，里面的卖单自然也越来越多。一般都是一波涨到顶部，开板后就处在历史高位，全是收益几倍的获利盘汹涌卖出。除非还能有巨量资金进来强力拉升，一般很难再有第二波、第三波了。

高位参与却无人接着买入，最后一棒没能递交出去，砸到自己手里了，只能无奈成了高位套牢者。

在此基础上，就衍生出了效率最高、收益最大的新型操作手法，成本最高的拉升和最费力气也最难的出货两个步骤都直接省略了，一气呵成。

过去，反复洗盘后拉升，拉升后再回头洗盘，边拉边洗，几个月拉升一倍都得费很大力气和很多资金。现在，收集到足够多的筹码后就停牌，借发布重大利好复牌，直接一步到位，不需要主力花一分钱，就能直接以三四倍的价格全部出货，接着买入的蜂拥而至，顺利实现高位派发。

相应地，对于个股而言，威力最大的利空，当然也是导致基本面发生重大改变的事件，如被 ST、因严重违法即将被退市、突然爆出大雷等事件，一不小心赶上了，那就只能连吃多个一字跌停板，自求多福了。

至于对个股二、三、四级别的利好，限于篇幅，就不再具体展开了。

在概念、题材的级别里面，第一次出现的全新概念力度最强，反复翻炒的概念越往后面力度越弱。并且资金都是有记忆的，同一个概念和题材，炒新不炒旧。

每过一段时间，股市都会冒出一些热炒的新概念、新题材，某只股票去年是 A 题材龙头，半年前成了 B 题材龙头，现在又是 C 概念龙头，屡屡被大资金选为龙头，是因为它具备龙头股的特质。

能够几年涨 10 倍以上的潜在牛股，通常都是基本面没有明显缺陷，盘子不大的股票，且所处行业有热炒的题材、概念，行业有发展机遇。

7. 盈亏比——决定账户终极胜负

（1）亏得少是前提

所谓盈亏比，就是每次交易结束后，盈利和亏损的比例。换个名词，也可以叫“资金管理”。

买入一只股票，就像猎人去森林里打猎，发现某地有一头野猪，这只相当于选股，并非代表你就能赚到钱。

在买入股票后，股价有可能会跌。我的原则就是，一定要让自己亏得少。亏得少有两种意义：一是损失的钱少，对后期复利影响较小；二是提早退出，才能蓄势等待第二次买入的机会。

一般只要买点不是太差，没有追高，股价下跌后，都会有第二次买入的机会，很可能这里就是最佳买点。两次不行，最多三次。

这相当于跟猎物搏斗的技巧。发现猎物后不要高兴得太早，也许猎物很凶，把你拿下了呢？所以，选股加上盈亏比，才能把活儿干好。

如图 7-7 所示，第一次进入，之后下跌，走势方向与下跌幅度大致达到退出条件，立即退出。此时退出，你亏得很少，或许持平。账户数字的变化不是买卖的理由，走势才是。

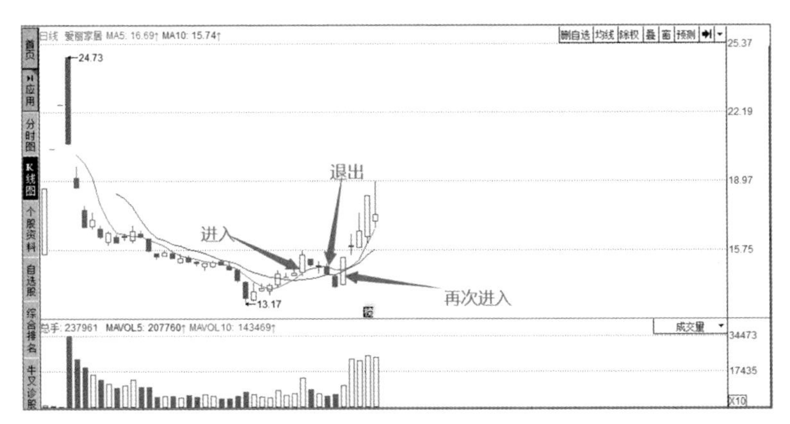

图 7-7　爱丽家居日线走势图

在第二次底分型的位置，依然是一个合格的买点，甚至比第一次的更好，那就再次买入。前提是，你这些天一直在观察它，等待机会。这个动作与前面的盈亏比看似没有联系，其实有重要的联系。

所以，亏得少会导致两个好的结果：

1）保住了本金。

2）保持灵活，随时可以有力量发起第二次进攻。

这两条都很重要，第一条是保证自己不出局，但仅仅是不出局而已；第二条是搏斗技巧，教你怎么打到猎物。

如果你认为上述描写很抽象，那么我再举一个形象的事例。就像武松打虎，老虎伤人，是一扑、一掀、一剪，三招本事都使尽了，气性已经去了一半。武松发现了老虎，这老虎也不是好惹的，猛扑过来。这相当于以为股票会涨，结果它却跌下来。

武松步伐轻盈，立即后退，离开猛虎的扑击范围。如果武松无条件看多，认为自己一定能打死老虎，就是不后退，那么老虎攻击最猛的这一下，他肯定扛不住，即使不死，也会被老虎咬掉一块肉，或者弄伤手脚，后面的活儿也就不好干了，一个受了伤的武松，打起老虎来自然非常吃力。

这就好比，你的账户亏了 20%，后面这只股票即使上涨，涨到 15%，你还远远没回本。如果第一次先退出，亏 5%，第二次再次退出，亏 3%，但后面抓住了15%的上涨机会，就已经赚了，算是成功的一次。

老虎攻击了几次，武松都退开了，老虎的攻击力度衰竭。就像个股的下跌力度衰竭，可以理解为极小量，这是底分型转折的前奏。

然后武松猛地发力，准确地抓住了买点。股票走势也只有三种——上涨、下跌、盘整，我们要对付的只有一种半，盘整算半种，还有下跌算一种，上涨不用对付。

所以，武松能打死老虎，最开始的灵活退开是必要的。另外，如果老虎一吼，武松就吓破了胆，那也不成。有的人是股票一跌，立即就割了这只股票再也不看，然后去追其他牛股、龙头股。过了几天，“吃完面”回来，发现前面那只又涨了，气得不行。

亏得少，及时退出，是找准股票买点的技艺，不会每次一买入就涨，也许会像武松打虎那样有几次进退。

（2）股市的运行规则

经过一段时间的学习和交易历练，如果有人在波谲云诡的投机交易中迷路，那么现在可以清空思绪，试着回答这个最原始的问题：股市的运行规则是什么？

提出合适的问题，就等于解决了问题的一半，还可以进一步接近实质：如果把投资作为一项事业，那么股票交易是如何判定胜负的？

交易结束后，可以暂时从每天高强度的选股、看盘、复盘中收回心神，回答这个问题，并以本节提出的概念重新梳理一下之前关于交易的所有——买入位置、卖出标准、技术面侧重点、信息流侧重点、基本面侧重点、对盈亏的心态问题等。当一年两百多个交易日终了的时候，股票交易是如何判定胜负的？资金账户上的最终输赢究竟是由哪个因素决定的？换成当下职场流行的句式就是：交易绩效的衡量标准是什么？

在这一点上，太多的股民（期货、外汇交易者也一样）都会不假思索地将胜率作为交易绩效的衡量标准。在这个有缺陷的意识下，最终的胜负受到不利的影响已成定数。当你注重胜率的时候，便会很快兑现盈利，却让亏损的股票留下来。

如此一来，风险报酬比将表现不佳，八次交易赚小钱，两次交易亏大钱，便是这类交易价值观所带来的结果。

所以，交易要有大局观，以最终实现账户盈利或大幅盈利为目标。衡量交易胜败的并非胜率，而是账户亏损总和与盈利总和之比。

如同围棋的游戏规则是计算双方围空大小，而不是盘中吃子多少。所以，在这一规则下，提倡“弃子争先”实现终极目标。棋类游戏新手的典型行为就是以吃子为目标，象棋也是喜欢吃子而缺乏全局思维。基于这种对棋类游戏规则的错误理解，虽然盘中吃了对方不少子，但终局判负或被将得无法动弹，是意料之中的事情。

随着实践的深入，绝大多数新手都开始深刻理解棋类游戏规则，并以此为博弈的最高指导思想，权衡利弊，走出越来越多的妙手。在交易中，就表现为果断止损，放弃不利的持仓，放弃胜率至上的思维。另外，选股和进场的标准宁缺毋滥，以一段足够大的盈利幅度为目标，保障全局的盈亏比优势。

（3）以最终胜负为目标

投资股票，总体上只能通过有利的盈亏比来战胜市场，具体做法就是两点。

1）盈利方面：把握好选股和进场时机，股价上涨空间要比较大。这就要求我们不能频繁地超短线操作，因为要实现足够多的利润，在时间上是短不了的。

2）亏损方面：如果操作错误，那么要主动将亏损限制在极小幅度。

市场走势是我们无法影响的，但至少可以管理好账户的盈亏比例。既然盈亏比例在可以调节的范围内，就值得我们投入更多的精力。

在总体上，调节盈亏对赌概率，是投机行为长期战胜市场的核心要点，方向、事件、波动幅度、资金流，都是不可控或具有不确定性的。唯一可控，或者能在战略上实现确定性的，就是构筑有利的盈亏概率，即盈利幅度远大于止损幅度，甚至一次成功的操作，其获利远大于多次止损的总和。

这必然要求操作符合以下两点：

1）只有日线波段和中线才能提供足够的盈利幅度。

2）只有在走势关键的支撑位置（比如低量群、上涨走势底分型附近、市场新概念诞生之初等）才会出现有利的买入时机。

良好的买入位置就是交易的安全空间，这好过一厢情愿的方向预测（涨或跌）。

8. 普通胜率下，长期制胜市场的关键战略

（1）市场投入的边际效应

到底把人的精力投入股市的哪方面?

市场具有不确定性，在判断市场方向上持续投入过多的精力，其边际效应是递减的；在资金管理方面投入精力，其边际效应才是递增的。主动把亏损限制在极小范围内，把盈利尽量放长，两者相辅相成，即使胜率和交易模式与之前的相同，也可以大大改善资金账户的总体盈利水平。

市场投入是有边际效应的。强调边际效应，并不是否定判断力、胜率的作用，即使是有利的盈亏比，也必须以相当的胜率为基础。但对于每一个人而言，胜率都有其天花板，等到风格、模式稳定下来以后，就很难在胜率上继续提高了。如果继续在这方面投入，那么几乎无法得到相应增加的回报，这就是一个递减的边际效应。

在这里并未特别强调如何看涨，盈亏比就是自己在交易中“为错误支付的代价”和“由正确获得的利润”两者之比，在股票下跌走势看空、期货与外汇做空获利的操作中，盈亏比的重要意义与股票交易的意义完全一致。

有一个问题可能会造成困惑：把盈利尽量放长，这怎么可能做到?

比如一只股票小幅上涨之后就进入漫长的下跌通道，怎么可能存在“大幅盈利”？当股价上涨时，由于动态止损随之上移，一旦下跌，在出现第一个顶分型之后，必因触及止损而出场，这笔交易就算结束了，它只

能算是一个“小幅盈利”，不可能在此上获得更多的盈利，所以，有利的盈亏比（风险报酬比）是就交易的总体来说的。

如果一直秉承这个思路，尽可能追求大幅盈利，那么，在趋势没走坏的情况下，中长线持股，只要交易的股票数量足够多，在总体上计算，小幅盈利的交易与小幅亏损的交易能对冲。

另外，因为每次选股、买点都以“大幅盈利”为出发点，除去这些盈亏相互对冲的大多数交易，必然会产生少数大幅盈利的股票。

由于在这种一以贯之的止损设计下，大幅亏损的交易基本上不存在，因此，能实现资金账户总体上的大幅盈利，就是历次交易的“盈利总和”大于“亏损总和”。

股票交易成功的秘诀其实并不深奥，除了基本面分析、技术分析，就是盈亏比，即使市场上最富传奇色彩的交易生涯，也仅仅在这三者之内，甚至基本面与技术分析二者有其一便可，只有盈亏比（保证有利的风险报酬比）是所有的成功范例共同遵循并用实践证明的。

（2）成功法则背后的秘密

隐藏在各种成功法则背后的“秘密”是同一个“盈亏比”。如果你以前没有对它足够重视，那么这也许可以称为一个秘密。

交易成绩亮眼的明星，其胜率并不比常人的胜率高出多少，但有人认为他们获利巨大是因为几乎不亏钱——只有误把“胜率”当成交易规则的人才会这样想。

可以问一下所有的股民：错的时候，亏损了多少？对的时候，又赚了多少？刚入市场的新手也买到过不少上涨的股票，老交易员也无法避免出现亏损仓位，差别就在于后续的处理。

以几种看起来完全不同的知名度很高且具有代表性的交易风格举例，就能进一步理解“盈亏比”的作用。

一种是用上涨走势的转折买点做空，也可称为利用“反身性”。但并非做空就能成就突出成绩，在市场里做空的资金太多了，还得结合“盈亏比”。从宏观政治经济层面的视角，在全球市场上寻找足够大的交易机会，包括但不限于股票、期货、期权、外汇、债券等，这种大级别买点一旦判断正确，就能获得足够多、足够长的利润。

当然，如前文所说，胜率并非成功的关键，著名投资者与普通投资者一样，判断错误的概率也很大，问题是，他们把止损也做到了极致，一个大级别转折买点，出错概率很高，即便方向正确，时机不对也会亏钱。

他们通常都是用小资金试探性建仓（试错），如果走势不如预期，则果断止损出场；如果正确，便逐步加码。如此便顺利地实现了“把亏损控制在极小幅度”“把盈利尽可能放到最大限度”。

巴菲特则从基本面出发，寻找多头买点，“发现优质公司的隐蔽资产”，大级别转折买点、顺势买点就是他的目标。如果买入正确，则持有足够长的时间，获取足够大的利润。另外，亏损的幅度则在“买点位置”解决，要求价位有良好的“安全空间”，以便于在极小幅度内止损。与之类似，彼得·林奇在这方面也是这样做的。

网上流传的“打板高手”“明星基金经理”“牛人操盘手”，他们分析股市的方法五花八门，交易风格迥异，但在盈亏比控制方面，是如出一辙、毫无二致的。

“打板高手”依靠高频率、高度量化的模式剧烈操作，许多人都依葫芦画瓢模仿过，但胜率并无明显优势，成败的关键仍然取决于盈亏比。成功的“打板高手”在止损方面无一不是坚决执行“极小幅度”的，甚至在时间方面也严于律己，在“极短时间”后，无论盈亏，统统卖出。

所以，盈亏比里面的“亏”，这个亏损、止损幅度是相对的，相对于你的“盈”，比价小，就有利。如果你每次追求的利润是 5 个点、8 个点，那么止损幅度就是 1 ～ 3 个点；如果你每次追求的利润是 20 个点或 30、50 个点，那么止损幅度可以设为 8 ～ 10 个点。

打板这类激进的操作，在盈利方面难以做到“较大的幅度”和“较长时间的持股”，必定要在止损方面用“更小的幅度”和“更短的时间”来弥补，以建立相对的有利平衡状态，实现“盈利的总和”大于“亏损的总和”，以此战胜市场。

由此可见，“盈亏比”是任何模式的关键，包括打板这种极端的、快速的操作，普通交易当然更在其中。

同理，以大奖章基金西蒙斯等人为代表的高频交易程序派，目标利润是“毫米级、厘米级”，止损幅度则必定是“纳米级”，盈亏比结构依然坚固。

无论何种模式，要在风险丛生的市场上长期生存，盈亏比结构是一项关键因素。虽然选股方法、买卖依据可以“八仙过海，各显神通”，但无论是中国市场还是国际市场，无论是股票还是期货、外汇，如果想成功，那么盈亏比结构只有一个选项。

不注重盈亏比，即便前期99次交易盈利了95次以上，收益已经高达100倍，只要最后一次遇上大回调，被强行平仓，本金就会全部亏光，那这100次交易总体来说还是非常失败的。

（3）买点与试错

如果以盈亏比为指导，那么平时的交易具体怎么做?

转折买点，必须考虑到盈亏比，一次成功能够抵消多次止损才能做，所以，转折买点选用的题材级别、走势周期（至少日线以上）必须足够大。

同理，顺势买点，也需要一个较大的盈亏比来保护，所以，交易周期不能太短，只有足够大的趋势（延续时间足够长），才能提供足够的利润来抵消多次止损中的亏空。与之相比，由于转折买点的出错率较高，需要更小的止损、支撑位和更大的走势周期来保护。

失败的买点多种多样，市场上长期成功的买点位置都是在良好的风险报酬比结构处的，也就是关键的阻力支撑位置。不同之处只在于，有的人喜欢在转折买点进入，有的人喜欢操作顺势买点。这两者都会将止损放在支撑的另一侧，这样做虽然不会有很高的胜率，但是亏损金额和盈利金额的比值却十分理想。

几乎所有成功的模式都是如此做的，解决盈亏对赌概率问题，才是长期有效的战胜市场的终极法则。

在这里借用市场常用名词“支撑”，具体就是平时所说的关键顶、底分型，如果顺势买点看涨，就是上涨走势底分型的底；转折买点看涨，就是下跌走势衰竭第一个底分型的底。同理，如果股票看空持币或期货、外汇做空，那么顺势买点的支撑就是下跌走势最近一个顶分型的顶（结合实际情况，也可以是前面某个较远的顶分型的顶）。

一个较大的买点，因为参与的时间足够长，可以小仓位试错，找找感觉，就像拳手试探性攻击一样，感受一下对方的力量和速度。固定的止损幅度，加上小仓位试错，可以进一步放大盈亏比优势，如果买入错误，那么亏损额会更小。

市场本身，包括自己的交易行为，在交易里都有彻底的可错性，这是客观现实，体现出交易水平差别的，不是看谁一直不出错，而是比谁认错最及时，把亏损的数额控制在小幅，这方面完全可以自主决定。

由于市场行情是不可控的，所以，交易的精髓就是根据胜率调整筹码。判断正确，便金字塔加码（逐级递减加码），大仓位、大幅度持仓；判断错误，便小仓位、小幅度止损。

（4）从资金管理的角度看转折买点与顺势买点

盈利与亏损的数额之比俗称“盈亏比”，学名则是“资金管理”。

转折买点，以多次、小幅止损的轻仓试探来对赌大的行情；顺势买点，以一两次、小幅止损的重仓来对赌确定性较大的行情。

有利的买点不在于是顺势买点还是转折买点，如果以资金输赢为衡量标准，那么，从长期来说，决定胜负的关键都在于是否立足于有利的盈亏比。

至于寻找（预测）一段大趋势的途径，是遵循基本面还是技术面，或者两者并用，则是殊途同归的，两者并不能决定资金最终的盈亏。但如果违背了盈亏比这一点，那么技术面或基本面分析都是要失败的；如果遵循了，那么什么方法都好使。

对错之间，错的时候，小幅亏损；对的时候，大幅盈利，如此这般，有 30% ~ 50% 的胜率就够了。每次都以找一段较大趋势为目标，一旦走势证明自己错了（触及止损），小幅亏损立即抛出；如果走势证明买入正确，就获取一段大幅盈利。长期这样做，在选股、买点方面只要有 50% 的胜率，就足以战胜市场。

事实上，很多人的操作恰好与此相反，小幅盈利几个点立即卖出，亏损了就长期持股不动，这样下来，即使表面上看来胜率有 80%，但最终资金账户上都是亏钱的。毕竟，炒股不是以胜率判定胜负的，何况绝大多数人还达不到 80% 的胜率呢？

9. 仓位、资金管理与止损

从资金管理的角度来看待仓位，为了贯彻“盈亏比”，在任何时候都不能有让自己大幅亏损甚至破产的可能，也就是不全仓某只股票，根据资金和精力分配，至少有两三个交易目标进行轮动操作。

同时，为了避免因为分仓导致利润大幅下降的弊端，达到最优配置，这就是“凯利公式”。

应用到股市上，具体做法就是不押注一只股票，彻底杜绝破产的可能；也不是平均分配，而是根据胜率分配仓位，胜率高的下注时分配的资金多，胜率低的下注时分配的资金少，动态调整，总体上下注是全仓操作，实现复合收益最大化。

“全仓”的意思就是没有一直闲置的资金，把所有资金利用起来，可以分成几份，在时间上可以轮动，只要每份资金都利用了即可。

一直闲置的资金，等于那笔资金不存在。“一直”是自始至终都没有利用的，正常的空仓等待买点当然可以。“持币”等待买点，这个“币”也是在使用中的。

以后买卖股票，关于买入，这个操作程序是固定的，就像流水线作业，不用每次都重复。

选股，就是发现“这里有头猪”，但发现有头猪并不等于就能直接吃上红烧肉。

操作正确，便有红烧肉可吃；操作错误，猪也是活的，可能被猪顶翻了，可能被猪踩踏了。

正确的操作，就像武松打虎那样，如果下跌，虎撞过来，则必须步伐灵活地后退，保持下次的进攻力，伺机而动，保证自己不受伤害。

等下跌一两次之后，力度衰竭，便抓住买点。如果一直不动，跌到买点，自己先没力气了，彻底悲观失望，割肉走人；账户的无力意味着本金损失太多，即使股价上涨也难以恢复。

想靠炒股改变命运，就要承受命运可能被摧毁的风险，二者肯定是对称的。这就需要注意风险管理，时刻牢记“盈亏同源”，注重止损和资金管理是必不可少的。

如何避免大幅亏损？首要的就是严格的资金管理，一旦所买个股走势不如预期，弱势下跌，必须马上退出，即使后面突然又强力拉升了，也必须这样做。

而且这类弱势股很敏感，一个偶然的因素就可能导致其持续下跌。而要重新再来，还要等待一个长的不应期，不应期调整过后，即使股价会连连拉升，也浪费了时间。有这时间，可以参与很多别的股票，这世界上又不只有这一只股票。

炒股最大的难处就在于自律和严格的自我节制。多数股民未必能做到。这也正是炒股为何有人亏、有人赚的重要原因之一。能实现盈利的，往往是有严格纪律性并能克制自己的人；而总是亏损的，通常都是缺乏克制力，做不到严格进行仓位管理的人。

仓位管理的表面仅仅是仓位管理，但它的核心和实质是自律和克制。能严格做到仓位管理，在风险较大的时候严格执行，坚持做到轻仓，是一个股民走向成熟的关键。

不止损，即使后面解套了，也会付出大量的时间成本。很多人只看到一直扛着就还有机会解套甚至还能盈利，却忽略了时间成本这个重要因素。

10. 走势决定收益

信息基本面是多方面且复杂的，它会影响走势，但不能决定走势。因为它是公开的，所有人都能看到，只是很多人都不会深入研究。

只有走势，才与我们的账户收益是直接关联的，直观体现在，股价上涨，自己的账户就盈利；股价下跌，自己的账户就亏损。

走势反映一切。基本面、消息面等的分析，最终都要落实到走势上，要让实在的资金来说话，否则都是一厢情愿的臆想而已。只要有资金的运动，就必然会留下轨迹，必然会在走势上反映出来。

有人可能要问：如果业绩突然不好或有什么利空消息怎么办？这种问题没什么意义，即使在成熟市场里，这类影响都会事先反映在走势上。

走势是怎么出来的？都是用资金堆出来的。在金融市场中，又有什么比用真金白银堆出来的更可信？

资本市场是由金钱主导的，只有资金的流向才是唯一值得信任的判断依据，而资金在市场上运动的轨迹就是走势，这就是市场中最值得观察和注意的。

走势位置比方向更重要。

技术分析的要点在于提供关键的支撑阻力位，从而为交易者提供一个风险报酬比较理想的交易机会。因为关键的支撑阻力位可以提高胜率，并且容易设置止损从而限制风险水平。许多股民重视方向（涨跌）胜过位置，同时重视进场而忽略出场，所以，最终的交易成绩一定是不理想的。

找到关键的位置，可以帮助我们确定良好的进入和退出风险报酬比结构。这是交易中唯一能够控制的因素，方向最终取决于市场。

太多股民往往在不能控制的因素上花费过多精力，造成辛勤的劳动与回报不成正比。一般股民经常把全部精力放在提高胜率上，事实上，胜率能提高的程度是有极限的，越到后面，提高胜率的努力都是在做无用功，而提高风险报酬比却很容易做到。

做交易的最大秘诀是什么？只有四个字——“进场出场”。股价上涨或下跌其实都无所谓，绝大多数人的注意力始终放在走势方向上。投资界的明星和普通股民在判断方向上并没有大的区别，但普通股民没有进场和出场的路线图，只是肤浅地认为方向对了就能赚钱。其实，只有进场和出场搭配好了才能赚钱。

走势方向具有不确定性，但走势位置是随时能够判断的。在一个有利的位置进场，如同扼守关隘，易守难攻，在走势衰竭的位置做转折买点，在趋势中做顺势买点。靠近支撑（底分型或横盘低点，做空与此同理）在幅度 5% 以内设置止损，借助走势合力占据胜率优势，借助买点位置建立有利的盈亏比（风险报酬比）。

所以，技术分析的精华是给出关键的位置，走势方向只是看图说话、看图操作的——找出关键的位置（走势中的关键顶、底分型）正是技术分析的强项。

进场位置重于行情分析。按照最粗浅的认识，由于市场行情只有上涨或下跌，且具有不确定性，所以，即使是瞎蒙，很可能也有 50% 的蒙对概率。这个游戏的最终胜败主要取决于盈亏比，所以，在前面信息流分析、走势分析之后，在此提出“资金管理”课题，可以作为交易体系的首要问题去解决。

11. 反复多次从同一股票中获取利润

我们对某只股票的操作就是买入后，如果到达计划中的卖点（止损或量价顶分型）便卖出，结束一轮交易。

现在的问题是，一只股票在我们所能把握的卖点抛出后，有没有再次买入的价值？或者说，在短期内（一周或两周）有没有再次买入获利的价值？甚至是后面的某次卖出后，针对这只股票，能不能再次买入、卖出，重复交易直到 *N* 次？

答案是肯定的。由走势的波动性质可知，几乎任何股票都可以通过 *N* 次正确的买入、卖出实现正收益。唯一的问题是，在某次卖出之后，在下次买入之前，所等待（间隔）的时间是多久？

结合实际情况，为了简化问题，我们以一周左右的时间为限，一种情况是，卖出后几天或更短时间就有再次买入价值的，甚至有两次以上可以多次维持在上涨走势里的股票，则界定为中线股票。对于中线股票，就要物尽其用，在该股票走势没有转折之前，针对该股票进行多轮交易，尽可能获取一轮走势的完整收益，与此同时，放弃其他随机的诱惑。

另一种情况是，卖出后一两周或更长时间都难以转折为上涨走势的，则视为没有重复交易价值的短线股票，一次买卖之后，便可以放弃。

针对同一只股票的多次买入、卖出轮动操作，在分时走势上极短的时间内交易，就是俗称的“做 T”，也就是高抛低吸；在 30 分钟、日线走势上进行轮动交易，就是中线或长线。

期间每一次买入、卖出的原则，与短线买点和卖点完全一样，只是不换股票，重复使用多次而已。事实上，它的总收益也非常可观，以至于市场上许多主力、大资金都是长期针对某只股票轮动交易的，完全放弃市场上的其他一切机会。从某种意义上来说，在某段时间做好了一只股票，就等于战胜了整个市场。

因为不同周期走势的自相似性，在大周期的买点与卖点之间又包含了小周期的买点与卖点，高效率的交易就是充分利用各级买、卖时机，利用时间差创造出最大的盈利。

比如在日线买点买入的，在 5 分钟或 30 分钟走势向上合力衰竭（极大量），量价出现顶分型时，可以先退出；然后在 5 分钟或 30 分钟走势下跌趋势合力衰竭（极度缩量或横盘、底分型），出现顺势买点时，再次买入。

在买入之后到卖出之前的持股就是等待，等待卖出时机；在卖出之后，买入时机未到，也是等待，等待买入时机。在这必要的等待之外，轻率的频繁交易将会破坏买卖的节奏，让自己处于被动的不利局面。

以上只是“做 T”基本思想的预告，以我的投资经验，一个知识如果不能写得非常傻瓜式，不能毫无歧义地被人理解、执行，那么其真实价值无限等于 0。

因此，具有操作指南意义的描述如下：

“做 T”实际上就是单个买、卖时机在一只股票上的多次重复使用。

虽然对于下跌的走势是先卖出、再买入，但这仍然基于该股票即将上涨的预期。如果预期失败，即使先卖出、再买入，依然是亏损的。

本质上，无论任何交易套路，盈利的可能只能建立在走势上涨的基础上。所以，对于下跌走势，正确的操作就是空仓持币，但需要给出是否持币的简单判断依据。

同理，对于上涨走势，正确的操作是持股，也需要给出是否持股的简单判断依据。

有了持股和持币两个方面的判断依据，然后看图操作，就是标准的“做 T”。

一次交易，可以分解为买入、卖出两个动作。

对于买入，注意看走势的底分型。

本次底分型的底是否高于前一个底分型的底，如果高于，则视为强势上涨，更有买入价值，如图 7-8 和图 7-9 所示。

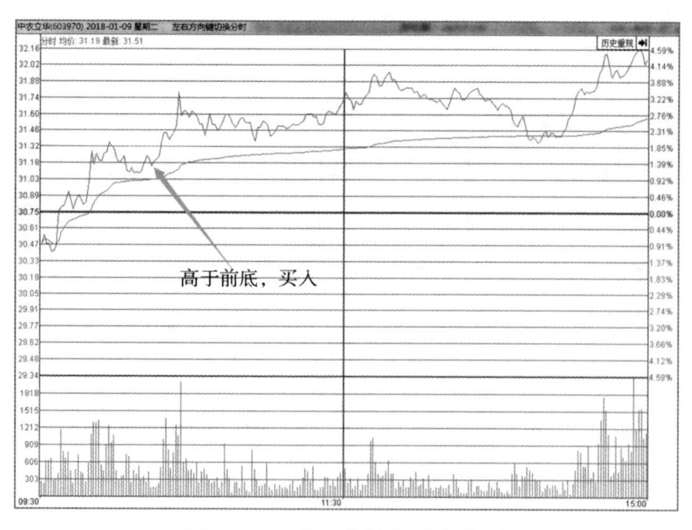

图 7-8　中农立华的分时走势图

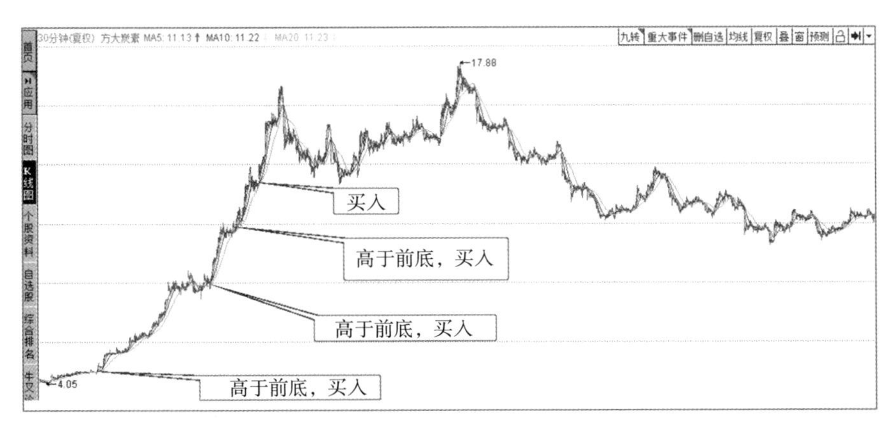

图 7-9 方大炭素的 30 分钟走势图 1

如果新形成的底分型的底比前一个底分型的底更低，则视为下跌走势，没有买入价值，继续等待走势符合要求，或者放弃，如图 7-10 所示。

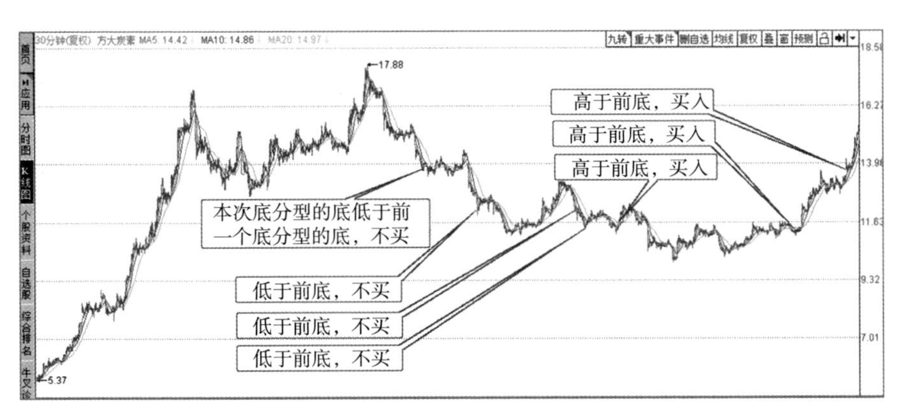

图 7-10 方大炭素的 30 分钟走势图 2

关于卖出，只需关注走势的顶分型。

传统卖出时机，即成交量放极大量，并形成 K 线顶分型，继续贯彻执行。

本次顶分型的顶低于前一个顶分型的顶，则视为下跌走势，卖出，如图 7-11 和图 7-12 所示。

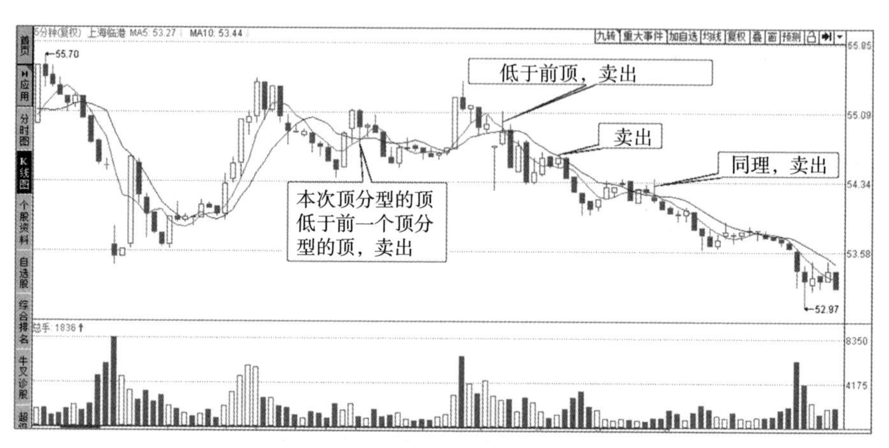

图 7-11　上海临港的 5 分钟走势图

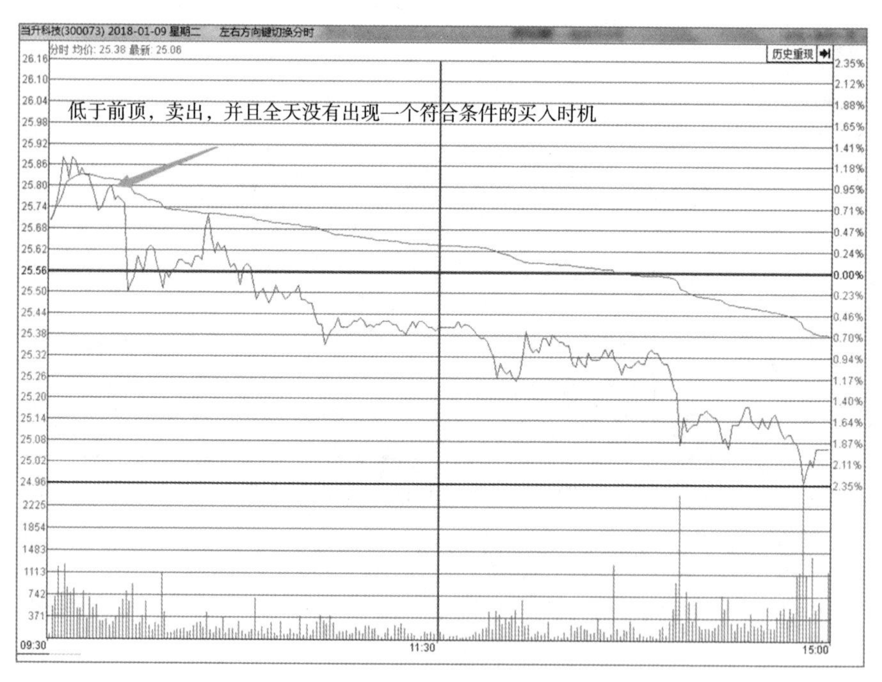

图 7-12　当升科技的分时走势图

将以上买卖原则在一只股票上组合使用 *N* 次，忘记股价，只认走势，符合卖出条件的就卖，符合买入条件的就买，甚至不需要有做 T 的计划，到后来，自然就是最成功的做 T（短差）了，无论是分时走势还是 5 分钟、

30分钟、日线走势，一律同理。

至于在选股之后，能大致辨明中线股票和一日游股票，可以结合平时积累的经验、股性、概念属性、当前市场氛围等内、外因素，找出具有中线交易价值的股票，不要轻易放弃。在实际交易中，以走势为准，只要它能走出中线行情，就一定逃不出顶、底分型所构成的趋势，问题仅仅是你有没有去关注它的后期走势。

12. 散户能稳定盈利的稳健方法

股票五千，只取一只。对于普通股民而言，选择一只股票来做，最终效果一定比不断换股强多了。具体选哪只，当然是要在回避黑天鹅的前提下选择，这是本书中将要提到的另一个话题——重仓如何防止踩雷。

股票价格是每天都在不断波动的，行情也是周期性、阶段性的。一只股票的价格上涨到一定程度，难免进入回调整理期，在这段时间里再持有这只股票就是不明智之举了。所以，只做一只股票，也不能满足我们希望市值不断攀升的要求，那么相应的解决办法就是，可以再多选几只，形成自己的股票池。

研究股票运行的规律可以知道，股票价格是波浪形运动，涨高了必跌，跌多了必涨。机会都是跌出来的，风险都是涨出来的。再好的股票，涨高了都是垃圾，只有底部股票才更具爆发力。相对来说，底部股票比半山腰的股票更容易涨停。

在阶段性换股过程中，卖掉涨高的个股，潜入底部走好的个股，让自己的仓位始终处于底部区域的股票里，不但会降低持股的风险，而且会有更多底部股票涨停爆发的机会。在换股的过程中，回避了涨高个股的调整，同时享受到底部股票上涨的收益，实现了利润最大化。

一句话总结：让我们的重仓始终在低风险的底部走势好的股票里，能够回避大的调整，在底部股票的波段里赚取差价，同时等待风口来临，等待它的爆发，实现一次飞跃。

低估值的股票如下：

绝对股价低。自古黑马出自低价，但是要选择低价股里基本面好的、错杀了的，有问题的低价股坚决不能碰。

中高价股，随着大盘的调整，风险得到充分释放后，处于一个相对较低的位置。

低估值并非只是指价格低，也包括位置低。

寻找股票池里走势良好的股票，重仓耐心持有，等它涨不动了，换到刚刚走好的底部股票里。

只要你有足够的耐心，这种操作理念和方法就会让你大概率赚钱，这恐怕也是散户能够在股市里永远赚钱的唯一方法了。

第 8 章

重要的实战知识

1. 从亏损到稳定盈利的最大难点

个股的走势就像拔河一样，是由里面所有资金的合力方向所决定的。除了少数受到各方新进资金关注的热门股，其余的，在每只个股中，能够决定个股走势的，是实力最强的主力。

虽然每个股民都试图让股价朝着对自己最有利的方向发展，但客观上，个股走势必定会最大程度符合主力的利益。主力跟其他资金之间有着天然的矛盾，能导致绝大部分其他参与者亏损的走势才符合主力的利益，也是主力获利的必要条件。

任意一只牛股，在真正开启大行情前，强力洗盘后都还会反复震荡磨底，只有当把绝大部分小散洗出去以后，才会大力拉升。

普通个股的主力，在拉升前或吸筹时，通常会制造下跌的假象，把尽可能多的资金洗出去，这样后面迅速拉升起来就会很轻盈，耗费成本更低，中途佐以大幅回调再次强力洗盘，从人人避之不及蝶化成万千瞩目的明星股，涨到高峰时，不断释放出利好消息配合，自然就有几十倍于低位时的资金踊跃买入接手。大家梦想着还能涨几天，在热闹非凡的表象的掩护下，主力轻松地实现了一路派发、高位出货。

任何一只具有 15 倍以上涨幅的中小盘牛股，在短暂高光过后，必然是买单者的一片凄凉和泪水，随后几年基本上都会开启跌幅达 70% ~ 90% 的漫长阴跌。

为什么大多数股票都是短期快速拉升后，持续下跌很长一段时间，然后快速拉一波后就又大跌、阴跌，这样的走势周而复始?

这是因为，主力操盘一只股票通常有几个步骤，即漫长洗盘、让股价跌到低位建仓、反复盘整磨出底部、迅速拉升、主升浪，还有最难的一步——出货，得拉出足够多的出货空间。从低位到高位涨幅达一倍，除去建仓成本、拉升成本，如果想均价 100 元 / 股出货，就得拉到 120 元 / 股，预留一定的出货空间，再加上资金成本，股价翻一倍，主力资金才能有 40% 以上的利润。

主力资金做完这一波，只要还没改行或去别的股票凑热闹，就会年年重复这些过程。拉升到高位出货后再让股价跌下去建仓，滚动操作，再加上平常的小仓位高抛低吸降低一点成本，一般两三年下来，成本就能降低到负数。这是什么意思呢？主力最开始投入十亿元，两年后，把这十亿元的原始投入资金全部转出，还能有一二十亿元资金继续参与投资，这时候就相当于没出一分钱，全部用操盘得来的利润继续操作。

不管哪只股票，散户当然是极度看好才会买入的，买入后希望马上就会大涨，不然为什么要买？可我们一厢情愿的想法大都只能算是幻想、臆测，因为我们怎么想都毫无意义，我们说了不算，还得以实际走势为准。

浮亏、被套牢，这也是股市里每个人必然要多次遇到的困境。既然难免会多次面临，最好能找出解决办法。

首先要做足功课，对过去一年每天的日内走势做到烂熟于心，摸清楚主力的操盘习惯和风格后，自有解困之策。利用主力资金的操盘特点、股性，有针对性地操作，以降低成本。

其次，即使对这只股票特别熟悉，毕竟我们自己不是主力，也还是难免会有判断失误的时候。主力也会不时地进行微创新，给我们一些惊吓，一卖出就三天涨 25% 给我们以颜色，一买进就迅速遇上 20% 的跌幅，怎么办？

偶尔野马脱缰了，就耐心等候，守上半个月乃至一个月，先在 5 日均线那个价位等它下来。偶然失手，不小心短线被套住了，就卧倒不动；被套牢了，就慢慢熬，硬扛一段时间，挺过去等上涨就好。

就算买到过后面涨了几倍的牛股，但有几人能吃到大幅盈利？

选股固然重要，但是关键还得看操作。

哪怕一路跌下来 50%，方法正确，照样也能大幅盈利。长线短做，高抛低吸，小巧腾挪。跌多了，跌不动了，就进去抄个底；一拉，涨上来了，就撤退，尤其看到直线拉升，马上就跑，再慢慢等它回调。

不慌不忙，淡定等候，慢慢就会出现扭亏为盈的转机。如果你天天盯着盘面，情绪自然也就完全被主力操控了，总忍不住去交易，而主力要的正是这个效果。

散户都是赤手空拳的个体，而每天能随心所欲决定股价走势的主力则是手握精良装备、组织严密，掌握着巨大的信息和资金优势，既能清楚地看到我们的底牌，又能根据需要发布公告等信息。

地位完全不对等，我们只有做到充分了解主力，掌握主力的特点并有针对性地采取措施，知己知彼，方能百战不殆。主力不管怎么隐藏动机，手法纷繁，局面迷雾一般，但我们也有资金小的优势——进、出都比主力资金方便很多。主力不管怎么隐藏，单笔委托交易的最大值是 10 000 手，获利卖出时不可能一笔就能成交，成交量是无论如何都隐藏不了的，建仓时通常会缩量，卖出时往往会放量。

所有的主力资金，不管怎么技术高超、方法百出，不管将散户怎么折磨得难受至极，但都有一个关键的罩门是无论如何都无法掩盖的，那就是成交量。

一旦大涨过后，出现长上影线且成交量变得很大，是过去的几倍，毫无疑问，短期见顶了，主力手里的筹码卖出得差不多了，后面必然大幅回调。如果还收一根阴线，那么主力更是直接用 K 线语言明确写出，“我先跑为敬，你们随意，大跌随后就来，就看着办吧”。如此直白又醒目的劝说，可总是遭到无数股民的无视，踊跃接手、高位站岗，刚跌时进去抄底接飞刀。

而在底部很低的位置，成交量也连续一段时间都很低，说明能洗出去的也洗得差不多了，再洗也不会有多少人卖，后面大概率就得往上走。

在股市里，每天都在不断上演这些场景。股民看到股价涨了就着急，生怕飞上天了，于是赶紧去追，往往都买在了阶段最高点附近；看到股价跌了，连续跌破一个个底部，就很慌张，很担心进一步下跌，于是争先恐后亏本卖出，一般也都止损在了最低位。

为什么大多数人都会这样？为什么每次都会出现这样的奇怪结果？

因为在日常生活中，大到买房，小到买口罩、买板蓝根，但凡价格有较大波动的东西，人们都是买涨不买跌，追涨杀跌表现得淋漓尽致。只有等上涨了才去追，涨得越快越着急，特别担心错过利润，从而越失去理智，涨了三五倍的更是不计成本地用力抢。可等到下跌时，无论如何劝说，求他买都根本不愿意去买，生怕要吃亏，手里有货的更是非常担心会跌得更低、损失更多，从而慌张卖出。

这些都是正常人的本能反应，也是亏损的源头。主力必然会对这些人性本能反应加以充分利用。券商研报、热点事件的背后是什么？不都是为了拉高出货让新手来接盘吗？

大多数股民亏钱，主要原因还是跟风追涨买在了高位。跟风追涨是亏损的手段，买在高位则是亏损的本质。

很多人买股票都是听说周围人盈利了，有很高的收益，于是匆忙跟风买入。但当周围人都盈利的时候，大多数处于牛市后期，结果就是大多数人买在了牛市顶部。

为什么大多数人会在牛市高位跟风买入？这是本性使然。一切投资赚钱的核心都是“低买高卖”，但人性本身却喜欢“追涨杀跌”。上涨时觉得还要涨，追高买入；下跌时就觉得还要跌，亏本卖出；熊市里更是反复折腾、换股。

高位追高，低位止损，完全踏反了节奏，周而复始，怎能不大亏？

不少杰出的历史名人都曾在股市里大亏，跟我们一样有过损失惨重的经历。与之形成鲜明对比的是，少数成功的股民都能够很好地克制自己的欲望和冲动，克服人性的弱点，战胜这些本能反应。

尤其突出的特征是，空仓一天都特别不舒服，心里好像有很多猫爪在挠；空仓三五天更是浑身难受、忍无可忍，非要买进去后才会觉得通体舒畅，被套了才心安理得。只要能消除心魔，管得住手，最起码就能避免 70% 以上本来没必要出现的亏损。

在日常生活中，没有几个人会认为自己是新手，再不济以后经验丰富了也能小有盈利。而新手之所以永远都是新手，就是因为管不住贪婪和恐惧，而最优解往往都是需要克服这些的。

巴菲特所说的投资秘诀，“别人恐惧时我贪婪，进场；别人贪婪时我恐惧，离场”，道理好像谁都懂，但没多少人能做到。这听起来是一句无意义的话，其实价值千金。

这也是成功的股民与失败的股民之间最大的差别，什么时候能够修炼到迈过这道门槛了，才算得上开始摸到门道了，才会有稳定盈利的可能。

技术，相比起来，只能算是细枝末节了，不懂技术也能做得很好的大有人在。股市里最不缺的就是那些看起来什么技术都懂但心理不过关、实际操作起来总在追涨杀跌老亏钱的新手了。

整个股市同样如此，牛市时人声鼎沸，原价 100 元的东西，都已经涨到 500 元了，蜂拥而来的众人还要用力争抢，不管价格继续涨到多高都不怕，唯恐买不到，最终天色一变，大多以亏损收场。

等到熊市，冷冷清清，门可罗雀，人跑了八成，之前 600 元的东西，低价甩卖，只要 100 元了还能讲价，遍地黄金，随便买，不限购，可众人避之不及。非要等到过段时间又涨到 500 元了，才争先恐后地用几倍于原先的买价买入。

市场中的大多数输家都是败给了自己，人最大的敌人来自其内心。

翻开整个股市周期图表和任意个股的多年走势图，历史上的峰顶与谷底间的若干倍巨大落差，带给了精明投资者巨大的机会。投资市场不同于现实生活中的一点是，当人们从事任何其他社会职业时，人性的弱点还可以用很多方法遮掩起来，但在投资市场上，每个人都必然会把自己的弱点充分表现出来。

股市交易之所以难，不光是因为股价走势变幻莫测，更因为股民对自己的操作拥有无限否决权与反复无常的修改权，采用随机换股、摇摆不定的交易策略，怎能不成为股市里的垫脚石？

2. 股市教训之避坑绝招

什么股票将会爆发成为 10 倍牛股，分析判断的思路能有上百种，但无论多么有道理，我们说了也不算，因为我们的资金量和信息量有限。但最起码，现在我可以告诉大家，什么股票千万碰不得，必须躲开，因为只要你碰到一次，就很可能让你全部亏损。

其实股市中最大的风险就是买入差公司的股票，某一天会因为一家差公司而亏光所有。股市里的黑天鹅事件层出不穷，如何避免踩雷，也就越来越重要了。辨雷、识雷，虽然不能提高收益，但却能避免巨大亏损。毫不夸张地说，一辈子哪怕只遇上一次踩雷的巨大打击，平生所有积累有可能就会一下子清零，甚至再也站不起来，如图 8-1 所示。

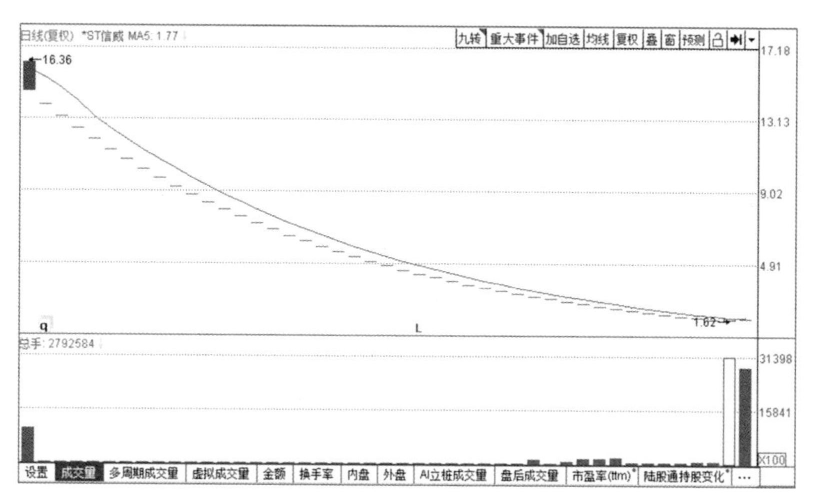

图 8-1　一旦爆雷就是连续十几个以上的一字跌停板，只要遇到一次就得突然一下子亏掉至少 80%

每家爆出突发重大利空的公司，都是由很多共同原因引发的。哪家公司会突然出事、会连续跌停，事先无法预料，但从过往已经出事、连续大跌的公司来看，它们在此前无论隐藏得多么深，都会露出蛛丝马迹，有很多细节是共通的，而符合这些细节越多的，出事的可能性也就越大。

实控人不做实事的、过度依靠金融财技的、资金链绷得太紧的、摊子铺得太大的、业务过多过杂的、蹭了很多概念题材的、热衷炒股的，诸如此类，公司早已被埋下了爆雷的种子。

那些主业不赚钱的公司、没有成长性的公司，为了让公司财报“好看”，整天不务正业，各种操作、各种“炫技”，随时都能整出一颗地雷。

公司名称经常变换或者从公司名称听不出来主业是做什么的，通常都不靠谱。总是喜欢搞重组的公司，99.9% 不会是什么好公司，坚决不能碰。

有大额甚至巨额负债的公司，最好不要去碰。尤其需要重视的是，高质押（控股方质押超过 60% 即为高风险，质押 90% 以上的必会爆雷）、高商誉（财务洗澡的商誉减值，其实就是为了控股方把掏空公司的部分掺到公司的整体效益里，像控股方超高价收购、非法担保等各种玩法的最终结果就是商誉减值）的，不能考虑，坚决实行一票否决制。这两个都是很大的隐患，一直不解除，必然会爆发。如果你的手上不幸恰好有这样的股票，那么在出年报之前务必清仓，因为年报爆雷的风险特别大。

有过大额商誉计提、财务洗澡的公司，都是风险高发的公司，都没必要再去看了。连最基本的诚信底线都做不到的公司，可想而知埋了多少雷？何必在这些潜在爆雷的股票上面浪费时间？

控股人的股权质押超过 60% 的就是高风险，这种公司的股票不能碰，同样，控股人如果因为有过欠钱不还被起诉，尤其是所持股份被冻结甚至被多次轮番冻结的公司，更是必须回避，因为该公司随时都会因为最后一根稻草的加压，过往的表面风光再也维持、支撑不下去，资金链彻底断裂引起一系列的连锁反应，进而引发连环爆雷，基本面崩盘，从而引发连续十几个一字跌停。

在十大流通股东里，全是自然人、连一两家正规机构都没有的公司，其基本面肯定有我们暂时看不见的严重问题。居然连一家对它很看好的外部机构都没有的公司，提心吊胆去买它干什么？何苦呢？

还可以看看机构分析，看看关于公司的研报数量。如果最近一两年内都没有券商关于该公司的研报，那么这样的公司少碰为妙。五年内都没有券商关于该公司的研报，爆雷将是必然，区别只在于早晚。机构和券商很看好的，虽然也并不一定就能涨，但几百家券商一致懒得浪费时间去研究的公司，其基本面可想而知。

资金链特别紧张的、违规担保到处欠钱或占用资金的、诉讼官司缠身的、被司法冻结股票的公司，都有问题。试问，你敢放心买入吗？

控股人、董事长被限制高消费的公司，被立案调查过的公司，有过前任和现任高管被通报批评、处罚的公司，都是极为“厉害”的角色。同类型的还有那些被查证了曾操纵股价、财务造假的公司，根本就惹不起，只能远远地躲着走。

爆出过丑闻，尤其是老板被法律制裁的公司，不碰；总出现负面消息的公司，不碰；太高调、太出风头的公司，不碰。气球一直吹下去，总会爆炸，不幸接手站到了高地上，那就受伤严重。老板知名度远大于公司知名度的公司，总在上热点新闻的公司，都不碰。这些都不是踏实做事、经营好主业的，总想走捷径博得额外溢价，编得再精彩的故事，迟早都会有讲不下去的那一天，那就只能跌下来 90% 露出本来面目。

100 元 / 股以上的高价股，基本面通常比较优秀，并且很容易继续涨。10 元 / 股以下的低价股，虽然不一定有问题，但很可能有问题，因为长期的下跌和低迷才会出现如此的低价，避开是最好的选择。

低于 5 元 / 股的，股价如此之低，非一朝一夕之功，是由于长期以来的行业、业绩、基本面很差等多方面原因造成的必然结果，根本就不是几个月所能改变的。它们绝大多数时间的表现都很疲软，走势基本上都是最差的那 20%。

尤其是 3 元 / 股以下的，都是有严重问题或潜在问题的。而 2 元 / 股以下的，被 ST 包揽了绝大多数，剩下的也正走向 ST。亏损的、ST 的和曾经 ST 的，基本面都是最差的那 20%。

这些风险巨大的，全部有多远躲多远，绝对不看、不考虑。

如果标准抬高一些，市值 500 亿元以下的不买，股价低于 10 元 / 股的不买，则能帮你避开很多坑。

市值特别小的不买，趋势弱的不买，夕阳行业的也不买。

主力资金操盘手法太过头的不碰，这种不讲“股德”的股票，容易闪崩。

看走势，有过非大盘因素导致的连续跌停的股票，最好不要去碰。因为这类股票的基本面和实际经营状况都很不乐观，才会通过去外部寻求市值管理等方式，频繁操纵股价，每次出完货就连续跌停，俗称“杀猪盘”。

4 月 22 日以后才发年报的，能躲就躲。年报发得晚，尤其是年报一直拖延的，大多有不少问题，只要踩到，十几个一字跌停下来，都得亏掉大半。

K 线走势明显走坏的，经常停牌的，尤其是有过长时间停牌历史的（一年停牌一次或连续停牌超过一个月），主力资金长期打压只跌不涨的不碰，有前科的不碰。

成交量、换手率后 20% 的股票，不看、不考虑。在强者更强、弱者更弱的情况下，这些股票以后只会更加低迷，甚至走向退市。尤其是在实行注册制以后，资金只会向少数优质股集中，多数股票会面临关注资金越来越少的局面。

凡是还处于 5 日均线、20 日均线以下的股票，都一概不看，绝不能买。因为下跌和弱势都是有原因的。技术指标明显走坏的、均线呈典型的空头趋势发散的、跌破 5 日均线三天都没有拉回的……只要有这些硬性缺陷的，统统不能再考虑，等走好了以后再看。

还有重大不确定性因素的、雷还没处理完的，一概不考虑；有明显问题和重大缺陷的、业绩太差的，一概不考虑。

踏踏实实做好本行、主营业务还不错的反面，就是那些蹭概念、没什么亮眼的主营业务、经营一年一年走下坡路的公司，这类公司一概不考虑。

主业不清晰的、概念一大把但又搞不懂它究竟是做什么的，不碰。真正的好股，如贵州茅台、云南白药、中国平安、腾讯控股等，哪怕根本不炒股的人都能够清晰地说出它们是做什么的。

盘中绿盘不拉红、拉高不涨停、涨停不封板，立马走人，否则会立即大跌。喜欢尾盘偷袭、拉升的股票，不看更不买。这种主力极度自私，不会给别人一丁点儿机会，生怕别人能沾光、获利。尾盘拉升的第二天通常低开低走跌 5% 以上，这种股票即便要涨，也会先剧烈洗盘然后突然发动，不给买进机会，股民遇到它们只有亏的份儿。

几天内有大量限售股到期的，不计成本卖出的卖盘太大，谁愿意进去赶着吃一两个跌停？

持有该股的基金和机构低于 10 家的公司，一定不能去碰。虽说基金和机构扎堆的股票不一定会大涨，但如果连基金和机构一致远离的公司，一定会有严重问题。专业的基金和机构对个股各方面的研究能力和信息渠道都远胜于普通股民。几乎没有基金和机构看好的公司，肯定有一些明显缺陷或暂未爆出的特别重大的隐患。

前期一直都在的机构全部跑了，不考虑，因为他们有信息优势，更能接近并了解公司的实际情况，一致清仓的，定有我们所不知道的很不好的内情。

春江水暖鸭先知，公司基本面出现重大问题，一般会通过知悉内情的内部人士提前表现出来，要么股价出现莫名跌停，要么在大宗交易上出现端倪。经常关注大宗交易，如果一直持仓的十大流通股东出现了大宗卖出的情况就要小心了，尤其是某个相同席位在短时间内连续卖出，数额越大，警报越响亮。出现这两种情况都是大资金提前知道消息出逃的缘故。

在决定重仓买入时，最好先把该公司过往一年所有公告的标题迅速浏览一遍，大致清楚这家公司的品行是否端正，可以避免遇到到处都是暗坑、随时都可能让股民突然大亏的无良公司。这些公司长期以来漠视投资者的基本利益和尊严，违规操作和不良行为成了惯例，不是一下子就能彻底扭转的。

口碑、信誉也越来越受到重视。一家上市公司如果极度漠视投资者的利益，对中小股民没有责任感，甚至根本不把散户放在眼里，那么，他家的股票你还敢买吗？

3. 血泪教训之仓位分配

选股和仓位分配，就像健康状况，平时可能觉得没什么，一旦犯错，好比检查后发现得了绝症，事后无论如何追悔都已经太晚了。

首先，我们投入资金的原则是即便全部亏损，生活也还能维持下去，不受太大影响。很多股民投入了所有资金，只要被套，就极为被动，连日常生活都很艰难。

尤其是借钱、融资等加了杠杆的，股价一旦下跌，就很长时间动弹不得；遇到几个跌停，就会亏掉所有资金，甚至债台高筑，下次再想回到原点都非常困难，更别说东山再起了。毕竟，我们只是做投资，而不是赌博，更不是以命相搏。

所以，千万不能将所有资金投入股票里面，不管什么时候，都必须留出总资金至少 10% 以上的应急和备用资金。否则就会像很多全职股民那样，几乎甚至所有资金都用上，还总是使用 150%、170%、200%、230% 的仓位。但股市大多数时间都是下跌被套的，那就经常连吃饭的生活费都拿不出来，又没有其他稳定的收入来源，使自己陷入极度窘迫的境地。

其次，我们要在仓位分配上杜绝高风险操作，通常不全仓一只股票，更不能以超过 150% 的仓位加融资杠杆去满仓某只股票，只需要七八个跌停，就会亏掉全部本金，还倒欠证券公司的钱。即便使用融资，也最多不超过本金的 50%，并且确保在出现突然停牌三五年、连续 20 个一字跌停等极端情况下（类似情况每年都有），能筹集到足够资金还清所有融资。

否则，如果资金缺口太大、几天内又补不上，出事了就无法挽回了。资金越多，套在脖子上的绞索就勒得越紧。不管是经过半年还是 20 年能最终做到 100 倍、1 000 倍收益，但只需要错一次，就是灭顶之灾！如果使用杠杆，那么这一天是迟早都会出现的，区别只在于早或晚。

超过 200% 的仓位，连控盘的主力都经常会被强行平仓，盘中层出不穷的闪崩，搭配几个连续一字跌停，都是这么来的。在任何时候，都要考虑到最恶劣情况出现时该怎么办，比如在突然停牌、突然被 ST、突然

10 个跌停等灾难发生以后，怎样才能留有后路，不至于亏掉所有本金还倒欠证券公司的钱。

无论有多么看好，也绝不能在同一只股票上使用超过 150% 的仓位，一旦股价下跌或公司出事，就毫无回旋的余地，只能眼睁睁地看着资金缩水。

在任何情况下，杠杆都不能超过 150% 的生死红线，最佳结果也只是赚得少一点，速度稍微慢一点，相比于可能的稍微提高的收益，自身的生死和资金安全重要 100 倍都不止。

仓位分配到几只股票上，还可以用部分仓位购买指数基金，它们不会停牌，随时可以卖出兑现和应急，如补仓、补保证金。当然，操作指数基金和操作股票一样，都要遵循“站上 5 日均线才买，破 5 日均线收盘前必须卖掉”的操作原则。

久经沙场的，谁没吃过几十、上百个跌停？遇到大回调阶段连吃四五个跌停资金亏损过半也是在所难免的，元气大伤但还能剩一半。但如果满仓满融踩到一次大雷，十来个一字跌停板下来，根本就连逃跑的机会都没有，直接被清零出场了。唯有仓位分配，才能降低这些极端情况给我们造成的伤害。

4. 短线、中线和长线的不同选股与操作

选股，是每个股民必然要面对的难题。不光散户为之绞尽脑汁，过亿元的大资金也尤为重视选股。

许多人以为民间高手或者私募团队要用各种对倒或各种花招进行操盘，但事实上，这些团队都是难以做大的。真正的操盘高手从来不屑于那些小动作，他们靠发掘市场中的牛股获利。能从众多股票里，一眼选到风口的潜力大牛股，就像从万军丛中准确取下对方元帅的首级。只要有这选股水平，哪还需要搞什么小动作？搞一万个小动作，也不如精准地选到牛股更简单、有力。

顶尖的团队操盘，买定离手，既不需要搞维护股价的行为，也不用多看、多想，靠着选股的能力，去等候市场先生的裁决。市场先生认为你选对了，你无须搞任何小动作，股票自然能涨，你隔日或隔几日卖出再盘点盈利即可。而市场先生如果认为你选错了，你哪怕使出浑身解数，它依然会跌，那还不如不浪费力气，隔日认错止损就是了。

大多数公司其实并无投资价值，只是概念、题材炒作，还有不少都是瀚叶股份这样暂时还没爆雷使人大幅亏损的垃圾股。

无论是超短线、短线还是中线、长线，首先都得排除那些万万碰不得的股票。5 000 多只股票，排除那些垃圾股，也至少该有 2 000 只股票可以做，尽量避免踩雷，在那些有很大不确定性的垃圾股上亏得倾家荡产。只做白马股、龙头股、优质股、中盘股、大盘股，不会轻易爆出黑天鹅事件，无突发崩盘风险，大股东不会也不敢毫无底线地乱来。

如果你不敢持有一只股票 10 年，那就最好连 10 分钟都别持有。能长期发展得不错的，10 年以后都已成为各个行业的龙头股。

基本面驱动的行业龙头股，被低估了的医药、白酒股，则是基金和机构等大资金的最爱，抱团取暖拉升，股价也都不断走出大趋势。高成长性、未来业绩有保障、所处行业面临外部环境的改变或迎来大幅上涨机遇的个股，都是长线优选。

市场合力是“信息流、资金流、走势面”多重影响的结果。分析股票不能从单一角度去钻牛角尖，多方面相结合，犯错的概率就会大大降低。价值的基本面决定了底线和下限，技术面体现的是此前与当下，走势面则表明现在和未来的趋势，题材、概念如果赶上风口，则更是如虎添翼。

大多数股民都有过这种感觉，看好的几只股票，总是买了的被套，没买的涨上天，亏损卖出的又涨回来，追进去后又被套，几年前卖出的现在已经涨了很多倍。讽刺的是，每天折腾来折腾去却不断亏损。这也是炒股的难度所在，不断否定自己，每天为微小的波动心惊肉跳，不断改变自己的想法。

这就需要你调整方向，市值大、价格高的，往往比低价股安全得多。

所有 100 元 / 股以上的股票，散户都很少；而所有 5 元 / 股以下的股票，散户都非常多。事实上的走势怎么样呢？越是散户不想买、不愿买、不敢买的股票，股价越来越高，有越来越多的机构抱团，后面走势越强，继续不断创出新高；而越是散户扎堆的那些股票，股价反而越来越低。

事实胜于雄辩。大多数散户厌恶也心惊胆战不敢去买的高价股，这些年越涨越高。而符合大多数散户喜好的低价、小盘、一路跌到低位的股票呢？安心又踏实地买入后，继续跌得更低，甚至还经常爆雷，给散户带来的基本上是痛苦和反复折磨。

看起来在低位并且已经回调不少的低迷弱势股，往往风险更大，因为越是低迷，外面就越没大资金会参与，里面的资金就越想跑，卖盘远远大于买盘，那就只有继续往下跌。除非等到出现突发性大利好，或者跌势衰竭，主力觉得开启一轮行情的时机到了。

一路上涨的强势股，如果基本面没什么明显缺陷，有符合当时市场的题材，其实反而更安全。只要深度参与的大资金还在持续买入，还没出现明显放量顶分型的出货走势，就还会不断有其他大资金进来接力，就还会继续往上涨，因此，反而更安全，短期上涨空间也大得多。

个股的涨跌跟它所处的位置高低、价格高低并没有什么关系，只取决于参与资金的合力。当看好并买入的资金量远远大于卖出资金时，那合力就向上，不管价格、位置有多高，当然还会涨；当卖出资金远远大于愿意买入的资金时，无论处于多低的位置和价格，都只能继续跌。

在 N 选 1 的情况下，一定别贪便宜，别选那只弱势的股票。更不能因为看到 B 股涨得多，不敢追涨，就去买和 B 股同一行业且一路下跌的 C 股，贪小便宜的结果就是吃大亏。因为卖强补弱，在人性上会觉得很舒服，炒股的难度就在于此，正确的选择往往反人性。

做短线、中线和长线，是三种完全不同的体系。短线追热点，中线做波段，长线看趋势。

短线当然得紧跟当前热点，盯着人气股、强势股、龙头股，买点出现马上买入，稍一犹豫可能就已经封板了。高收益的同时也有高风险，只要不能继续往上大涨，承接力度不够，那就只有往下大跌，承受潜在亏损，此外别无选项。

短线卖点，1 分钟、5 分钟走势出现顶分型并放出极大量，马上就得离场。更激进的，第二天开盘不如预期，无论盈亏，都果断砍仓。

对于短线选手来说，天天都很辛苦，每天盘前、盘中和盘后都得做大量的工作。盘面瞬息万变，在交易时间一直盯盘是标配。但总体来说，短线群体们的成功率非常低，天天激情四射，经常隔天就收获 10% ~ 20%，也可能一天就亏 10% 以上，但到年底一算总账，很可能还是亏的。这条路不适合大多数人，不但需要每天耗费大量精力和心血，除技术超群之外，还得需要一定的运气，出一次意外，可能半年就白忙了。

对于中长线选手来说，在有些研究基础后，掌握一定的方法，成功率、确定性就能明显提高。日线级别买，日线级别卖。耐心等待一个合适的买点，就显得尤为重要了，这意味着巨大的成本优势和心理优势。5 日均线下方不买股，趋势转强了再考虑，中长线同样适用，全部得出现缩量底分型才买进，出现顶分型才卖出，尤其是在高位放出巨量时，立即清仓，等待下一个买点出现。

在选好股票，低位买入以后，就只需要偶尔看看股市，每天最多花一两分钟关注一下股价走势，直到需要时才进行操作，其收益比每天短线搏击的收益也稳定得多，何乐而不为呢？

热衷于短线的，对热门题材股情有独钟的，基本上是本金较小的投资群体，他们觉得这样赚钱的速度快，吃到一个涨停就有 10%、20% 的收益，吃到几个涨停收益就能翻倍。但那是因为他们的本金很小，才敢这样去搏，一共就那么多本金，输了也就那么点儿。

换句话说，小资金还真的只能这样去搏。一个牛市过去了，10 万元变成 30 万元，又有多大意义呢？对生活又能有多大的改变呢？这也是那么多散户站在自身处境，乐此不疲地去选择打板龙头妖股的内在原因。

5. 中国资本市场的核心资产

特别值得一提的是一类在基本面非常优秀的前提下创历史新高的好股票，其背后的公司业绩很优秀，产品具有稀缺性，拥有别人难以竞争的宽广护城河，兼具大题材，是众多资金涌入的优选目标。

具体筛选标准可以定为：

（1）行业龙头，目前市值千亿元以上。

（2）非周期行业，中长线抗跌能力强。

（3）调性好，从 2015 年 6 月到 2020 年还能涨几倍，真正穿越牛熊，每过一段时间就能创出新高。

（4）分散选择，每个细分领域一般不超过两只。

在任意时间段，符合这些条件的都不会超过 1%。在目前 5 000 多只股票中，也就只能找出 40 多只，都是各所在行业的代名词，如图 8-2 所示。10 亿元以上的大资金，基本都会买入这个股票池中的几到十几只。我们可以根据走势，每两个月在这份名单里，用其他符合条件、走势更好的几只替换那些表现较差的。

名称	细分行业	股票代码	名称	细分行业	股票代码
贵州茅台	白酒	600519	爱尔眼科	医疗保健	300015
五粮液	白酒	000858	药明康德	医疗器械	603259
招商银行	银行	600036	伊利股份	乳制品	600887
宁德时代	新能源	300750	东方财富	证券	300059
中国平安	保险	601318	长城汽车	汽车整车	601633
金龙鱼	食品	300999	智飞生物	生物制药	300122
美的集团	家用电器	000333	韦尔股份	半导体	603501
海天味业	食品	603288	恒力石化	化纤	600346
恒瑞医药	化学制药	600276	海螺水泥	水泥	600585
中国中免	旅游服务	601888	海尔智家	家用电器	600690
迈瑞医疗	医疗保健	600276	中公教育	文教休闲	602607
海康威视	安防	002415	长春高新	生物制药	000661
长江电力	水力发电	600900	荣盛石化	化纤	002493
立讯精密	电子产业链	002475	通威股份	饲料	600438
顺丰控股	仓储物流	002352	金山办公	软件服务	688111
隆基股份	光伏	601012	亿纬锂能	锂电池	300014
比亚迪	汽车	002594	云南白药	中成药	000538
格力电器	家用电器	000651	双汇发展	食品	000895
洋河股份	白酒	002304	片仔癀	中成药	600436
泸州老窖	白酒	000568	汇川技术	电器仪表	300124
牧原股份	养殖	002714	恒立液压	工程机械	601100
山西汾酒	白酒	600809	分众传媒	影视音像	002027
三一重工	工程机械	600031	上海机场	机场	600009
万华化学	化工原料	600309	用友网络	软件服务	600588

图 8-2　符合条件的备选股票池

我们要做的就是每个月在此范围内筛选出几只适合买入的股票，下个月再看有没有必要更值得买入的来替换其中的一两只。

这些股票在股市里的权重很高，对各自所在板块的行情有着要塞般的关键作用，对整个大盘指数、创业板指数等有着举足轻重的影响。

这些股票就是中国资本市场真正的核心资产，是从投资角度所能选出的优质股票，也是长线投资的极佳选择。其代表的公司都已经用几十年的历史证明了自己优秀的经营能力，股价已在多轮熊市里创出了卓越的表现。如此优秀的大公司，很难出现突发大利空，更别说爆雷了，关键是股市普跌时很抗跌，几年熊市过去都还能涨几倍，由基本面驱动，股价能够走出独立于大盘行情的大趋势，拿着很放心，可以排除坏运气的影响。

相较于瀚叶股份这种被操控、随时都会爆出十几个一字跌停的垃圾股，买这些股票，心里很踏实，由于其代表的公司业绩稳定，有过硬的独特价值和基本面支撑股价持续不断地往上涨，因此，股价不管涨到多高都会有源源不断的接力者。

哪怕在出现系统风险的极端情况下，或即使突然出现黑天鹅事件（对这种千亿元级别的股票来说概率特别小），当其他股票一连几个一字跌停根本没法跑时，它们也几乎没封住过跌停，随时都能卖出。

同时，它们也是安全性最高的，即使不小心买到了高位，最多过一两年又能再创新高。而其他股票一旦不小心买到高位，那就很有可能再也回不去了，两年跌下来 80% 甚至被 ST，哪怕再过 10 年、20 年，经过几轮牛市，都再也回不到原来的位置了。

因为对它们有信心的人特别多，尤其是资金数亿元以上的基金、机构、大资金，都必然会重仓买进这类股票，哪只股票稍有回调就马上有百亿元以上的资金踊跃买入，怎么可能深跌下去？行情不好时更是抱团拉升。

每只此类股票，里面都有几百、上千家长期看好的基金和机构扎堆驻扎；而一般的股票，里面的基金和机构通常不超过 80 家，并且还随时准备清仓卖出。坚定看好这类股票的人特别多，永远不用担心没有接力的资金。关键是那些能够影响甚至改变个股走势的大资金，更是一直都特别看好此类股票。白酒、医药、消费股，一直作为大资金防御配置的首选，每轮行情都能穿越牛熊，不断走出上涨的大趋势，就是例证。

A 股的科技类公司经营环境千变万化，影响因素太多，研究起来费神、费力，效果也很不确定。还不如重点关注白酒、医药、消费这三大行业，生意模式简单且稳定。这也是市场上那些手握百亿元资金的几百家大机构、基金所最喜欢、看好并持续重仓买入的三大板块。

10 年后，A 股最赚钱、涨势最好的科技公司会是哪几家？我不知道，也没人能预测，说不定会是一些连名字都没听过，甚至目前还未成立的新兴科技公司。但如果要预测 10 年后的 A 股哪几家白酒公司最强，相信大多数不炒股的人都能不假思索地说出来。

这些股票都兼具行业稳定性、消费稳定性、不可替代性和稀缺性中的几种；而业绩、利润一直很惊人的银行和地产行业，虽然基本面都特别好，但长期以来的市净率、市盈率之低更是惊人，至于股价走势，只能避而远之；证券、能源等行业的周期性太强，在大多数时候都跌得太不像话。

虽然走势是在不断波动的，但波动里隐藏着确定性。而一般股民看到涨跌就失去理性，轻易就被一根阳线或阴线彻底改变看法，变得恐慌或亢奋，一下子乱了套。

在资本市场上，最不缺的就是希望能获取收益的金钱，只有优质企业才是稀缺产品。从天使投资到成功上市的高速成长过程中，企业的估值通常会增长几百到几万倍。上市以后，一些优质企业的市值，伴随着时间赋予的价值，一二十年后，还能增长几十到几千倍。

每只股票的涨跌，里面都是有逻辑的。股票价格的上涨和下跌并不是由大多数光凭一厢情愿空想和臆测的散户说了算的，而是由少数的大资金决定的。而这些大资金是最好分析的，他们行事也都有根据和足够的理由来支撑，不像多数散户那样胡乱操作。

上一节说过，小资金想要做大，短线是首选。但是，当资金体量已经完全不一样的时候，做法也会有本质上的不同。

数千万元、上亿元的大资金，并不是在为快速获得第一桶金而奋力拼搏，而是选用以守住财富为主、财富增值为辅的策略，他们在潜意识里就会把规避风险、安全稳健摆在第一位。

其次，流通性也是一个重要因素。对十亿元、百亿元级别的大资金来说，选择这些通常都是中小盘的热门股，买进、卖出都特别吃力。很可能当天买到几千万元时就已经将它封住涨停，此时资金再多也没法再多买；想要卖出这几千万元的时候，股价至少得跌下来三五个点才能顺利卖出兑现。

不拉到涨停就买不了多少，不大跌就卖不出去，如影随形的股价大幅波动，在很多时候都会让自己很受伤，每次一跌都是自己首当其冲，亏损最多。想要仓位加重，就得同时持有 50 只以上这样的股票。

而选择那些千亿元市值的股票，就完全不存在这些麻烦。每次选择某只，就能容纳几亿元的进出资金量。还能有许多同样的大资金并肩协同，一起来抬轿子，即便下跌也有众多资金出来护盘，自己也不会亏多少。

资金越大，相应的操作难度也越大。亿元级体量的资金想要实现全仓收益翻倍，跟百万元以内的资金实现 5 ～ 10 倍收益的实际难度差不多。

A 股里的牛股可大致分为三类：一类是以贵州茅台为代表的业绩驱动、有强劲基本面支撑的股票，俗称“白马股”；一类是题材驱动，短线的情绪炒作，股价突然翻几倍，然后迅速跌回去，来也匆匆，去也匆匆的股票；一类是里面有大资金长期控盘的人造牛股，任性且得看操盘手的心情。毫无疑问，后两类参与的难度很大，亏损的风险很高，只有业绩驱动的牛股是最具确定性的。

资金数亿元的牛散、大户们，只能影响某几只中小盘个股和局部热点板块的走势；只有那些百亿元级别以上的大机构们抱团，才能影响大盘股，进而影响整个股市的行情。

6. 长线最佳选择：再论核心资产

在安全、稳健的基础上再追求收益，确定性较高的大趋势上涨的优质核心资产是做长线当仁不让的最佳选择。

产品有效百年的企业，或从激烈竞争中走出来的优胜企业，或没有竞争对手的垄断企业，从公司的角度来看，这类上市公司都是行业无可争锋的龙头，拥有高深的护城河、巨额的净利润和现金流。该公司的产品是生活中所必需的爆款消费品，因此是市场大资金和长期资金不可避免、不得不买的核心资产。

这些公司经过长时间验证，经营状况良好，不会出现管理层胡乱折腾、突然搞出个重大利空的风险。

其实投资这件事也很好理解，你自己的生意不好做、难赚钱，可能还会亏钱，应该用赚到的钱抓紧买入贵州茅台这种类型的好公司，这样的公司比自己的公司强，做自己公司的股东，不如做这种公司的股东。因为这种公司掌握了独特的资源，或者有强大的管理团队，让这种公司给你打工，不是更好吗？

从股票的角度来看，买进去遇到较差的情况就是大盘连续下跌，那么哪类股票可以抗跌，甚至逆势上涨？就是这类避险资产。由于巨大的体量和人气，避免了个别主力资金恶意操控，搞出大风险的洗盘和大涨大跌，资金可以随时进出，流通性良好。

A 股也真是有意思，每当失去方向，资金迷茫的时候，资金就会流向医药和白酒那里，就是俗称的“喝酒吃药的行情”。经验丰富的，每次只要看到钛白粉板块名列前茅了，就知道不是好事。因为钛白粉板块是市场最小的板块，里面只有五只股票，还都是小盘股。只有当其他板块特别不活跃的时候，才会轮到钛白粉板块。这也算是股市一景了。

在这类股票里经过对比，进一步选出：

（1）净利润总额很高、护城河特别坚固的，比如云南白药、片仔癀、马应龙等。由于特殊秘方和品牌护城河，全世界几乎没有替代品，并且是特定场景必需消费品，永不过时，几乎没有商业竞争风险。在这方面，电子产品、科技类的就不行，商业竞争激烈，随时可能落伍，被时代抛弃。

（2）走势稳定向上推进，回避目前正在连续大涨高位的，或者一个次级别下跌走势低成交量、底分型附近的。

（3）排除估值（市盈）特别高的（比如海天味业、比亚迪），选择还有明显上涨空间的（同板块对比，比如五粮液相对于贵州茅台），以及未来成长性好、业绩增速明显的（比如泸州老窖）。

从市场情绪的角度来看，这类股票的走势由于赚钱效应和历史股性，吸引了高人气的关注，即使有短期下跌，也会吸引到大量抄底资金，又能再次上涨。

总结一下：买股票，如果把上涨的确定性放在第一位，只要买下市场核心资产，就等于扼住了资金流的咽喉，这是它们的必经之路，除非股市关门，否则永远不会缺少接盘者。

买完之后，能放心持有，不用天天看盘，提心吊胆地随时准备离场，有了新增资金还可以随时买进。

那么，这些股票有没有风险呢？走势不如预期该怎么办？在什么情况下该卖出呢？

首先，此类股票这几年来的涨幅已经不小，如果大盘走单边下跌行情或者整个市场情绪极弱，那么当然要退出市场回避。

其次，股票在某段时间连续大涨后，出现明显顶分型回调的，可以了结退出，等下次出现底分型再进，不用选股，还是这只股票。

最后，市场始终具有不确定性，不管出于何种原因，如果下跌，那么自己设定一个止损幅度，该止损就得止损。

市场的核心资产是稀缺的、有限的，那些乱七八糟的亏损公司或弄虚作假的小公司没什么可看的。

认识到持股的内在逻辑，不能把它当作超短线看待，斤斤计较几个点的上下浮动，或者盈利几个点就卖出，它的优势在于时间，时间越长，操作就越成功。当然，也可以根据实际情况，以账户盈利幅度为重要依据，达成了目标，就可以结束。

从表面上看，这些股票有高位低位、高价低价之分，其实内在逻辑都差不多。买了持股就行，不需要怎么操作。这是主流资金的必经之路，就像兵家必争之地一样，只要守住，就有主动权。

行业龙头 + 顶部品牌 + 公司不断发展超预期，这类公司的股票都是超级龙头股，这些核心资产是市场的咽喉，它们是稀缺的。虽然股市有 5 000 多只股票，但核心资产只有这些，就像古董一样，不管多少钱买的，只会越贵，不会变便宜。

这些都是股市的明牌，坚信这个逻辑，才能够拿得住股票，而不会为了短期市场的涨涨跌跌跳来跳去，捡了芝麻，丢了西瓜，最后一场空。

它们能不断创出新高，不是由某个主力资金控盘拉高的，而是因为它们是中外投资者公认的优质资产，是众多大资金们一致选择的合力的结果。只要股市还开门，就永远不会缺接盘买入的资金。如果它们跌了，那么其他大多数股票只会跌得更厉害。如果连它们都垮了，那么只有可能是系统性的大回调又来了。

能长期持有的好股票是有限的，几乎不用选，剩下的就是择时，好的位置是等出来的，而不是选出来的。对于这些长线优质股，可以长线短做，等到回调后出现底分型寻找合适买点买进，波段上涨后出现顶分型卖点就先出来，再耐心等待下一次的买点。

持有它们，既放心又省心，几个月不去看都没关系。除非其中某只股票的趋势明显走坏、出现突发黑天鹅事件、所在行业走下坡路，才需要调仓换到另一只近期表现更亮眼的此类股票上。

从安全角度来看，这类核心资产的股票与一般股票还有一个重大区别，即不管遇到多大的利空，都不会连续跌幅超过 15%，只要想离场随时都能离开。只要看对了趋势，即使中途遇到回调，也跌不了多少就会被其他众多看好的资金再次拉起来，要不了多久就能再创新高。只要持有的时间足够长，不但亏不了钱，还能翻很多倍。

而那些完全由主力资金控盘的股票，不管股民对它们有多么看好，遇到少数主力资金为了实现自己的想法（反正走势完全由主力资金说了算），一两个月下跌 50%，两年跌去 90%，在底部趴着 5 年、10 年都再也不上来，甚至走向退市，你又能奈它何？随时遇到一个大点的利空就会出现连续十几个一字跌停板，你暴跳如雷也没用，跑得掉吗？

7. 牛市、熊市和震荡市的不同策略

对于个股而言，最重要的是时机的判断，即买点和卖点。对于投资来说，最重要的是对大局、对当下所处大势的判断。顺之者赚，逆之者亏，绝不是玩笑。面对三种完全不同的外部环境，自然就得对应与之相符的思路和策略。

当行情不好时，会空仓的才是高手。多休息，方能保住本金。保住本金的重要性在前面也有提及。并不是越勤奋越好，股市又没人颁发全勤奖。天天买，期望天天涨，这不是强人所难、自寻烦恼吗？

在熊市里，做得越多就错得越多、亏得越多，一年不休息地做下来，亏掉 80% 很正常。不站上 5 日均线不看。实在手痒忍耐不住的，可以拿 10% 以内的仓位感受盘面，训练技术和盘感。

在震荡市里，顶多会有局部行情，是概念、题材的天下。因为活跃资金也要干活，会主导出情绪驱动和资金驱动的龙头股。我们的稳健选择就是底部底分型的股票。

在熊市和震荡市里，如果非要强行交易，那就放弃追逐短线超额收益，安全第一。最好选择行业龙头，知名度高的白马股、绩优股、大盘股、蓝筹股，公司产品是我们日常能看到或使用的，曾经当过牛股、妖股、人气股的，股性比较好的。

哪些股票最优秀、基本面最好、最值得买入，其实有最聪明和最专业的、最具资金优势和信息优势的、能够影响甚至决定众多个股走势的、

这个市场业务能力最强且收益最稳定的顶尖机构早就替我们选好了。喜欢抱团拉升的 QFII、MSCI 等外资，他们都耗费大量的人力、物力和财力深入研究过。

看他们持仓市值最高的十大重仓股，以及持股比例接近上限的十大股票，直接享用他们的研究成果，对于没时间天天盯盘的投资者来说，这就是长线选股既简单又实用的办法，因为股市里的实际收益最有说服力。

并且北向资金等外资的二十大重仓股，以及前两节中提及的符合当时条件的 20 只核心资产个股，不同方法所能挑选出来的最优秀的股票，每个月的重合度能达到 90% 以上。

换一种思维思考，如果我们的水平高，那怎么会一直稳定地亏损呢？市场永远都是对的，既然事实上我们一直都在亏损，那就说明我们所想的、所做的都是错误的。事实才是最具说服力的，既然外资大多数时间都在稳定盈利，那就已经证明了他们的做法、策略、选股是对的。继续坚持自己那一再被事实证明亏损的做法，结果显而易见。改变错误的想法，跟着赢家的脚步，还有走向盈利的很大机会。

我们的专业知识不够全面，我们的资源很有限，我们看到的、分析的都是不完美的。既然大部分时间我们的分析都是错误的，那就不去猜测和分析了，直接交给市场，市场总是对的，市场自动选出来了，我们就跟随买进去；或者交给市场上其他顶尖的专业人士去分析，我们要做的就是跟随高收益成功者的行动。这就是放弃自己智慧的智慧。

还有一类占比不到 5% 的股票，无论牛市、熊市、震荡市都可以放心持有。只有具有了特别扎实的基本面研究能力和对市场经济、股市几轮牛熊的深刻认知的投资者才能找到，真正有无可替代的核心技术，产品具有垄断地位的市场优势，业绩在未来能达到几十倍、上百倍增长的，必定都会是基本面驱动的长线牛股。

虽然在短线、中线上不如那些耀眼的妖股、明星股，能万众瞩目地连续十来个涨停，几个月就涨 5 倍、10 倍（然后一地鸡毛，在之后漫长两年跌下来 80%，从哪里来的就回到哪里去），但却能穿越牛熊周期，不惧股市寒冬，不声不响地每年都涨 30% ～ 50%。

但这么优秀的股票也有缺点，就是一直处于高位，每年从高位走向更高位，根本就不会有低位的机会，顶多在小幅回调途中找到一个略低点上车，并且需要有特别的定力和耐心才能一直持有。

在人人期待的牛市中，容错率高，各种操作的成功率都大增。大致可分为几种策略：上策是做超短线，每天追逐高人气的强势股、龙头股，不断换股，争取最大化收益，但这对个人要求太高，高手能翻很多倍，能力不足的甚至亏损都很可能；中策是不管板块轮动与否，几个主线板块的个股都配置上，只要在 5 日均线之上就一直耐心持有；下策是最保守、最省事的，买指数基金或行业 ETF，无须选股，保底收益也能跑赢大盘涨幅，总比胡乱折腾要好。

股市的最大特点就是不断变化和不确定性。每轮牛市、熊市、震荡市，有相似性，但绝不雷同。

我们也可以在各种不同环境下，以不变应万变，长期盯着自己特别熟悉的那几只股票，周而复始地进行高抛低吸，几年积累下来，收益也会很不错。

任何股票，不管有多好，一旦短期涨高了都是废品，风险都是涨出来的，机会都是跌出来的。

过去的都已经过去，股市里炒的都是放大若干倍以上的预期和未来。预期一旦兑现，就是下跌开启之日。炒得最火热的都是在朦朦胧胧和不确定的阶段，一旦走势确定了，要么根本没机会买进或卖出，要么只能接手最后一棒。

买在一致，卖在分歧。无论有多么看好，也要灵活应对，拉高了就要卖，破了 5 日均线就马上先卖出，等跌到位了、重回 5 日均线了再说。

8. 真正高收益的价值投资怎么做

除了技术派，最广为人知的就是价值投资了。

现实中，很多价值投资的信奉者在股价上涨时，都声称自己在进行价值投资，一旦股价下跌，很多人就现了原形，立马开始投机。他们也很困惑，怎么越是价值投资就被套得越深呢？到底这条路还能不能行得通呢？

价值投资的第一步是给股票估值，即弄清楚股票的内在价值有多少，这是最难也是最重要的一步。解决了这个问题后，接下来只要按部就班地操作即可。

最初级的估值方法是看股票的市盈率（PE），高级一点的估值方法是看市盈率的增长率（PEG）。于是我们可以简单地总结为：如果甲股票每年业绩可以增长 30%，那么其内在价值是 30 倍市盈率；如果乙股票每年业绩只能增长 10%，那么其内在价值是 10 倍市盈率。鉴于能够维持 30% 的增长率是很难得的，因此，甲股票的投资价值高于乙股票的投资价值，即使乙股票的市盈率更低。

给股票估值，最重要的就是要搞清楚该公司业绩的增长情况，也就明白了为什么巴菲特之类的投资者都非常喜欢简单又容易理解的公司，因为只有简单的公司才能算出它未来的账，复杂的公司即使是它的老板都搞不清楚未来能有多少利润，你又怎么可能算出它未来的账呢？

假如我们已经找到了某家公司，确定其业绩增长率可以达到 20%，因此，其股票的合理价格是 20 倍市盈率，然后我们就可以画出这家公司的内在价值曲线。假设第一年其业绩是每股收益 0.5 元，按照 20 倍市盈率，那么内在价值，也就是合理股价在 10 元 / 股；第二年其业绩增加了 20%，达到每股收益 0.6 元，按照 20 倍市盈率，合理股价在 12 元 / 股；往后 10 年都以此类推，如图 8-3 所示。

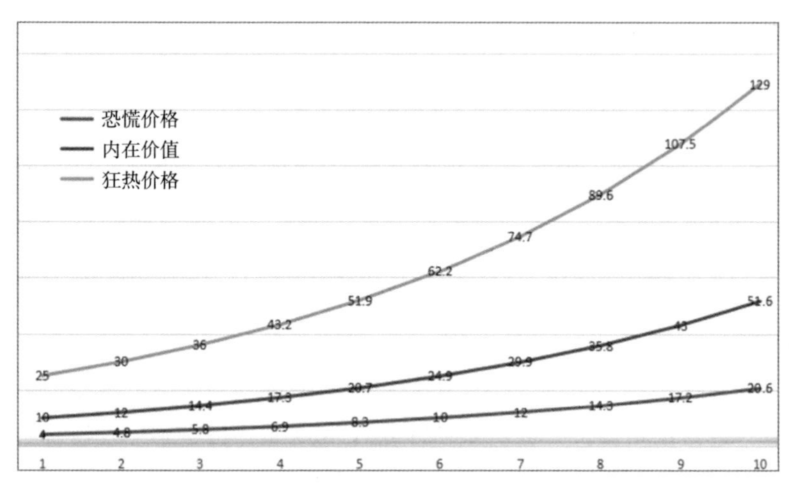

图 8-3 恐慌价格、内在价值与狂热价格

如果每个人都按照内在价值这条线来炒股，那么股价就不会有大幅波动了。但真实情况是，多数人从来不去给股票估价，只是纯粹地追涨杀跌，这使得股票在真实情况下会上下巨幅波动。巴菲特说，当市场处于惊慌状态下，股票常常会以巨大的折价销售。越是无效的市场，对于价值投资者来说，就越是有利。如果人人都是理性的，那么你就不可能有超额收益。因此，在内在价值的下方还有一个恐慌价格。

当市场处于恐慌状态下，股价只是其合理股价的 40%，在这种情况下才是价值投资者买入的良机，虽然不常发生，但一定会发生。同时，市场除了会恐慌，还会狂热。当市场处于狂热状态下，股价很可能是其内在价值的 2.5 倍甚至更多，所以，在内在价值的上方还有一个狂热价格。

中间那条线是股票的内在价值，这是公司的基本属性，不会因为市场的情绪而改变。但股价很少会处在这条线附近，股价的波动幅度通常很剧烈，最低时可以跌破下方的恐慌线，最高时可以冲破上方的狂热线，但股价在 95% 的时间内都处在恐慌线与狂热线之间，真正的极端情况很少见，但一定会出现。

投资者真正赚的其实是两笔钱：首先，该公司的内在价值从 10 元 / 股上升到 51.6 元 / 股，10 年内升值 4 倍；其次，如果以 4 元 / 股的恐慌价格买入，等到以 129 元 / 股的狂热价格卖出，又获利了 6 倍，其总收益在 30 倍左右。也就是说，真正的投资者当然也要赚短线的钱，这样收益才能最大化。

市场上的多数人进行着完全相反的操作，他们在股价跌破恐慌线后，坚决看空，继续抛出；而在股价突破狂热线后，坚决看多，继续买入。这就是典型的高买低卖。

为什么会这样操作？顶部追高的人可能会说，已经涨了这么久了，后面肯定也是涨的，如果现在不买，那我就再也买不到了，所以，最好现在立刻就买；在底部亏本卖出的人会说，已经跌了这么久了，后面肯定也是跌的，如果现在不卖，那我就再也卖不掉了，所以，最好现在立刻就卖。

正因为有大量的这类人存在，所以，真正的投资者才能够收获高额的收益。实际上，当股价在狂热线之上时，你就不应该再买入了；而当股价在恐慌线之下时，你也不应该再卖出了。

如果真打算按照这种方式操作，那么你一是要能够忍受，当自己卖出后，股价继续上涨的情况；二是要能够忍受，当自己买入后，股价继续下跌的情况。正如前面所说，虽然股价在 95% 的时间内会在恐慌线和狂热线之间波动，但还有少数时间的股价会超出这个范围，有时还会超出很多。如果能够忍受短期不盈利这个事实，那么长期才有可能获得收益。

这类公司一定要能够持续增长，其内在价值也不断提升，这样你最终才能够获得很高的收益。但毕竟市场上这类公司是极少数，绝大多数公司并没有价值投资的价值。股价长牛的基础是业绩长牛。

如图 8-4 所示，简单来说，公司的价值偏离就像牵着一条狗，它有时跑在后面，有时跑到前面，但有那根绳子拽着，它只会在前后一定范围内活动。极度恐慌时，远低于内在价值；极度狂热时，远远超过合理股价，每过几年就不断轮回着。使劲拉着绳子，股价又跑远了，但是绳子这头还在价值主人的手里，最终还是要回归的。

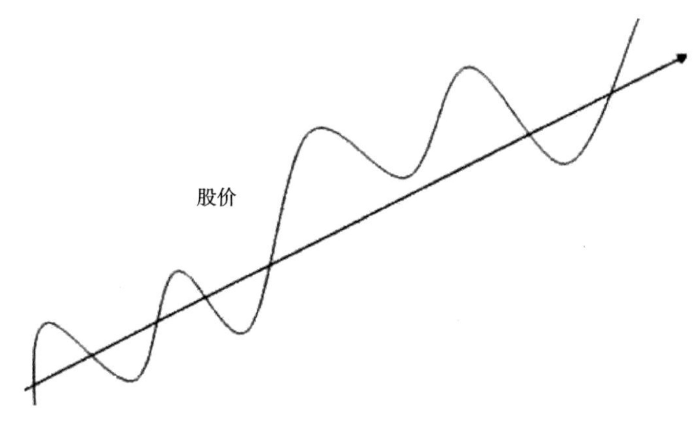

图 8-4　股价围绕价值波动

真正的价值投资就是当股价被严重低估时才买入，等待价值修复回归，等到股价被高估时卖出，然后耐心等待几年，直至股价从大幅超过合理股价回到大幅跌破合理股价。

包括炒股在内的所有投资，精华和精髓都只有四个字——“低买高卖”，低位买进高位卖出实现盈利，或者能够有人以比买价更高的价格来接手。

9. 熊市抄底、牛市逃顶的准确时机

在股市里可能盈利，也可能亏损，就看有没有掌握方法。

方法也很简单，熊市在底部盘整一两年后，从前一轮牛市高点跌下来93%的股票，只要没出重大问题，等股市成交量创本轮熊市新低时，闭着眼睛随便买，不管后面会不会被套，反正长线拿着不动，什么都不用管，也没必要再去关注股市，只需要等待下一轮不知何年何月才会出现的牛市。

等到牛市，一周进场新股民人数突破历史新高时，没必要被狂热氛围影响，抛掉幻想，忽略价格，放心卖出，这时候股价至少也已经涨了5 ~ 10 倍。

然后什么都不用做，再耐心等几年，直到下一轮熊市底部大批下跌90%的股票出现时，再次进场的时间又到了。

为什么？无论怎么跌，在每轮漫长的熊市里，个股的最低点通常比上轮熊市的最低点大幅提高。上轮牛市的妖股，最大跌幅超过 98% 的通常也会出现一些，这些股票毫无疑问出现了重大问题，绝对不能去买。而这些已经跌过 93% 的股票，只要没有退市风险，再怎么跌又还能有多少下跌空间呢？

既然能跌这么多，说明之前肯定是一只起码涨幅 10 倍以上的牛股、妖股，盘子不大，可以炒作的热门概念和题材较多。有了这两个特点，下次牛市一来，资金都是有记忆的，在寻找牛股、妖股基因时，下次还会选择它们。它们的固有特性决定了它们还是会成为适合炒作的龙头。这些股票又会被大力炒作起来，回到当年的风光。

下跌 93% 以上的，再排除目前在基本面已经出现重大问题的。这类前面炒得太用力但迟早兜不住必定会现出原形来的问题股占了绝大多数，剩下的极少数就纯粹是因为之前涨得太高才跌得多。熊市里跌下来 93% 都还没暴露出大问题，那就说明基本面还行、质地过硬。曾经十四五倍以上的涨幅，下一轮牛市涨七八倍不难吧？

当然，每轮行情，涨幅最大、最耀眼的明星股从来都不会重复，而未来的明星股我们毕竟无法准确预测，但这些前一轮牛市涨了几十倍的牛股、妖股，通常最大涨幅还是会远超普通股的涨幅的。

至于买点、卖点的选择有上百种。

通常所说的各种熊市抄底方法，由于时间范围太宽泛而不具备实际操作性，很可能进去抄完底以后两年都还处在熊市，在抄底位置处又继续下跌 60%。

当跌幅 90% 的股票批量出现且股市成交量钝化出新低时，说明股市已经满目疮痍，每天能看到的全是利空，场内股民与场外大众的低落情绪都到了极点，能跑的已经全跑了，剩下的要么是极少数远见卓识且坚定勇敢之士，要么是无奈被套牢也不打算亏本卖的投资者，再洗也洗不动他们。即使不是这轮熊市的最低点，也会是最低点附近，这时不抄底，难道还会有更理想的时机吗？

卖出时机的选择就更简单了。开户人数是跟行情直接挂钩的，行情不好时能有多少新股民会开户？只有行情极度火热时才会有大批新股民进场。当一周新开户人数接连突破历史新高，且下一周没有继续超过这个数字时，则从侧面说明，情绪和行情的巅峰已经过了，进场的股民和资金都已经达到最大值。

在如此火热的氛围下，隐藏的必然是盛极而衰，已经达到牛市最高点附近，没有更多的资金来接力大炒了，大回调阶段般的连续大跌随时都会爆发。此时不走，更待何时？

对职业选手外的绝大多数人来说，就是这么简单，可大家恰恰都走反了。有独立的思考、判断、分析能力，是一项极为稀少的能力。而大多数人都是被股市氛围、财经新闻、大咖、股评家牵着鼻子走的。

大数据显示，在股市里，亏损的人高达 70%，20% 的人能勉强保本，只有 10% 的人能盈利。谁都认为自己会是那风光盈利的 10%，不可能成为那失意的 90%，没有一个人会认为自己是亏损的那位。

但事实上，7 亏 1 赚 2 平手，这是三十多年来上亿股民用自己的无数时间和金钱一再验证出来的规律，90% 的人来股市最终的结果就是不挣钱的。凭什么就认为自己一定会是那极少数盈利的 10%，而不是那绝大多数的 90% 呢？

越是多数人所看好的东西，越是容易出问题。大多数人是怎么想的、怎么做的，如果跟他们一样，那就会跟他们一起成为股市里那亏损的 70% 中的一员。

要想站到那盈利的 10% 的队伍中来，就得逆向思维，能有自己的主见并坚持，不受外界环境氛围干扰，等股价跌到大家都不敢买的时候，恰好是买入良机；等到大家都争抢时，反而是最后卖出的期限到了。

正确的路，通常艰难；而难走的路，从不拥挤。

既然大多数人理所当然地选择了这条大路，走的人太多，就不值钱了，付出跟回报根本就不成比例，收益特别低，甚至容易亏老本。此路不通，那就干脆自己另辟蹊径，一定要想办法闯出一条属于自己的路来。

股市不也是这样的吗？常规思维、通常做法和本能反应大多会导致亏损，既然结果都已经再三证明了那条路是错误的，那为什么不换一条路试试呢？或许会有不一样的风景。

送君千里，尚且还终须一别。在茫茫人海之中，大家因为我的书而相聚、相识，也是一种缘分。

缘聚缘散终有时。祝大家在生活、工作中的付出都能有所收获、有所回报，以后的路会更精彩！

读者意见反馈表

亲爱的读者：

感谢您对中国铁道出版社有限公司的支持，您的建议是我们不断改进工作的信息来源，您的需求是我们不断开拓创新的基础。为了更好地服务读者，出版更多的精品图书，希望您能在百忙之中抽出时间填写这份意见反馈表发给我们。随书纸制表格请在填好后剪下寄到：北京市西城区右安门西街8号中国铁道出版社有限公司大众出版中心经济编辑部 张明 收（邮编：100054）。此外，读者也可以直接通过电子邮件把意见反馈给我们，E-mail地址是：513716082@qq.com。我们将选出意见中肯的热心读者，赠送本社的其他图书作为奖励。同时，我们将充分考虑您的意见和建议，并尽可能地给您满意的答复。谢谢！

所购书名： ____________________

个人资料：

姓名：__________ 性别：__________ 年龄：__________ 文化程度：__________

职业：__________ 电话：__________ E-mail：__________

通信地址：____________________ 邮编：__________

您是如何得知本书的：

□书店宣传 □网络宣传 □展会促销 □出版社图书目录 □老师指定 □杂志、报纸等的介绍 □别人推荐

□其他（请指明）____________________

您从何处得到本书的：

□书店 □邮购 □商场、超市等卖场 □图书销售的网站 □培训学校 □其他

影响您购买本书的因素（可多选）：

□内容实用 □价格合理 □装帧设计精美 □优惠促销 □书评广告 □出版社知名度

□作者名气 □工作、生活和学习的需要 □其他

您对本书封面设计的满意程度：

□很满意 □比较满意 □一般 □不满意 □改进建议

您对本书的总体满意程度：

从文字的角度 □很满意 □比较满意 □一般 □不满意

从技术的角度 □很满意 □比较满意 □一般 □不满意

您希望书中图的比例是多少：

□少量的图片辅以大量的文字 □图文比例相当 □大量的图片辅以少量的文字

您希望本书的定价是多少：

本书最令您满意的是：

1.

2.

您在使用本书时遇到哪些困难：

1.

2.

您希望本书在哪些方面进行改进：

1.

2.

您需要购买哪些方面的图书？对我社现有图书有什么好的建议？

您更喜欢阅读哪些类型和层次的经管类书籍（可多选）？

□入门类 □精通类 □综合类 □问答类 □图解类 □查询手册类

您的其他要求：